PAUL ADAM

LA
TERRE QUI TONNE

FRANCE · ITALIE

PARIS
LIBRAIRIE CHAPELOT
1917

3e ÉDITION

LA TERRE QUI TONNE

PAUL ADAM

LA TERRE QUI TONNE

FRANCE — ITALIE

PARIS

LIBRAIRIE CHAPELOT

MARC IMHAUS ET RENÉ CHAPELOT, ÉDITEURS

30, Rue Dauphine, VIᵉ — (Même Maison à NANCY)

1917

A PAUL CORBIN

Depuis les Alpes de Chedde où votre science, ayant saisi le cours des eaux rapides, le transforme, dans ses machines, en foudre docile et en forces du génie humain, jusqu'à la mer de Venise ou les gondoles transportaient, cette nuit d'août, par les rues d'eau, et déversaient sur les places en lumières, la gaité d'une foule aux habits blancs, nous avons ensemble parcouru les monts sublimes de l'Italie, contourné ses lacs, adoré ses villes anciennes, durant un très beau voyage.

Je retournai, par d'autres chemins, à Venise plus austère, déserte, armée.

Nous l'avions vue dans le bonheur de la paix. Je la saluai dans la sévérité de la guerre. Là je songeai que nous avions, à Brescia, contemplé la figure antique de la Victoire, que nous avions longuement aimé cet élan de l'es-

poir romain fixé dans un bronze illustre, et que nous avions souhaité toute sa gloire. Souffrez donc, mon cher ami, que votre nom paraisse sur la première page de ce livre préparé au son de la magnifique lutte qui libérera le monde latin de ses oppresseurs, et pour laquelle votre dévouement a tant fait.

P. A.

AVANT-PROPOS

A cette heure, les armées du général Cadorna triomphent de Tolmino à Trieste devant les positions mêmes où je les visitai.

Il faut tout aimer de ces troupes latines. Il faut admirer leurs travaux prodigieux sur les cimes des Alpes. Il faut chanter leurs combats qui joignent aux exploits des antiques légions romaines, cent miracles de courage, de persévérance et de grandeur.

Tant au Zovetto qu'aux Dolomites, et sur le Carso, la descendance de Marius, de Brutus, a montré l'excellence de sa bravoure.

Rien ne manque de sa gloire à l'empire romain qui ressuscite. Pas même la sagesse de ses Antonins.

En juillet 1916 déjà, je publiai ma confiance dans cette résurrection. Quelques sceptiques doutèrent. La prise de Goritzia, le maintien des avantages brillamment acquis au delà de l'Isonzo, depuis plus d'une année, par le seul peuple allié qui lutte hors de ses frontières, chez l'ennemi, en une région sienne, mais jadis usurpée par les Barbares auxquels il n'est plus permis d'envahir le sol italien, toute cette longue victoire a dissipé les plus opiniâtres des appréhensions. Les Italiens demeurent véritablement les maîtres des terres reconquises sur les formidables armées de l'Autriche. Encore un effort, une chance, un commandement opportun, et les routes intérieures de la Germanie s'ouvrent devant la marche des légions latines.

Plus heureux que celui des autres chefs alliés, le génie de Cadorna rend à sa patrie déjà les provinces de leur espérance avec les lauriers cueillis dans le camp des Huns en fuite.

Il est au bord de l'Adriatique, une ville romaine que fit incendier Attila. Les débris de cette noble cité composent un musée de chefs-d'œuvre insignes. La piété de notre temps les rassembla pour ainsi marquer un hommage à la civilisation de Rome, un blâme à la sauvagerie des Barbares. Là, dans un jardin qu'ennoblissent les lignes de noirs cyprès, on releva

les stèles de tombeaux attestant la valeur des
existences consumées tout entières pour la gloire
du nom romain. En nos années tragiques où le
même esprit lutte effrenément contre la même
bestialité, rien ne saurait davantage nous émouvoir que ces témoignages gravés dans les stèles
des aïeux. J'ai parcouru les galeries ouvertes sur
ce jardin, avec un vaillant soldat de l'armée
italienne, le colonel-comte Barbarich, très instruit de l'antiquité latine, et qui porte, en soi,
les idées survécues de ceux fidèles aux dieux du
Capitole, au stoïcisme de Sénèque, aux intuitions
de Lucrèce. Me guidant parmi les colonnes et
les dalles commémoratives d'Aquileja, devant
les statues amputées, par la guerre ancienne, à la
façon des braves, sous les portiques reconstitués
des édifices, sur les mosaïques intactes du
temple que nos ombres baisèrent avec dévotion,
il me fit remarquer la statue entière d'un
lion crispé sur un socle. Comme, dans son
ensemble, transparaissait l'influence d'un art
asiatique, peut-être syrien ou persan, nous ima-
ginâmes que c'était un beau symbole de la force
barbare asservie, puis transformée par l'intelligence réaliste des Romains. Le monstre arc-

bouté, contracté, offrant la menace de sa face cruelle dans la crinière de marbre n'était plus qu'un trophée sans doute pour la ville du préteur, non loin de la tribune où la divinité de la Loi, du Droit, était proclamée au monde, entre les licteurs debout. Le droit avait assoupli la force captive. Il en avait fait la servante de l'esprit juste.

Aux pieds de ce lion étrange, fixé dans sa carrure de pierre, nous évoquâmes la vie des Romains aimant la clarté d'Aquileja, si franche contre les panses roses des amphores, contre le scintillement des cailloux, contre la blancheur des murailles, le rouge vif des toitures, le vert noir des cyprès, si franche dans la profondeur du ciel où l'avait réfléchie la surface de la mer au soleil.

Autour de nous tout était net, précis, fier et paisible. Mille inscriptions sur les stèles et les linteaux, rappelaient la longue victoire de Rome, l'éloquence de Rome, les arts de Rome, les visions austères de Tacite, et les vers musiciens de Virgile.

Hélas tout cela dans un moment de fureur, avait été détruit par le signe d'Attila contemplant, de loin, cet incendie, sur un mont des Alpes Juliennes. Et, dans le sanctuaire du musée, l'adorable statue d'une adolescente aux proportions très vraies, jaillie fort élégamment de son pied danseur, nous rappela la suggestion des Hellènes, qui, d'abord, enseignèrent à leurs vainqueurs le secret de Praxitèle. Le crime des Huns a décapité, démembré l'enfant de marbre. Pourtant elle demeure incorruptible et parfaitement émouvante la petite déesse dont le sein palpite, dont le ventre va frissonner, comme palpite et frissonne la vie de l'univers dans le plus étroit chef-d'œuvre de l'art.

Attila n'a pas su détruire la beauté d'Aquileja. Ce qui demeure nie la réalité de la force, et chante l'immortalité de la loi esthétique, de la loi méditerranéenne.

D'ailleurs, tout près, un cartouche opportun montre le relief du dieu-lumière, Mithra que coiffe le bonnet phrygien, et qui enfonce son glaive dans la bestialité du taureau succombant. Mithra le dieu des civilisateurs, le dieu des légionnaires latins, égorge la barbarie, et, de ce sang épandu, il féconde l'avenir.

C'est la promesse d'Aquileja, le présage des

victoires annoncées par le canon du Carso.

Ces victoires ouvriront peut-être aux Alliés la voie de la conquête finale dans les provinces d'une Autriche épuisée par les efforts extrêmes, ruinée par ses dépenses de guerre, troublée par les révoltes de ses Tchèques, de ses Polonais, de ses Yougo-Slaves à bout de patience et de souffrances. Une Autriche qui ne pourrait guère, en ce cas, soutenir le choc de nos troupes accourues d'Artois et de Champagne après leurs succès de trois ans, et avec l'esprit qui m'est apparu de La Targette à Tahure, tel que je l'indique aux premiers chapitres de ce volume.

Sur le chemin de Léoben, ou dans la vallée de la Save, il se peut que les Latins arrachent le laurier d'or à la terre qui tonne.

I

EN FRANCE

LA TERRE QUI TONNE

EN ARTOIS

I

Indistinctement d'abord, l'horizon bourdonne
par delà les toits longs des fermes. Puis le ciel
de nues mauves et de clartés murmure. Il vibre.
Il attire les regards des foules bleues. Elles piétinent dans le gros bourg encombré de prolonges, d'attelages en files, de cavaliers au pas,
de wagons automobiles qui chancellent parmi
les fondrières, qui beuglent, qui s'engouffrent
sous les porches des pigeonniers hauts et massifs comme les donjons du vieux temps.

Entre les casques d'azur et les capotes grisâtres, mille et mille figures examinent le ciel
éventé. Un chant d'orgues puissantes et lointaines s'y déploie maintenant. Les soldats s'annoncent que l'escadrille des aviateurs prend son
essor afin de rompre la voie ferrée sur laquelle
les troupes de la réserve allemande, ce soir,

"

pourraient venir au secours des régiments atta-
qués par nous, dans leurs positions de L... F...
Et tout ce peuple en armes admire, aime les
insectes stridents que, peu à peu, l'on devine
parmi la nuée. Ils s'en différencient.

Ils s'en dégagent successivement. Ils paraissent trois, cinq, sept, neuf, douze, quinze. En
ordre triangulaire l'essaim glisse très haut dans
la lumière de l'espace. Il y chante ainsi que les
orgues d'une cathédrale céleste.

En bas une sorte de dévotion pénètre les
groupes, les escouades, la colonne même revenant du feu avec ses lassitudes et ses faix, ses
armes, ses habits de boue. Ce chef-d'œuvre de
la nouvelle science étonne toujours la multitude. Nul n'ignore que ces êtres aux élytres
tendus emportent des instruments magiques, ce
qu'il faut pour les mystères de la télégraphie
sans fil, de la photographie précise, des explosifs alchimiques inclus en leurs bombes, des
forces rapides engendrées par le moteur et son
hélice dont le halo brille au soleil en tournoyant.
L'essentiel de ce qu'inventa le génie récent de
l'humanité vit dans l'artifice de ces machines.
Les intelligences du pilote et de l'observateur
y pensent. Paysans, ouvriers, citadins, les soldats adorent ensemble ce vol de l'esprit créa-
teur. Il va, pour eux, épier les Allemands. Il les
va désigner au tir de notre artillerie. Il va dé-

truire leurs cantonnements, leurs parcs, leurs gares. Émanation visible de la force nationale, et qui plane sur l'armée hardie par les routes où elle s'avance, joyeuse dans les villages où elle cuisine, sévère dans les tranchées où elle attend son destin entre les volcans subits qui lancent au ciel ces immenses fumées noires, là-bas, qui bouleversent la terre pleine de défenseurs blottis, qui broient la masse de l'air tremblant.

Au fond des ambulances, les blessés prêtent l'oreille. Ils désertent un instant leur torture. Ils s'indiquent la mélodie éolienne. D'un bout des hangars à l'autre bout, sur les lits de planches, de tringles et de paillasses, les visages s'éveillent. Ils sourient. Leur pâleur s'éclaire entre les bandages qui ceignent les fronts et les joues. Le génie de la Nation passe au-dessus de ses martyrs. Les héros s'estiment plus fiers alors de leurs crânes fendus, de leurs moignons brûlants, de leurs mains déchiquetées, de leurs chairs lacérées, de leurs yeux aveuglés. Ils s'assurent que leur sacrifice collabore à cette puissance de la patrie envolée par les airs, telle que les anges exterminateurs de la Bible, et qui vaincra. Lui-même l'amputé, qu'on ramène livide sur la civière en sang, lève difficilement ses paupières. Il tâche d'apercevoir, entre des cils roux, le prodige de là-haut. Partout, aux fenêtres des maisons, aux lucarnes des toits, au milieu des champs et des clairières, les soldats se dressent. Ils contemplent. Les artilleurs retiennent leurs bêtes. Ils s'impatientent contre celles qui, peureuses, rétives, exigent l'attention du conducteur. Dans les prés où ils manœuvrent, les bataillons se passionnent pour le miracle ; comme les escadrons et les batteries dans les chemins creux où ils défilent ; comme les patrouilles dans les bois où elles s'insinuent ; comme les sentinelles casquées aux carrefours des chemins, et si pareilles, avec leurs capotes grisâtres, leurs molletières, aux chevaliers de Philippe VI quand, vêtus de la cotte d'armes, coiffé de la salade en fer, ils commençaient la guerre de Cent ans.

Soudain, les paroles se heurtent. Les mains s'agitent. Elles montrent l'étoile d'or éclose devant les aviateurs ; puis cette autre, la troisième, les six qui s'éteignent, une à une, en de petits nuages pourprés. Ils grossissent. Ils se dilueront.

Les hussards cessent d'étriller leurs chevaux. Les canonniers ne lavent plus leurs roues. Les fantassins ne musardent plus entre les jardins défleuris. Toutes les âmes s'élèvent vers le ciel. L'escadrille s'avance avec sa musique grave et continue.

Subites, des étoiles d'or se multiplient. Nos

grands insectes persévèrent dans leur direction, malgré la terre qui gronde contre eux, malgré les éclatements qui tonnent, qui font, dans le ciel, vingt, cent astres épars, bientôt évanouis ou nébuleux. En furie, les batteries allemandes foudroient l'élan de notre flotte aérienne. Elles mêlent à ses élytres les feux, les fumées des obus expansifs.

Ici, toute l'armée bleue assiste dans l'émotion de son vœu. Des collines et des ravins, des hameaux et des bourgs, elle surgit, disparate, innombrable, pour craindre, pour espérer, pour acclamer la ferme ordonnance des libellules géantes. Leur vol en triangle s'allonge. Il traverse majestueusement la clarté de l'espace parmi les étoiles d'or et les petites nues ouateuses. Tragédie d'Apocalypse que cette bataille en plein ciel encore resplendissant, bien que le soleil au déclin pâlisse. Mille et mille exclamations sortent des poitrines en capotes, en vestes bleues. Les cœurs y palpitent. Cependant les hussards, les fantassins, les artilleurs ne cessent plus, dans toute la région vallonneuse et boisée, de contenir en ses rênes le coursier nerveux, d'enfoncer la pelle, d'influencer le volant de l'automobile, de pousser à la roue, de forger le fer, de fourbir la baïonnette, d'écumer le pot, de replier le plan, de rythmer l'allure des compagnies.

Plus haut l'escadrille monte vers un pays de nuages mauves. Les insectes s'effilent. Ils diminuent. Ils semblent diaphanes. Ils se tassent parmi les étoiles d'or jusqu'à ne paraître plus que des mouches rousses, perceptibles à peine, confondues bientôt avec les vapeurs mauves et violettes où seuls les éclatements dorés indiquent l'ascension des insectes merveilleux, devenus invisibles. Aucun n'est tombé. La mission, sera donc accomplie. Et la joie se propage dans les cabarets de toutes les bourgades, aux bivouacs de tous les bois, le long des routes piétinées par les cavaleries, creusées par le passage des canons, martelées par le pas des régiments. Elle arrive dans les fermes où les sergents recopient les notes de leurs carnets, dans les chaumières où les téléphonistes transmettent les ordres de mouvement et de tir, dans les casemates lointaines où les officiers rédigent leurs ordres sous le terreau défoncé par la chute des projectiles, dans les tranchées profondes où les soldats fanfarons plaisantent, la manille au poing, le fusil au bras, entre les explosions qui pilent les crêtes de l'abri, et projettent, en tous sens, les cailloux avec les éclats aigus de l'acier.

Chacun s'imagine les pilotes crispés, là-haut, entre les plans de toile qui crèvent, où siffle le fer mortel. Sous l'aile courte de son petit nieuport, et tenant, outre ses leviers de commande, le tube d'air comprimé qui fera, par-dessus sa tête, jaillir les feux de sa mitrailleuse, l'aviateur voit un albatros en reconnaissance monter devant sa vitre, à l'intersection des deux fils noirs : c'est une mire calculée. Cimier terrible de l'insecte et de l'homme, l'arme précipite alors son tir contre le Boche. Selon sa coutume, celui-ci refuse le combat ; mais crache, durant sa fuite, les balles de sa carabine automatique en position de retraite. Ainsi, dans l'éther, à deux mille mètres du sol, les deux insectes volent, de toute la force de leurs moteurs créant, par leur vitesse, les surfaces de résistance aérienne sur lesquelles ils glissent à tire d'aile. Le délire de la chasse enivre peu à peu le Français. Il obéit à la joie de l'orgueil, à celle même du faune qui galopait derrière le satyre ennemi emportant la proie convoitée par tous deux. Le sentiment n'a point varié depuis l'éveil du lointain aïeul soumis à l'instinct abstrait de poursuivre la fuite. Seulement le faune est devenu l'Icare et le Prométhée que complétèrent les sciences inventées, cinq ou six mille ans, par la sublime méditation des peuples helléno-latins. Et il se lance à la chasse du barbare acharné, depuis le temps de Marius, contre le génie lumineux des Méditerranéens. Cela se passe à deux mille mètres de la terre qui fut si nécessaire au vieil Antée pour reprendre **des forces pendant la lutte avec le demi-dieu.**

L'intelligence ailée du pilote vole en foudroyant
à coups précipités l'albatros qui semble une
phalène rigide et lointaine devant l'intersection
des deux fils noirs. Contre son attaque pourtant
il faut protéger notre essaim de libellules
géantes montant au zénith parmi les feux irra-
diés des fusants, et parmi les fumées qui se contournent dans le vide. Aplati, verdâtre et jaune,
le sol, là-bas, recule. En tous sens les rubans
des routes et des chemins y convergent vers les
bourgs comme, sur une planche anatomique,
les filaments nerveux vers les neurones de leurs
ganglions, de leurs centres. De ce terrain jaillissent les feux dardés par les canons invisibles
dans leurs bosquets, dans leurs cavernes, tranchées ou caponnières. Les bois, coup sur coup,
flamboient. Ces vallons tonnent. Des fermes
isolées, soudain, crachent l'éclair qui lance cette
force un instant radieuse et criblante. La toile
tendue par-dessus le chasseur d'albatros subitement se troue. Le métal du carter tinte, touché.
Un fil d'acier saute hors du fuselage, fouette
l'air et se recourbe. Deux soleils, devant, à
droite, s'épanouissent en explosions. Ils lâchent
deux monstres de fumée hideuse et verdâtre.
Leurs anneaux, indéfiniment, se tordent, enflent,
se convulsent.

Le chasseur de Boches aériens pense que les
canonniers allemands réussissent à l'encadrer.

N'importe. L'albatros donne toute sa vitesse. Il diminue dans la clarté de l'espace. Il n'est plus qu'une guêpe roussâtre et bourdonnante. Il descend vers le sol arrondi. Nos libellules géantes sont sauvées. Toutes les dix, elles peuvent avancer sans crainte d'attaque directe, avec leur charge de bombes. Entre les hélices de leurs moteurs couplés, les pilotes anxieux dirigent les machines qu'assiègent des soleils brusques, vite éteints dans leur fumée, avant le coup sourd de la détonation, et le sifflement des éclats. Les plans crèvent. L'aluminium est percé. Des échardes labourent les chairs des observateurs attentifs, en leurs scaphandres, pour photographier les ouvrages de l'ennemi, pour télégraphier sans fil aux antennes françaises de l'arrière ce qui paraît dans la jumelle, sur le tapis jaunâtre et vert : convois minuscules par les routes pâles ; fourmilières humaines dans les prairies ; bois où l'on discerne les bivouacs à couvert ; trains qui courent sous les volutes noires et grises des locomotives ; villages remplis de chevaux oblongs allant à l'abreuvoir ; automobiles en cortège transportant les états-majors, et tels, en bas, qu'une séquelle de petits hannetons bruyants.

En bas. Si loin, dans la profondeur, par-dessous l'esquif de fils, de baguettes et de toile, ce simple accessoire rigide de l'homme volant avec son orgueil ivre et sarcastique. Car il va, malgré sa peur constante d'être précipité, de s'écraser en une flaque d'os et de viandes calcinées par la flamme du réservoir qu'un éclat, qu'une balle de mitrailleuse aérienne incendierait en le perforant. L'homme va, fier de soi qui sait rire de la mort. Il sait tenir moins à cet univers de pensées brillantes, de paysages magnifiques, de voluptés nombreuses, qu'à l'honneur de faire sa patrie glorieuse et vénérée.

En plusieurs équipes, seul ou deux, ils voguent savamment au bruit des moteurs, au gré de leurs vitesses promptes pour former la résistance de l'air sur laquelle ils glissent. Ils voguent savamment bien que la haine opiniâtre de l'ennemi surgisse à l'entour, s'irradie, fulgure. L'espace, le vide à perte de vue, s'étend sous les ailes énormes et blondes. Le pilote sent aussi vibrer son épigastre selon les ascensions subites et les chutes brèves de l'appareil souvent indocile dont il faut modérer l'essor, relever à point l'aile encline à fléchir, et que percent les flèches d'acier.

Voici la gare, but de l'expédition. Les trains halètent. Les quais sont garnis de troupes, de caissons, de chevaux qu'on embarque malaisément. Partout, les foules militaires apparaissent comme des grains de chènevis répandus en multitude sur un tapis verdâtre et moussu.

Des trompettes annoncent nos exterminateurs.
Ils voient, à la jumelle, un peuple de microbes
infimes rouler vers les refuges, s'enfoncer dans
le sol, et des bêtes se rebeller, des colonnes
prendre le pas de course. Déjà, nos bombes
brisent la toiture. Elles se projettent avec les
briques, les ferrures arrachées; puis lancent
leurs ténèbres grises qui s'élèvent comme des
fantômes gigantesques déployant d'immenses
linceuls noirâtres sur la panique de Lilliput.

Successives, trois, sept, neuf, vingt, trente,
cinquante bombes tombent. Elles rompent les
trains qui trépident, celui qui cahote derrière
sa locomotive échevelée, sifflante. L'un après
l'autre, ils s'embrasent. Ils flambent. Les cinquante fantômes de ténèbres jaillissent de la
catastrophe. Ils se dressent. Ils étendent leurs
linceuls qui montent, se diluent et s'éparpillent
au vent. Les rames de wagons ne transporteront
plus de réserves allemandes ce soir, ni demain,
par cette voie défoncée, à travers cette gare en
ruines d'où s'échappent les milliers d'étincelles
et les tourbillons du feu.

Largement les quinze insectes exterminateurs
ont viré dans l'air, au milieu des étoiles subites
qui les harcèlent, et des nuées qui grossissent,
se déforment, se dissipent. Toute la terre tonne
contre l'escadrille, par ses bois, ses cavernes,
ses fermes éparses d'où les éclairs sont dardés.

Rapides, nos libellules montent vers un pays
de nuages mauves. Elles s'y masqueront, car le
tir les encadre et les crible. La mission des
pilotes est maintenant accomplie. Résignés à
périr, ils ont défié le destin avec leur raison
plus forte que la peur. Ils peuvent, ils doivent
sauvegarder leurs existences courageuses suspendues aux longues ailes blondes, à la puissance fragile des moteurs, à la vélocité des
hélices brillantes. Dans l'orage de la canonnade
acharnée, ils continuent, tels les archanges des
tableaux illustres, leur ascension. Bientôt ils
pénètrent, moins anxieux, les bancs de vapeur
qu'empourpre le soleil couchant. Les irradia-
tions des éclatements y fulgurent toujours.
Néanmoins, peu à peu, les pointeurs découragés
se lassent. Les nerfs crispés des aviateurs se
détendent. Les vies reprennent de la valeur.
Quelques explosions encore projettent au hasard
leurs coups. Elles se font rares. Chacun aspire
un air plus sain. Elles vont cesser. Une encore
s'épanouit comme un astre verdâtre. Une autre.
Le silence enfin s'est établi dans le ciel, autour
des libellules énormes. Leur vol triangulaire se
dirige majestueusement vers les lignes françaises avec des penseurs certains de leurs
forces harmonieuses, et fiers d'elles.

Ainsi les conçoit l'armée bleue regardant de ses bois, de ses hameaux et de ses routes, les grands insectes sortir du nuage qui les dérobait au tir de l'ennemi. Nous avons quitté l'automobile de la Croix-Rouge pour mieux suivre le spectacle. Nous nous plaisons à lire tant d'admiration sincère dans les yeux de ces figures paysannes, ouvrières, marchandes, que coiffe le joli casque d'azur. La plupart de ces gens conservent leurs mines de civils. Quelques-uns, pourtant, ont, en ces longues années de guerre, récupéré les types militaires de la nation. Près de nous bavarde le sergent à chevrons de la Crimée. Il a gardé sa longue moustache blonde et grise sous le nez aquilin, sa taille efflanquée, son profil narquois, son képi vers l'oreille. Il parle au grenadier de Napoléon. Lui, sous le bonnet de police, montre sa trogne saure de vieux grognard brûlé par les neiges et les soleils, ses sourcils touffus comme ses oreilles, ses favoris courts. Il se pavane. La stature est rigide, la poitrine bombée dans la capote de 1812, les hautes jambes bien cambrées dans le drap des molletières. Bien qu'en pantalon ample, couleur de moutarde, le zouave de Magenta, long-barbu, souple et ricaneur, leur décoche en passant un brocard de 1859. Sous l'uniforme des hussards, il y a de petits mousquetaires à la moustache en crocs, le poing sur la hanche, et qui font les coqs devant les bouvières poussant leur troupeau dans la venelle. Un lieutenant vient nous chercher. Figure de Cinq-Mars entre le casque et l'ample manteau azur dont les nuances un peu diverses sont mariées par les cache-nez d'un bleu franchement sombre. Figure fine, intelligente, blonde. Élégance très soigneuse qu'atteste la couleur bleu pâle des jambières assorties au camaïeu du costume. On reconnaît ceux de la Ligue, puis des cavaliers huguenots échappés à la bataille de Moncontour. Ils ont certes perdu leur fraise godronnée, mais non leurs petites barbes en pinceaux, leurs pourpoints, leurs culottes, leurs houseaux, leurs profils aigus qui coupent le vent. Des dragons gaulois chevauchent, la lance au poing. Toutes les époques militaires de notre histoire sont représentées par de sympathiques revenants.

Dans une large cour de ferme, entre les bâtiments agricoles affectés aux bureaux d'un état-major, à ses postes téléphoniques, à ses automobiles de liaison, ils vont, viennent, causent avec des messieurs fort bien, devenus chauffeurs d'armée, aviateurs, télégraphistes ou motocyclistes. Ceux-ci portent, sur des visages fraîchement, soigneusement rasés, le monocle, les quelques poils en brosse de la lèvre supérieure, marque distinctive du meilleur genre, même si l'on vit en capote boueuse, et les mains noircies par les huiles du carter.

Le général nous a priés de le rejoindre seulement à la nuit tombante; car, nous explique le sosie de Cinq-Mars, la poussière de l'automobile qui roule derrière les tranchées, sert, en plein jour, de cible mobile, et attire, sur leurs défenseurs, un supplément d'obus ennemis. Mieux vaut éviter à nos poilus cette malechance imméritée. Le convoi de trois voitures se forme. On nous avertit que la route est périlleuse vers les bois de L... F... La veille, une seule torpille y a tué douze hommes et blessé quelques autres. N'importe. Nous devons, là-bas, visiter un poste de secours casematé. Peut-être saurions-nous y installer nos appareils de radiographie et de stérilisation, afin de permettre, assez près du feu, les œuvres chirurgicales immédiates pour les cas urgents : blessures au crâne et au ventre, artères coupées, membres trop abîmés, etc. Il n'y a qu'à partir puisque les ombres du crépuscule s'épaississent. Déjà les lampes de six heures s'allument dans les bureaux.

Nous roulons par des chemins creux et fangeux, dans l'attente vaguement inquiète du premier projectile qui saluera notre course. A la sortie du village, les bœufs paissent la prairie mouillée d'octobre. En des vallonnements verts et boisés, nous croisons le retour des patrouilles bavardes, des estafettes au trot. Les voitures grises ramènent les blessés vers l'ambulance, vers cette cité de halles démontables en bois numérotés que nous dépassâmes, et où des usines automobiles engendrent l'électricité des courants nécessaires à la radioscopie aussi bien que l'air chaud des étuves, des séchoirs. Assis dans leurs fourgons, les uns enturbannés de gazes sanglantes, les autres soutenant leurs poings emmaillotés, celui-ci couché les jambes pendantes à l'arrière du véhicule et la capote ouverte sur une poitrine qui souffle, qui gonfle les bandes larges, d'aucuns blottis, comme recroquevillés autour de leur douleur intense, les pauvres guerriers sourient encore. Ils plaisantent à notre passage.

Nous nous engageons dans une voie encaissée entre deux plaines de terres jaunâtres. Ici et là les marmites teutonnes ont creusé la surface. Près d'un cheval éventré, quelques soldats approfondissent une fosse. La malheureuse bête

fut atteinte entre les jambes de devant. Par
l'entaille, déborde la graisse en lambeaux. Il
faut une large fosse pour cet alezan qui s'est
roidi, la tête tendue et les flancs soufflés,
dans le harnais qu'on ne déboucle pas facilement.

Nous roulons. Des arbres maigres, dépouillés
bordent la route où déjà marchent les compagnies de relève, dans la lueur affaiblie du jour.
Au pas elles marchent bleutées, alignées, rigides,
à la façon des bonnes troupes. Dans l'air grisâtre, une voix, dix, trente s'essayent à chanter.
En sourdine pour ne pas éveiller, sans doute,
l'attention des aviateurs ennemis, la *Marseillaise* est timidement murmurée par le chœur
d'hommes graves ; par cent, par mille. Murmurée
comme un hymne de dévotion envers la patrie
et ses idées libératrices. Dans l'obscur du soir,
cette piété s'exhale de tous les guerriers allant
au sacrifice consenti. Et cela nous vaut une
émotion intense de la pensée. La musette au
flanc, le bidon sur la hanche, le sac au dos, le
casque en tête, des files s'allongent. Elles
rythment leur pas militaire. Elles mêlent le
refrain au son de la canonnade qui, dans l'horizon indistinct, gronde maintenant. L'âme col-
lective des régiments se dédie à l'œuvre de nos
traditions, de nos espoirs nationaux. Les indi-
vidus ont abdiqué tous les égoïsmes, et les plus

naturels. Par ce chant calme, unanime et modéré, ils se donnent sans passion, bravement, à l'avenir des peuples.

Notre vitesse, trop tôt, les abandonne. Des obus ont fouillé les champs et la chaussée. Nos trois autos basses, métalliques, longues, également grises, tour à tour sursautent pour franchir les cratères successifs. Des escouades jasent, en avançant avec prudence, le long du talus qui les protégerait. Le lieutenant me vante leur adresse pour éviter les mauvais coups. Nos soldats savent la guerre à présent. Depuis les premiers mois de la lutte, comme ils ont changé ! On devine, à leur aspect, toute cette expérience décrite par Stendhal nous présentant le caporal de Waterloo qui montrait à Fabrice la manière de se battre utilement. Toute cette expérience que le sergent Bourgogne sut nous faire comprendre en relatant ses aventures et la retraite de Russie. Notre guide aime, loue ces hommes larges qui piétinent lourdement, la pipe à la bouche, sous le faix du sac. Le fossé, au bord de la route, semble, à mesure que nous avançons, plus creux. Les soldats bleuâtres y cheminent à l'abri. Un peu plus loin cela devient une tranchée dans la terre beige. Des guetteurs veillent près des embrasures ménagées entre les mottes. Puis la tranchée s'enfonce. Sa crête basse découvre la plaine jaunâtre, mal boisée, ici, là,

de broussailles, de baliveaux, jusqu'à l'horizon.
Il va s'obscurcir.

Brusquement, du sol qui flamboie tout près
de nous, à la surface, l'obus part. L'air résonne
comme la tôle frappée par la tringle. Une pièce
enfouie fume très peu sans qu'on la puisse apercevoir. *Boom. Dzinguueee.* Une autre tire, et
l'air vibre longuement au passage de l'acier. De
point en point, les champs ainsi envoient leur
colère tumultueuse contre la nuit naissante de
l'occident. Nul n'apparaît à la surface toutefois,
ni dans les éteules, ni dans les labours, ni près
des boqueteaux. Il y a seulement les cris ton-
nants de la terre active pour sa défense, et le
frémissement prolongé de l'air au loin.

Nous descendons par un village en ruines.
Toutes les tuiles se sont éparpillées. Les lattes
et les chevrons, squelettes des toitures, se sont
rompus. Ils pendent sur les restes de murs cal-
cinés, ébréchés, sur les salles à demi comblées
par les moellons et les débris. Pourtant des
escouades bivouaquent dans ce qui subsiste.
Une cuisine mobile, énorme marmite, derrière
ses deux chevaux paisibles, mijote en un courtil.
Elle exhale le fumet de la soupe à la viande.
Des gnomes, des escogriffes et des hercules
l'attendent gaiement derrière les faisceaux.
Une lampe électrique de poche éclaire, sur une
cheminée survécue, le gros fourrier. Debout

dans une chambre sans toit, il rédige un état,
et remplit de chiffres les colonnes d'un cahier.
Ailleurs on distribue les pains à une troupe
bruyante, amusée, disparate, que n'inquiète
guère le bruit éolien annonçant, par sa crois-
sance, l'arrivée de la torpille. Elle va s'engloutir
dans la boue et rejaillir en éclats, en ténèbres,
en flammes, au milieu d'un pré, à quelque cent
mètres de là.

Encore une chaussée de fondrières, de cratères et d'ornières caillouteuses. Les ressorts de
l'automobile vous lancent au ciel. Des cavaliers
se hâtent au petit galop de chasse. Des compagnies en file indienne prennent le pas derrière
le talus, pour la relève. Le lieutenant me conte
vite les exploits quotidiens de ses hommes, et
leur confiance dans le général qui les conduit
au succès. Succès locaux, victoires tactiques,
mais succès constants. Les Boches sont toujours battus, si l'on avance peu. Aussi le moral
de la victoire habite-t-il dans les têtes rustiques
ou citadines de ces foules grises et bleues, partout, allantes ou posées, attentives. Elles croient
leur chef invulnérable. Près de lui le lieutenant,
au fort du combat, aime se tenir, tant il est sûr
de partager cette chance du héros.

On arrête nos voitures derrière l'éboulis d'une
maison trouée, sans toit; cible ordinaire de l'ennemi, mais rempart suffisant. Nous faisons quel-

ques pas le long de la tranchée. Les soldats, debout, grignotent leurs pains. Et par un boyau, sur un plancher à claire-voie, nous descendons vers le palais souterrain du général. De leurs gîtes taillés dans la terre, à droite, à gauche, les soldats, pour nous éclairer, projettent les rayons de leurs lanternes électriques. Dans le vestibule, une tenture s'écarte. Nous sommes accueillis par les officiers nu-tête, en capotes. Du reste ils ne quittent pas les cartes étalées sur la table de planches. Aux téléphones, les ordres sont énoncés. Chaque détonation extérieure déplace de l'air qui abaisse les flammes des quatre lampes à pétrole illuminant cette salle de lattes, de poutres soigneusement ajustées par les soldats du génie. Des graphiques et des plans la tapissent. Les fils de transmission s'alignent sur plusieurs rangs, le long des parois. On entend, après des explosions plus fortes, le sable couler partout derrière le lambris, et les solives craquer. Cela ne gêne point le travail des capitaines. Aux artilleries, aux infanteries, ils dictent la pensée du général Mangin devant les plaques vibrantes.

Vingt mille hommes répartis dans les tranchées, dans les postes, dans les villages bombardés, dans les cantonnements des réserves, savent qu'ici la raison des chefs prépare leurs destins.

Les artilleries, ce soir, précipitent leurs coups, comme avant une attaque. Tout autour les champs tonnent; et les obus, en partant, font sonner la résistance de l'atmosphère que brutalement ils broient.

Semblables aux clameurs aigues et longues d'une forte tempête sur la mer, les voix des trajectoires allemandes grandissent, culminent au-dessus de nous, puis s'en vont diminuer là-bas après la chute de chaque 150 qui sourdement éclate, et retombe, pluie de pierrailles, de ferrailles, de terreau. Nous attendons, silencieux, la seconde où il nous sera permis de solliciter l'autorisation nécessaire à nos devoirs de Croix-Rouges.

Jeune, et le masque très mobile derrière la moustache noire, sous la brosse des cheveux noirs, le général rappelle, par la figure, tel portrait de samouraï que le plus illustre graveur du Japon sut éterniser. Entre le chef et nous, ses yeux voient certainement toute la configuration du pays à reconquérir, tous les détails du paysage : vallons et crêtes, hameaux, plaines, bois, fermes, prairies, boqueteaux, ravins, avec les troupes clapies en ces endroits, les nôtres et les autres, avec les emplacements des terribles mitrailleuses en caponnières que notre artillerie cherche, opiniâtre, à piler. Librement l'état-major donne ses avis. Celui-ci confirme.

Celui là rectifie. L'un objecte. L'autre approuve.
La bonne humeur règne; et, parfois, des facéties
s'échangent. Le maître d'hôtel, superbe Sénégalais que décore la croix de guerre, demande la
permission de mettre la nappe et de dresser le
couvert. On le rabroue gaiement. Le travail
n'est pas terminé. L'orage des artilleries gronde
plus. Les flammes sursautent dans les verres
des lampes.

Le général nous fait les honneurs de son
cabinet, pièce voisine, plus petite. Nous nous
asseyons contre la table. De là sans cesse il
change et complète ce qu'il entend dire aux téléphones, à travers la porte de planches. Cependant il examine les plans des positions ennemies, de leurs boyaux, outre ces photographies
prises à 2.700 mètres de hauteur par les avions,
et qui sont d'une singulière, d'une suggestive
netteté, grâce à l'excellence des lentilles. En
molletières et culotte rouge, son képi relevé, le
général calcule. Il dicte, posément, le pro-
gramme des opérations pour la nuit, le nombre
de 75, de 120, à lancer sur tels et tels objectifs,
le rôle des bataillons amenés maintenant à pied
d'œuvre, les parallèles de départ à creuser en
avant de la première ligne pour la sortie des
troupes qui mèneraient une contre-attaque possible, dans le cas où les gens de Bavière risque-
raient l'assaut. C'est merveille d'entendre cette

intelligence lucide s'exprimer tranquillement, comme si, d'une éminence, en plein jour, le général apercevait les divers lieux de combat, mesurait l'espace et les distances. Le pays entier s'étale, clair, dans ce cerveau comme sur les plans déployés partout, striés par les lignes rouges et bleues qui signifient nos tranchées, les boyaux allemands, leurs places d'armes, leurs redoutes, caponnières et mitrailleuses, leurs redans mystérieux pleins d'embûches et de mines secrètes.

La colline boisée, devant nous, fut prise, perdue, reprise maintes et maintes fois. Ce soir encore, nos troupes vont l'escalader. A cette heure, elles s'apprêtent dans leurs tranchées. Sous ce tir formidable qui vient de commencer, qui secoue l'air et la terre, des centaines d'hommes, par la pelle et par la pioche, étendent les parallèles de départ, taillent les degrés dans la glaise, élargissent les boyaux dans la masse boueuse. Un officier entre, tout jeune, blond, sérieux. Il annonce que l'ennemi canonne les travailleurs frénétiquement. Le colonel de nos batteries, à son tour, propose les ripostes efficaces que le général approuve ou modifie, sans rien omettre de ce que lui représente ce grand être aquilin et chauve, nu-tête, dans sa longue capote où paraissent mal les cinq très petits galons de son grade. Avec la mine d'un savant préoccupé, fort scrupuleux, l'artilleur note, sur son calepin, les décisions. Puis il se redresse. Il se cambre. Il salue. Il soulève la portière, toile d'emballage entre les deux poteaux. Il se retire dans la nuit de tonnerres, d'explosions, de pas innombrables piétinant la fange où deux convois inverses, cahotent et s'embourbent.

Le maître d'hôtel se présente, la nappe sur les bras. On l'a raillé en repliant les cartes, en transportant sur des planchettes les registres d'ordres où l'on continue d'écrire, tandis que le couvert s'aligne, que les convives s'introduisent, le revolver au flanc, le bonnet de police sur l'oreille.

Trapu, tout rasé, vif, entre le lieutenant-interprète. Il questionnait à l'instant un prisonnier bavarois, singulier personnage, très spirituel, difficile et sans peur, qui doit tout savoir et qui ne veut rien dire. Le médecin principal déclare, en s'asseyant, que le corps du capitaine défiguré par l'explosion est bien celui de X... Un sergent de son bataillon l'a formellement reconnu. Toutes les inhumations sont terminées. Content du devoir accompli, le médecin dénoue sa serviette. Il savoure le potage. Il désigne les postes de secours où nos automobiles de stérilisation et de radiographie seraient opportuns pour les interventions urgentes. Souvent tel blessé gravement atteint par les éclats de quelque torpille

aérienne, doit subir un transport de deux ou trois
kilomètres, le long des boyaux en zigzag, sur
une civière qu'il faut élever, abaisser, faire
passer de travers, à la rencontre du ravitaillement ou de la relève, en ces étroits couloirs.
Et ce trajet dure parfois des heures. Quand le
malheureux arrive au poste de secours, il a perdu
trop de sang. Des impuretés altèrent déjà la
plaie. Brusquement noué sur le membre, entre le
cœur et la blessure, par un infirmier, un officier, un camarade, le garrot n'a pas suffi pour
préserver les chairs ouvertes, ni les os rompus,
ni les veines brisées, ni les nerfs arrachés. Le
patient arrive dans le pire état au poste de
secours. Il faudrait là, tout de suite, faire une
ligature, amputer proprement la jambe ou le
bras déchiqueté, aseptiser le moignon, suturer
le crâne béant, sonder le ventre troué, l'ouvrir
avec soin, et dans les meilleures conditions. On
sauverait bien des vies que condamne le transport en voitures cahotantes jusqu'aux ambulances
de l'arrière, deux heures durant, et plus. Nos
automobiles amènent où l'on veut une salle
d'opération aseptique, une salle de stérilisation,
les étuves, un hôpital volant de vingt lits sous
la tente qui se déploie, intensément éclairée
par notre voiture électrogène. Tout cela peut
se monter en trois heures, se démonter en deux.
Il importerait que l'on nous permît de camper

en première ligne, aux postes de secours établis immédiatement derrière la tranchée (1). C'est l'autorisation que nous venons demander au général Mangin. Il nous l'accorde. Encore faudra-t-il que l'autorité supérieure des services sanitaires ne s'obstine point à nous désigner pour emplacement, comme toujours, une ambulance de l'arrière qui, pourvue du nécessaire, installée dans un bâtiment d'école, avec ses propres appareils de stérilisation, n'a que faire des nôtres, ou à peu près. Mais c'est le diable. La valeur de nos voitures et de leurs agencements inspire trop de respect aux médecins à deux étoiles. Le sens de leur responsabilité administrative les paralyse. Ils n'ont qu'une idée. Préserver ce matériel coûteux, le mettre à l'abri, à l'arrière, là où il ne s'abîmera pas. Or, notre compagnie fut fondée pour offrir nos services sur la ligne de feu, aux postes de secours les moins pourvus : ceux de l'avant. Pour cela seul, le comte de Beaumont et nous avons réuni deux millions de francs, construit cent cinquante automobiles, leurs appareils, organisé nos équipes, prouvé notre aptitude de Flandres en Champagne, à Verdun, et vu mourir tels de nos compagnons

(1) Les Allemands ont construit en souterrain à six et huit mètres de la surface, (comme on s'en est aperçu après les victoires tactiques de la Somme et de l'Aisne), plusieurs infirmeries sous le feu, telles que nous les demandions dès octobre 1915, telles que nous les demandons ce juillet 1917.

sous les obus de l'ennemi, citer à l'ordre du
jour tels autres grièvement blessés dans l'exer-
cice de leurs fonctions. Nous sommes là pour ça.

Ainsi prêchons-nous durant ce repas de guerre
éclairé par les sursauts de flammes dans les
verres de lampes où s'engouffre l'air que bous-
culent les explosions du dehors. De minute en
minute, la sonnerie du téléphone appelle l'un,
l'autre. On se lève. On répond. On énonce des
chiffres. On répète au général les questions de
l'artillerie, de l'infanterie, du génie, les avertis-
sements du front. Dans cette galerie de planches
et de solives vacillantes, tapissée de cartes, de
plans, de fils transmetteurs et de notes manus-
crites, le cerveau de la division pense. Il décide.
Intelligence ferme, ardente que composent ces
huit officiers. Ils nous semblent indistincts de la
bataille, tant elle se prépare et s'active dans
leurs propos de buveurs prompts, de mangeurs
rapides. La bataille se décrit au bout de tous
leurs gestes. Elle se calcule en toutes leurs
paroles. L'un ou l'autre bondit, se casque, court
dans la furie de la ténèbre. Tout à l'heure, avec
le renseignement, il reviendra. Selon ses avis,
le général dictera de nouveaux ordres. Il télé-
phonera vers le corps d'armée. Il faut que l'artillerie multiplie ses actions, que les batteries
canonnant nos travailleurs soient réduites au
silence, que tel régiment s'apprête dans ses

tranchées, que tel autre se faufile par ses boyaux vers le terrain d'attaque, et qu'il se forme en longues vagues prêtes à courir derrière les mille éclatements de nos obus, derrière leur masque de fumées, d'explosions dangereuses et proches.

III

Nous trébuchons dans l'obscur, vers les cris des conducteurs qui ramènent les cuisines roulantes, les voitures de blessés. Nous sommes sortis du palais souterrain. Devant nous se balance, au bout d'un bras, la lanterne électrique. Un large abat-jour en tôle dirige les rayons contre terre. Ainsi ne peuvent-ils attirer l'attention de l'ennemi, mais seulement nous indiquer la fondrière, la mare, le trou où nous allions chopper. Épaisse, la nuit sans étoiles ni lune, est encombrée de foules cliquetantes. A droite, à gauche, en avant et en arrière, nos batteries invisibles tirent précipitamment. Elles nous assourdissent. On ne s'entend plus. De toutes parts nos obus partent en sifflant. Ils font retentir l'air longuement comme une tôle immense frappée par la tringle, comme un gong sans limites ému par le maillet. Nous enjambons des obstacles informes. Nous évitons les véhicules qui dévient. Des cavaliers soudains et au galop nous éclaboussent. A la mémoire s'imposent les vers antiques décrivant le passage de

l'Achéron, la multitude plaintive des ombres.
C'est évidemment cela que les poètes grecs et
latins avaient imaginé avec le Styx, le batelier
Caron, le chien Cerbère, l'empire sinistre de
Proserpine.

Des fantômes bleuâtres se profilent. Ils s'éva-
nouissent. Ou bien ils se dressent en masse
dans un rayon vite éteint, dans la lueur d'un
éclair subit qui précède à ras du sol les détonations de la batterie enterrée. L'air sonne.
Parfois il est un immense mugissement qui se
prolonge, grossit, s'éloigne et s'apaise, avant
d'être une explosion lointaine, indiscernable
dans la nuit. Brusquement des objurgations,
des cris, des injures s'excitent à notre gauche.
Une foule nerveuse nous insulte. Elle nous
commande. Il faut éteindre le falot. Ces tirailleurs indistincts, alignés derrière un talus,
craignent que notre lumière n'offre un point de
mire à l'ennemi. L'éclair des canons nous les
montre nombreux, vociférant sous les casques,
le fusil au poing, et qui nous menacent. Ce
bataillon bleuâtre mal ébauché dans l'ombre
nous apparaît quatre fois en une seconde, aux
quatre foudres successives de la batterie. Vision
singulière et terrible d'une force furieuse.

Notre planton éteint sa lanterne. Alors nous
pataugeons au hasard. La vision des soldats
irritables s'est éclipsée pendant qu'on recharge

les pièces. Nous allons aveugles dans le cataclysme, dans l'air secoué par le passage des projectiles et des ondes brisantes. C'est l'attente de l'explosion que les fantômes courroucés nous annoncèrent, et qui nous déchirerait en morceaux pantelants sur cette fange où plongent les roues des automobiles, des fourgons. Interminable file. Mouvement d'ombres dans l'ombre tumultueuse vers le ciel de brumes.

J'ai sans doute engagé ma chaussure dans quelques fils de fer. Cette liasse m'entrave, et, de ses ronces, égratigne le cuir de mes guêtres. Je titube au bras du médecin principal qui nous guide, qui nous avertit de prendre garde au trot des estafettes brutalement surgies du brouillard. A travers l'obscur, passent des convois sans fin, des colonnes en marche, des caissons, des attelages en cortège, des cohues, piétinantes et silencieuses.

Ces infanteries s'infiltreront tout à l'heure par les boyaux qui s'ouvrent ici et là. Vers les tranchées du front, elles glisseront lentement. Un à un, les guerriers se suivront entre les murs de glaise qu'illuminent sans cesse les explosions des marmites allemandes. Ils s'effaceront devant les cortèges de civières lourdes et sanglantes où gémissent les martyrs, devant les groupes de blessés se dirigeant à tâtons avec des bras emmaillotés, des têtes bandées, des mâchoires

en mentonnières, devant les porteurs d'ordres
et de renseignements qui se croisent, anxieux
d'arriver à point. La bataille qui revient rencontre celle qui va. Dans la boue, il y a de
pauvres soldats épuisés qui tombèrent, et qu'on
foule aux pieds, et qui geignent, et qui se garent.
D'autres se pansent. D'autres disent : « Ça
barde ! — Ce qu'ils en jettent, mon poteau ! Tu
vas voir ! » On marche dans une odeur de sang
et de sueur, en levant des kilos de boue à chaque
pas englué. L'air semble presque solide dans ce
couloir large de quatre-vingts centimètres, parfois moins, où les musettes et les revolvers des
voisins s'accrochent, où les corpulences se
heurtent, où les jambes s'embarrassent. Cent
mains vous touchent. Elles vous écartent. Elles
vous poussent. Elles vous arrêtent. Elles vous
tirent. Le feu des cigarettes, des pipes éclaire
seulement les trognes poilues. De-ci, de-là, les
parois s'écroulent après l'explosion proche qui
fit sursauter le corps, non l'esprit plus accou-
tumé. On va, sous un ciel de fumées courantes
et vagues. Ce qui cède sous votre botte, n'est-ce
pas un cadavre mou, grouillant, laissé là, et
que tout le monde écrase... Les fracas du cataclysme, là-haut, vous empêchent de parler, d'entendre. Chacun est une vertèbre de l'énorme
reptile qui s'allonge et se traîne par le couloir
tortueux. Au-dessus, les explosions resplendis-

sent un instant, vous fustigent de pierrailles, vous giflent de leurs mottes arrachées au talus qui s'éboule. Fermez les yeux, car la poussière vous éborgnerait. A quoi bon voir celui qu'un éclat vient de scalper et que le sang coiffe ; ou l'autre qui se déboutonne en jurant, car il croit son épaule béante, sa clavicule rompue. Il n'y a qu'à s'en remettre à la fatalité. Il n'y a qu'à jouir encore un peu du tabac que l'on fume, du cher souvenir que l'on évoque, de la plaisanterie lancée par un farceur vraiment spirituel pour cela seul qu'il nargue les catastrophes éclairantes, tonnantes. Visages brefs et successifs de la mort.

On va toujours, fiers d'être stoïques, de comprendre sa vigueur musculaire et sa fermeté morale, sous les mugissements de l'air troué par les bolides. Au bout, c'est la halte d'un moment dans la tranchée. Sur les boîtes de fer blanc, les tessons de bouteilles, les tas d'ordures, parmi les agonisants qui râlent en tas, les blessés qui geignent dans une ombre impénétrable au regard, la cohue halète, fanfaronne, exaltée. Elle vous étouffe de ses tiédeurs, de ses odeurs, de sa pression. Les corps tremblent contre les corps. Les voix goguenardent en chevrotant avec des haleines chargées de cognac et de rhum. Les officiers scandent leurs recommandations que les sergents répètent à tue-tête, que personne n'écoute, tout à ses sentiments

intérieurs. Crainte atroce ou résignation morne.
Ou volonté qui lutte pour dompter la peur. Ou
rêve ivre de se croire la force de l'armée prête
à tout vaincre.

Les mains voisines se serrent : « Hein, on ne
se lâche pas, nous deux ! — C'est dit ? — C'est dit.
Ne t'en fais pas. » Le sens grégaire se forme.
Il vous pénètre. On est soi de moins en moins,
et le troupeau de plus en plus. Avec lui chacun
se baisse, se redresse au passage épouvantable
des obus qui tombent et rejaillissent volcans,
tout près du trou où l'on se masse, où l'on se
coudoie, où l'on suffoque incapable maintenant
de suivre une idée aussitôt éliminée par une
autre qu'une troisième a chassée, celle du voisin, celle de l'escouade, celle de la section, celle
de la foule unanime.

Avec elle on a bondi, escaladé, sauté. Et l'on
se trouve hurlant, galopant au milieu de fantômes
bleuâtres qui hurlent, galopent, brandissent leurs
baïonnettes, sans vouloir comprendre pourquoi
tant de soldats buttent, titubent, s'affaissent,
s'abattent sur la terre. Elle éclate. Des cratères
s'ouvrent. Ils dardent au ciel leurs hautes flammes, leurs fumées noires, plus noires encore que
la nuit du ciel si bas sur cette tempête de cohues
ruées, d'explosions tonnantes, de rages vocifé-
rantes. Cela jusqu'à ce que l'on se sente déchiré,
avec son cri, par la foudre qui vous laisse, hor-

reur et douleur, tournoyer stupide, vous affais-
ser, gémir près de votre membre en lambeaux,
d'où le sang fuit.

Arrêter d'abord cette fuite de la vie. Et, pour
cela, se raisonner, se calmer, garrotter sa cuisse
avec la cravate ôtée du cou, serrer, en fermant
les yeux, de toute sa vigueur, en dépit de la
souffrance, voir enfin le jet saccadé de l'artère
goutter seulement ; tarir. Puis se retrouver seul
en vie là parmi des monceaux épars en uniformes.
Ce sont peut-être des morts ; des agonisants.
Quelques-uns gémissent. Voilà ce qui s'est
passé en quelques minutes. A moins que, plus
heureux, on ait, avec les autres, dégringolé tout
à coup dans une fosse pleine de meurtres, de
lutteurs enlacés, de faces livides, de délires
furieux. A moins qu'on ait, par hasard, évité le
coutelas du démon agile qui vous égratigna la
tempe. A moins qu'on ait dardé l'éclair de son
browning contre la belle tête à barbe rousse du
Siegfried, s'il vous manqua de sa crosse assenée.
A moins qu'on ait mis une balle dans le Werther
au cou blanc qui vous embrochait la vareuse, et
qui râle, une lèvre pendante sous ses mèches de
filasse, à la lumière des fusées. Et aussitôt de
saisir pelles et pioches, d'empoigner les sacs à
terre, de retourner les gabions vers la contre-
attaque. Déjà la précède le tir allongé des batteries allemandes qui éventre le sergent, balafre,

ampute les travailleurs de la caponnière, égorge le lieutenant poussif, achève le manchot criard, illumine d'explosions consécutives les figures ahuries des prisonniers en les arrosant de pierrailles, au fond même de cette fosse pavée de cadavres paisibles, des blessés hurleurs. Les brancardiers emportent les plus atteints d'abord. Et les cortèges de civières saigneuses s'acheminent par les boyaux, en croisant les porteurs d'outils, de grenades, de gabions, les compagnies de renfort.

Une, deux heures de pénible voyage; et les patients arrivent enfin au souterrain casematé où le docteur Proust les reçoit dans sa blanche salle. L'acétylène éclaire la table de toile cirée pour les opérations et les pansements. Sur les étagères, des fioles pharmaceutiques sont nombreuses. Il y a des bouilloires pour l'eau, des boîtes à compresses en métal, des cuvettes où flambera l'alcool autour des instruments. Dans la chambre voisine, les soldats rassérénés, bandés, ressuscités par les piqûres de camphre, reposent en leurs civières qu'on suspendit les unes au-dessus des autres. Ils ont repris confiance. Les uns savent que des ligatures adroites arrêtent leur hémorragie ; et les autres, qu'une · immobilité salutaire permettra sans doute la cicatrisation des plaies intérieures faites par les balles entrées dans leurs ventres.

Certains ont même allumé des cigarettes. Celui-ci n'a plus son bras gauche qui tenait à l'épaule par quelques veines seulement, quelques cordons nerveux, quelques fibres musculaires. Celui-là ne possède plus son pied droit fauché par un éclat en lame. N'importe. Ils se comprennent hors de l'enfer, dans cette casemate dont les poutres craquent à chaque explosion, à chaque obus parti de la batterie voisine, et qui broie l'atmosphère tintante.

Le docteur Proust voulut installer ce poste de secours à douze cents mètres des feux, et le pourvoir de tout ce qui permet la tentative d'une amputation nécessaire, d'une laparotomie urgente sur des infortunés qui ne supporteraient pas un transport plus long. Ainsi bien des vies sont épargnées. Comme nous, le docteur estime que, dans les postes de secours il faut pouvoir donner des soins complets aux plus atteints, et non pas se borner à des pansements sommaires, inefficaces pour ceux frappés au crâne, au ventre, ou vidés par l'hémorragie. Chose difficile à faire comprendre par les chefs du Service sanitaire. Ils ne veulent d'installations opératoires qu'aux ambulances de triage, ou même d'évacuation. Et c'est bien loin pour les plus dangereusement touchés.

Nous avons retrouvé notre automobile sous la lueur des éclairs que prodiguent les batteries

enterrées. A tâtons nous avons dû reprendre nos
places. Les adieux ne peuvent être ouïs dans le
tonnerre de la cannonade, la rumeur des
colonnes qui piétinent, le vacarme des convois
qui se suivent de fondrières en fondrières, de
trous d'obus en trous d'obus. Nous voilà de
nouveau dans le noir du Styx, avec les foules
de fantômes bleuâtres, de centaures surgis, évanouis, parmi les monstres de fer trépidants.
Ces théories de voitures lentes emmènent les
plaintes des martyrs. En ce fleuve de fange,
d'hommes, de chevaux et de machines, nous
nous engageons à grand'peine. Notre colonne
descendante frôle, heurte, accroche, arrête la
colonne montante de la relève, et les chariots
du ravitaillement. De longues minutes, le double
mouvement cesse, bloqué de toutes parts, par
une rosse abattue, un pneumatique crevé, une
prolonge enlisée dans un trou de marmite.
Silencieusement presque, les conducteurs s'ef-
forcent, tant ils craignent d'attirer, par une
rumeur, l'attention de l'ennemi. Soudain il nous
éclaire intensivement. Du ciel une sphère lumi-
neuse descend avec lenteur. Elle révèle nos
convois qui se mettent en route, cahotant et
disparates, nos groupes de fantassins pesam-
ment chargés, nos croix rouges sur les écussons
blancs des automobiles gris ; la plaine rase et
morne. Toute voix humaine s'est tue. Recueillis,

les soldats attendent, en étouffant leurs pas, la
stridence aérienne de la torpille. Elle va, du
zénith, tomber, ici peut-être, et susciter le
volcan, où périront, comme hier, douze vies, où
souffriront dix-neuf blessés.

Attente sublime et tragique; car nul pourtant
n'interrompt sa tâche. Les fantassins marchent.
Ce conducteur maintient un sous-verge bourru,
très rétif quand il plonge dans une fondrière, et
s'y empêtre. Les officiers surveillent. Du geste,
ils rectifient l'alignement. Ils pressent l'allure.
Ils réfrènent l'impatience des cavaliers. Toutes
les figures apparaissent, la plupart simples et
normales, quelques-unes crispées, d'autres narquoises pour l'inquiétude évidente d'un conscrit
que la grande lumière effare. Peu à peu cette
clarté faiblit. Les lointains s'assombrissent. Les
deux fleuves d'hommes et de voitures en marche
redeviennent des fantômes bleuâtres et des
monstres imprécis dans l'obscurité qui noie la
route, ses ornières montueuses, ses talus pelés,
ses arbres grêles, ébranchés. De nouveau la
sombre nuit enveloppe les colonnes et les convois, les âmes plus à l'aise, bien que le péril
ne soit point écarté pour cela. Près de nous, la
terre darde ses foudres brèves dans l'air qui
tinte si loin déjà.

Enfin nous quittons le cortège des ombres.
Nous allons par une traverse. L'automobile y

récupère le droit de courir à toute vitesse.
Quelqu'un dit : « Nous voilà sortis de la bagarre.
— Non, non, réplique en riant le soldat assis
près du chauffeur... Les obus tombent ici, et
bien au delà ». Cela semble l'amuser fort. Nous
passons, en effet, par des villages déserts, écor-
nés quelque peu. Nos phares, de leurs rayons,
poursuivent les matous affolés.

IV

En son turban et son masque de gazes, un
colosse nu, muet, souffle. Sa forte poitrine de
quadragénaire enfle et s'abaisse. Le ventre se
creuse. Le patient a laissé choir ses bras las, ses
mains ouvertes le long de ses flancs qui lancent
comme ceux d'un cheval après un galop furieux.
Les jambes rigides s'allongent sur la table
d'opération étroite et haute. Penchés vers lui,
les chirurgiens alternativement se redressent
avec des ouates sanglantes qu'on jette vite dans
un seau, avec des aciers clairs qu'on essuie
rapidement, qu'on offre à la flamme azurée d'un
brûleur. L'homme ne bouge pas, ne murmure
pas. Dans la terne clarté, l'ivoire du corps
semble une œuvre de la meilleure sculpture,
une « mise au tombeau », par exemple, de
quelque Buonarrotti. On s'est écarté de lui.
Voilà l'homme. L'homme en toute sa douleur,
exposé dans cette baraque spacieuse et blanchie
comme un sépulcre. Par la galerie sur laquelle
ouvre cette salle, passent, repassent des docteurs en blouses écrues, serrées à la taille. Ici

le martyr souffre. On le sait apôtre de l'avenir social. Il entraînait ses camarades au combat en invoquant la lutte pour la Liberté contre la bestialité de la tyrannie germanique. C'était une sorte de Mithra, ce dieu des légionnaires romains, égorgeant, sur les stèles, la bestialité du taureau barbare. Les os du crâne, fêlés en tous sens par les chocs de l'air que déplace l'éclatement d'un 210, sont maintenus rapprochés par ce turban, ce masque. Deux tubes permettent de respirer. Ils traversent l'épaisseur du pansement aux endroits du nez, de la bouche. On ne peut endormir le patient vu son état de faiblesse après l'hémorragie. Et l'on coupe la jambe gauche déchiquetée. Le guerrier ne bronche pas. Seul le souffle précipité, enflant la cage thoracique et toute cette poitrine de belle chair, dénonce les angoisses de la torture.

Les brancardiers emportent la civière qui l'amena sur un matelas de ouate, longue éponge de pourpre, et qui s'égoutte. D'autres civières entrent, sortent, chargées aussi de martyrs, par la galerie de bois, sur le tapis de caoutchouc que des lavages constants inondent. Ces nez de cire pincés entre les orbites bleuâtres des yeux inquiets. Ces lèvres comme de papier sous les moustaches encore poussiéreuses. Ces cheveux mouillés par la sueur des angoisses suprêmes. Ces gros doigts aux ongles en deuil, et qui se crispent contre la couverture de caserne mal étendue le long des corps maigres. Ces nudités comme d'adolescents malingres sous de lourdes têtes barbues. Ces faces contractées dans leurs mentonnières rougies. Ces moribonds exsangues aux pâleurs verdâtres, aux dents jaunes. Il en défile interminablement dans cette halle de poutres et de planches, divisée, par de blanches parois, en plusieurs salles d'opération qu'éclairent les larges baies aux vitres de pellicules.

C'est un lendemain de bataille. Un jeune médecin sort, les bras nus et lessivés. « Je suis vraiment las d'amputer, avoue-t-il... Depuis minuit je n'ai pu me reposer un moment. Quelle heure est-il ? Comment ! Trois heures de l'après-midi ! Entrons ici, voulez-vous. » Nous montons, par un plan incliné, dans le fourgon automobile qui contient la chambre noire de la radioscopie, vide en ce moment. Le savant ôte ses lunettes d'écaille. « Quel courage ! Quel stoïcisme !... s'écrie-t-il. Jamais je n'aurais cru l'humanité si belle. Ces paysans, ces ouvriers dont la vie dorénavant sera l'humiliation dans la faiblesse et dans la laideur ! Pas un qui récrimine. Pas une parole qui accuse ou maudisse. Presque pas de gémissements ni de plaintes dans les tortures les plus atroces. Ah, nos scepticismes, nos ironies ! Comme il faut chasser cela. Tous, des christs sur la croix. Et ils ne sont pas dieux, pourtant. Un idéal en fait des martyrs sans pareils pour la constance et la fermeté. Et point de gloriole. Des muets stoïques, les dents serrées. Un sourire faible pour remercier... Voilà tout. Nous devrions vivre à genoux devant eux!... A genoux; désormais!... »

Le chirurgien s'enthousiasme, malgré la fatigue qui lui rend les paupières pesantes. Il dormirait là, debout, adossé contre le poteau qui soutient la bâche de ce couloir menant à l'établi du radiographe, à la boîte en accordéon du rayon fluorhydrique. Le docteur se secoue. Il nous emmène à l'air sur le plateau qu'assainit le vent de l'Artois. Plusieurs halles en planches brunes furent là parallèlement édifiées. Au milieu de ces hôpitaux, la salle d'opérations est désservie par des magasins automobiles contenant, celui-ci le laboratoire du radiographe, celui-là le matériel de stérilisation, cet autre le groupe électrogène, cet autre la buanderie pour laver, sécher, aseptiser, par l'étuve, les linges de pansement, et en très grand nombre à la fois. Autant d'usines sur roues. Elles se déplacent avec leurs annexes démontables, derrière l'armée, pour secourir les blessés qu'on ne peut expédier de suite à l'intérieur du pays.

On les soigne dans ces longs bâtiments de couleur brune. Le génie sait rapidement les ajuster. Chacun repose sur un lit de fer garni de matelas. Beaucoup semblent en voie de guérison. Ils mangent, soutenus par leurs traversins, des mets appétissants. Ils reçoivent les visites des camarades qui combattirent avec eux, des chefs qui les commandèrent et qui viennent les remercier, les consoler, les glorifier. Sur plusieurs oreillers brille la médaille militaire. Nul ne se plaint.

Le dragon étendu sourit, lui-même, un peu, de sa bouche entr'ouverte. Il semble heureux de la paix survenue après tant de labeurs et de luttes, après tant de fracas que perpétue l'orage grondant de la canonnade. Bel homme et fort, poignets velus, mains indulgentes, chevelure épaisse, sourcils et moustache noirs. Le dragon dort enfin, tel qu'un amant après la volupté. Séduit on s'approche. C'est un mort.

Il n'a pas eu le temps de se dévêtir. La salle de réception l'accueillait ainsi que ceux-là, tout empotés dans leurs capotes de boue sèche, dans leurs bottes de fange, dans leurs casques cabossés, et que l'on délivre tour à tour de linges rougis. Afin de rassurer, et de se rassurer aussi, ils déclarent leur blessure bénigne. Pudiques, ils la défendraient presque contre l'indiscrétion du praticien. Même ce joli blond, l'artilleur. Son ventre est ceint de bandages empourprés. Son bras pèse dans l'écharpe. Son pantalon est fendu sur une cuisse

en maillot de toiles verdies par la suppuration.
« Ce n'est rien », assure-t-il.

Dehors, ils arrivent en foule, par convoi
d'automobiles, par colonnes de piétons, par
groupes. Escogriffes et gnomes, nains et géants,
le pot en tête, clopinent. Ils s'appuient sur des
branches arrachées. Ils soutiennent le camarade boiteux. Ils guident l'aveugle. Ils surveillent des Boches abasourdis que les grenades
terriblement défigurèrent, et dont l'hémorragie
violaça les tuniques. Tout ce monde engorge le
portique ménagé dans la palissade qui entoure
le camp sanitaire. Les infirmiers, les ges-
tionnaires reçoivent, trient, séparent, notent,
et dirigent vers les diverses halles. En dépit
de l'encombrement, le service s'accomplit au
mieux.

Au départ, notre torpedo, un temps, côtoie la
multitude infinie des éclopés, les convois des
voitures grises à croix rouge, pleines de ces martyrs stoïques et silencieux. Ils viennent de Neuville-Saint-Vaast, de La Targette, du bois de La
Folie, par toutes les routes, par tous les chemins, par toutes les sentes. Des automobiles
découverts ramènent les plus atteints, couchés
sur leurs civières dont les poignées s'appuient
contre les dossiers d'arrière et d'avant. Notre
vitesse nous éloigne de cette brigade ensan-
glantée, orgueilleuse de sa douleur. Et nous

courons par les campagnes plates, dans l'air frais de l'automne.

Nous ne rencontrons plus que des régiments au repos chez les villageois. Aux carrefours, sous le casque si pareil à la salade ancienne de la guerre de Cent ans, et dans la cotte d'armes qu'est aussi bien leur capote azurée, des sentinelles nous évoquent le temps des idées aïeules. Le guerrier d'Antioche et celui de Bouvines, les voilà debout, aux confins de ce bourg où tant de soldats bleuâtres adossés en rang contre les murs des granges, se chauffent dans la pâle lumière du soleil. Ils ont la mine de gens qui goûtent leur loisir à la campagne. Ils parcourent leur journal, et ils fument la pipe, sans autre souci. Beaucoup assaisonnent des mets savoureux dans les cuisines des fermes. Des camarades se taquinent en jouant aux cartes. Ils rient aux éclats. Des lovelaces courtisent les bergères. Au lavoir, ceux qui savonnent leurs hardes, agenouillés, et le képi de travers, ne paraissent point s'ennuyer entre les commères hilares. Non plus que les officiers à cheval dans l'allée du château, pour achever, en devisant, leur promenade du matin. Savent-ils que tant des leurs souffrent dans les baraquements des ambulances, ou même sur le champ de bataille si l'on n'a pu les relever entre les lignes de tireurs inexorables?

Le savent-ils ces deux cyclistes venant du bois, le guidon chargé de feuillages dorés, de feuillages rouges, avec un lapin de garenne en sautoir, chacun ?

Nous avons franchi la forêt de Lucheux où j'ai souvent chassé, dans ma jeunesse, le lièvre, la bécasse, le sanglier. Nous allons.

Plus tard, au creux du chemin, nous frôlons un automobile arrêté, des sapeurs. Il supporte le dévidoir du câble et le réservoir du gaz qui retient, qui gonfle le ballon rose, en forme de « saucisse », flottant là-haut parmi les vapeurs du ciel. A droite, à gauche, d'autres aérostats semblables planent en retrait sur nos premières lignes. On songe à quelques monstres de fête chinoise. De leurs nacelles, les observateurs épient, avec des jumelles très puissantes, les mouvements de l'ennemi par la campagne. Cette séquelle de monstres aériens, de monstres rosés oscillant sur l'espace, indique le contour de nos positions. Nous sommes à l'ouest d'Arras. Une canonnade hésitante, sans cesse interrompue, bat l'horizon. On pense aux grands tapis d'un château que fustigent des valets indolents sur la pelouse de quelque parc.

A D..., devant la maison d'école, aménagée en infirmerie, stationne, dans la cour, une couple de nos voitures. La baraque aux opérations est montée, comme la tente de la radioscopie et de

la stérilisation. Quelques blessés trop mal pour
aller jusqu'à la gare de triage sont traités là.
Contre la grille passent à cheval des hussards
crottés, casqués. Ils évoquent nos souvenirs de
reîtres au xviᵉ siècle. Par escouades, des fantassins trottent aussi, lourds, épais, solides, azur et
boue. Trognes hâlées. Pipes fumeuses. Barbes
d'épagneuls. Ils admirent la voiture électrogène
béante : « Une usine entière, quoi!... affirme
l'un... — Et une belle! » Nous causons. Ils plai-
gnent le lieutenant observateur dans la nacelle
de la saucisse : « Il gèle là-haut. — Et il faut y
rester du matin au soir. — La jumelle « porte »
loin. — Pensez-vous : une lorgnette de sept
cents francs. — Et vous? — On n'est pas trop
malheureux. — Oh non! — On s'habitue. —
C'est une vie comme une autre. — Il y a des
avantages. — Plus de propriétaires pour vous
réclamer le terme! — Plus d'épicier pour crier
si la poule ne leur verse pas tout l'argent de la
quinzaine! — Et puis, tenez : moi je suis retourné
en permission. La petite avait la coqueluche, et
l'aîné une bronchite. Ça toussait. Ça crachait.
On ne s'entendait pas. La pauvre femme elle
n'a pas embelli. Ça non. — La mienne non
plus; elle a perdu toutes ses dents. — Ce n'est
plus des jeunesses. — C'est de la territoriale,
quoi! — Et du ventre! — Enfin... c'est pas un
reproche qu'on leur fait. — Penses-tu? — Un

reproche! — Bien sûr que non. — La mienne, elle m'a fait scier le bois pour l'hiver. — Elle se fâche, la mienne. — La mienne m'a reproché de lui boire son allocation chez le bistro. — Alors quand je suis reparti, ça m'a fait moins que le jour de la mobilisation. — C'est comme il dit. — Chacun de son côté; on vit tout de même, pas vrai? — Sûr. — Moi, je me demande si je pourrai jamais retourner à l'atelier après la guerre? Verser toute la journée de l'huile dans des trous... C'est un métier idiot. — Ici, on respire. — Ça change. — On est à cheval sur Calypso! — C'est Calypso qu'il s'appelle? — Elle a du corps. — Ah oui. — Et elle aime le sucre? — Des fois! J'en ai toujours pour elle dans mon volver! Ce qu'elle est farce. J'ai jamais tant rigolé de ma vie! »

Ils entourent Calypso, la flattent de la main. Le cavalier tire de son étui à revolver une bribe de sucre, et l'offre à la bête. Les exploits de la jument sont décrits copieusement. Et chacun de renchérir, d'émettre ses opinions sur l'intelligence des chevaux, des chiens... Et de rire! Cependant, derrière les arbres dépouillés, par delà cette butte rousse, la canonnade se prononce à quelque distance. Ces braves gens respirent dans leur atmosphère de péril consenti. Ils l'oublient. Tous font campagne depuis le début. En Lorraine, en Champagne, ils ont marché, en Picardie, en Flandre.. Les voici en Artois, pareils et quiets. Leurs âmes simples s'amusent. Bavarder, paresser, l'arme à la bretelle, la pipe à la bouche, la jugulaire retroussée sur la visière du casque, c'est de l'aise, en somme. Nous les interrogeons. La bataille? Ils en voient peu de chose. Pour eux cela consiste à tirer contre des buissons, contre une crête, contre un bois. On ne distingue jamais le Boche, sauf mort dans les champs; ou prisonnier sur les routes. La tranchée? C'est à l'ordinaire une sorte de logis baroque, mal commode. L'on s'y installe pour le mieux. On y boit le café. On y dort. On y joue aux cartes. Parfois « il y a du vilain ». Ça passe. Le tran-tran de chaque jour se poursuit. La nourriture abonde. Sauf la faction au poste d'écoute, la nuit, et les patrouilles rampantes vers les fils de fer allemands, il n'y a pas trop à craindre. « Vrai. — Les obus, ça n'attrape pas le monde. — On se gare, d'abord. — Le son vous prévient. — Les balles c'est traître. — Oui. Mais quand? — La mitrailleuse? — Ah ! ça, méfiez-vous. — Faut s'aplatir. — Ça fauche ! — On a laissé des copains en route. — Oui. — Pas tant ! — Nous pas tant que ça. — On n'est pas immortel, hein? »

En jasant nous avons cheminé par le centre du village, entre les pommiers des prairies et **les fermes aux larges porches**, jusqu'au poste de l'aide-major. Une voiture d'ambulance régimentaire arrive cahin-caha. A l'arrière, un garçon se cramponne suspendu par les bras. Il tient raide sa jambe qu'empourpre l'hémorragie. Le gros soulier montueux est tout de pourpre aussi. Le pauvre n'a pu s'asseoir, ni s'étendre à l'intérieur tant il souffre. Les infirmiers le prennent sous les bras. Lui, grimace, gémit. Il pleure. De lourdes larmes gouttent sur ce visage bis, rustique, enfantin presque; n'étaient la carrure, la taille du gaillard en capote sanglante, et nu-tête. On ne peut le laisser ainsi pourtant. Il ne veut pas qu'on le touche. Un garrot fait d'une cravate bleue étrangle les lambeaux du pantalon, la cuisse et ses viandes, sa graisse jaune, ses nerfs, ses veines déchiquetées. « Mon petit, voyons mon petit!... supplie l'aide-major,... laisse-toi faire... On va t'arranger ça. Laisse-toi faire... » Nos compagnons interviennent : « T'es pas fou? Tu vas pas rester pendu par les coudes jusqu'à la fin du monde, peut-être, hein? Ça se raccommode tout ça... Allons. Appuie-toi. Lâche d'une main. Pas de celle-là. De l'autre!... » A six, ils décrochent doucement le garçon en larmes, et qui grimace. Le difficile c'est de faire basculer ce poids, cette douleur criante, rétive pour l'allonger dans la civière. Ils la dressent contre le dos. Peu à peu, ils inclinent le tout en arrière. Ils l'abaissent. Les cris s'apaisent, cessent. Le cortège s'éloigne par le petit jardin de choux et de tournesols, vers la maisonnette de briques.

Les autres blessés, des « blessés assis », selon la formule, descendent tout seuls. Le zouave trop barbu, montre son œil poché par le caillou qu'un éclatement rejeta. Le territorial courtaud boite, la cheville rompue, en s'appuyant sur un fusil. Le flandrin blond porte son coude gauche avec respect. Le chasseur, dépoitraillé a, dans l'épaule, un trou de balle. Ils répondent gaiement aux facéties des spectateurs, que distrait soudain le sourd crépitement d'une mitrailleuse en l'air. Tout le monde lève le nez. « Un taube qui attaque la saucisse! » En effet, une mouche rousse bourdonne, presque invisible dans l'azur, entre les cumulus. Le bruit de sa mitrailleuse la désigne plus que sa forme. Aussitôt les flocons des shrapnells s'épanouissent au zénith. Ils encadrent l'agresseur. Notre artillerie le vise. Des fermes, des étables, des villas, sortent précipitamment infirmiers, soldats, hussards, paysans, commères, écoliers, fillettes. Hors de la forge, le maréchal entraîne même la mazette qu'il ferrait, et qui renacle. Le combat dans les airs les émeut tous, en dépit de sa fréquence. Trognes, binettes, profils et minois contemplent la danse des fusants autour de l'avion. Un ballet **au ciel. Les flocons s'échevèlent, tourbillonnent,** se diluent de la plus gracieuse façon près de l'insecte. Il monte, descend tour à tour, afin de se dérober aux différents niveaux des éclats qu'on lui darde. On imagine un feu d'artifice réglé au temps de Louis XV, dans le style Pompadour. Bientôt le taube se laisse choir vers l'horizon. Car une sorte de poisson volant est apparu, blanc et lumineux, avec la stridence d'un puissant moteur. « Un nieuport! » annonce le capitaine sorti de table, la serviette au poing. C'est le monoplan de chasse perfectionné à l'extrême, et dont les ailes demeurent inperceptibles au cours de la vitesse. Triomphal, le nieuport parcourt le ciel débarrassé, puis trace, autour de l'énorme saucisse rose, les cercles de sa protection.

Le public semble déçu. Il espérait voir le taube s'enflammer, tomber. On se disperse en maugréant.

Nous déjeunons avec le médecin, dans une chambre de métairie élue pour la « popote ». Les mouches la tapissèrent de leurs vestiges. Sous un globe de verre, une Sainte Vierge en stuc bénit l'agape du haut de la commode, qui est aussi l'indispensable vestiaire. Les convives rappellent les phases de la campagne, leurs cantonnements forestiers en Argonne.

Le médecin-chef a suivi les colonnes du Soudan, du Ouadaï, où il a lu ma *Ville*

Inconnue. Nous voilà d'anciens amis. Gascons, Provençaux, Parisiens, Bretons, ces docteurs, ces pharmaciens, ces internes, ces étudiants, ces administrateurs s'accordent à merveille. Ils parlent joyeusement. C'est la gaîté juvénile d'une salle de garde dans un grand hôpital. Par instants, le caporal infirmier entre. Il annonce un blessé. Plusieurs des convives se lèvent ensemble. C'est à qui remplira son devoir le plus tôt.

Nos Croix-Rouges, deux personnages de la société parisienne, campent chez un paysan, dans la même chambre. L'un couche sur une civière, en attendant son lit. Ils se déclarent « enchantés ». Leurs nécessaires suffisent à tout. Déjà ce sont des radiographes expérimentés. Ils font, en un moment, apparaître le squelette d'une main, d'un pied, d'une jambe, sous la tente noire, dans le rayon glauque. Les patients tirés de leur couche titubent, en leurs godillots sans lacets. Le casque penche sur la nuque. La capote glisse des épaules. Le pantalon est mal attaché. Visiteur fréquent, le général, de mine cavalière, rappelle les exploits du régiment auquel appartient le blessé, la part glorieuse prise à la bataille. Le soldat est remercié au nom de la France, de la Liberté, du Droit. C'est exaltant. Le brave n'oublie point cette minute, ni cette poignée de main chaleureuse du chef, **ni la magnificence du sacrifice commun.**

Nous allons par les routes, de poste en poste, ainsi. Sportsmen, des Anglais élégamment vêtus remplissent des villages, avec leurs séries d'autobus fraîchement peints couleur de bronze, les files de leurs camions énormes où les sentinelles veillent sur les caisses de gargousses. Rasés de près, vêtus de neuf, brossés, cirés, droits, mille et mille gentlemen flânent, chevauchent, lunchent, causent, fument. La pluie survient-elle? Ils s'enveloppent d'imperméables soyeux, et de prix. Est-ce le froid qui sévit? Les voilà en des confortables pardessus jaunâtres, tous, officiers, soldats. Les chevaux ont le poil lustré à la perfection. Admirable armée, impavide au feu, et qui meurt en rang, lorsque ses tireurs, les meilleurs du monde, n'ont pas dépeuplé la position de l'ennemi d'abord. Nos paysans adorent ces garçons propres, soigneux, robustes, volontiers rieurs et drôles. Clients généreux ils distribuent aux enfants la profusion de leurs confitures à l'orange, de leurs gâteaux secs. Les hommes reçoivent du tabac blond.

Le village où ils séjournent un peu longuement emprunte leur apparence cossue, nettoyée. Les ornières des chemins disparaissent. Les fumiers se masquent. Les filles s'attifent. On lave mieux les tables du cabaret. Les portes sont repeintes. Des fleurs parent les croisées. La lessive sèche. Nos bergères sont redevenues gracieuses comme celles du XVIIIe siècle. Elles en portent les grands chapeaux, les corsages ajustés, les cotillons heureusement troussés sur des bas tirés. Elle a presque disparu la bouvière en bonnet de nuit, en caraco crasseux, et en sabots difformes. Le goût de plaire à nos amis anglais chassera pour toujours ces horreurs de nos paysages agrestes.

Au soir, dans le meilleur hôtel d'Amiens, capitale de l'arrière, pour l'Artois, les jeunes officiers anglais qui devisent avant de rejoindre le front, semblent de fines demoiselles travesties en militaires d'opéra. Ils ont les gestes timides et grêles des pensionnaires bien élevées. Ils cachent leurs pieds sous leurs chaises pudiquement. Ils rougissent en parlant au maître d'hôtel, malgré leurs éperons et leurs guêtres de cuir rougeâtre, leur harnachement de combat, et, sur l'épaule, leurs étuis à revolver. Des jeunes filles que Botticelli a peintes, selon les modèles venus d'Angleterre, et dont il a fait les anges délicieux de ces tableaux, ces clubmen sont les descendants héroïques. Pour le cant, il faut se battre. *All right.* On y va, les ongles soigneusement taillés, roses. Et ce sera la prise de Loos, la défense d'Ypres, les victoires au nord de la Somme, de la Scarpe, les cadavres allemands tassés en monticules. De la tranchée où elle persiste, du ciel où elle vole, cette fine jeunesse fusille les **gros garçons des Allemagnes, et les extermine.**

V

Après une côte assez rude, et à la sortie de la
sapinière que borde tant de clarté, l'espace de
la campagne se développe contre le ciel très
pur. Tout là-bas voici Notre-Dame-de-Lorette,
à gauche, ce grand promontoire de terres
blondes, leur éperon qu'on se disputa, qui nous
reste. A notre droite, par delà ce village dont
un gros obus troua le clocher rose, maintes
collines forestières tonnent, jusqu'aux tours en
ruines de Saint-Éloi. Magnifique paysage de
bataille au soleil d'automne qui décèle les
avions du zénith, entourés, par instants, de
flocons et de panaches, menaces des artilleries
vigilantes.

Par le chemin qui traverse ce plateau, où
nous marchons en dominant l'étendue, trottine
un cheval gris devant le tapecu du paysan
pressé de vendre ses poulets aux vatels des
états-majors. Sauf ce fermier, personne dans
les champs. Trop de « marmites » ont creusé
partout ces excavations circulaires encore fraîches. Nous sommes seuls, le docteur Flurain et

deux Croix-Rouges, à jouir de ce clair spectacle, de cet air limpide et frais. Il frémit au passage des bolides. Il se plaint. La qualité de la lumière permet l'appréciation des longues distances très loin, par delà les bois de Bertonval, vers cette région où flamboient les éclatements des obus. Partis du nord allemand et de l'est français, ils pilent, après s'être croisés, les positions face à face des adversaires. On discerne nos fumées grises, celles plus noires des Boches. Les unes devant les autres, elles bondissent. Elles s'élèvent comme deux farandoles, de fantômes qui se défieraient, qui s'épouvanteraient à l'envi par leurs gesticulations, par l'enflure rapide et prodigieuse de leurs formes, bientôt enfuies, évanouies dans l'atmosphère radieuse.

La gloire de la nature enveloppe la bataille des peuples luttant pour leurs vérités, pour leurs justices. Lutte qui s'exprime par ces danses de fantômes noirs et gris, là-bas, face à face, par ses jeux, au zénith, d'insectes stridents et de flocons empanachés, par cet orage grondant à l'horizon de la campagne et de l'azur, par ces coups sourdement assénés qui froissent l'épaisseur de l'air, par ces longs mugissements des trajectoires avant les chutes, avant les éruptions des volcans subits.

Qu'il fait beau! Des pigeons voyagent à tired'aile. Des centaines de passereaux pépient dans les buissons. Ils ne semblent guère s'inquiéter des coups-sur-coups que l'artillerie lourde masquée dans les bois décerne à l'ennemi du Nord. Pourtant l'air frissonne et tremble, broyé par les vols successifs des obus. Nous entrons dans les bois. Une ramille à la bouche, deux soldats casqués, la capote ouverte, musardent le long d'un sentier. On les croirait permissionnaires d'un dimanche flânant autour de leur garnison. Dans le fond d'une sablière, dans la mare, quelques autres savonnent du linge à carreaux. Tout un camp s'abrite sous la futaie. Des chevaux sages s'émouchent attachés à la file. Devant les cabanes, il y a des bancs, des tables rustiques, faits d'arbres voisins. Les sous-officiers écrivent. On joue aux cartes paisiblement. On répare des harnais. On fourbit des armes. Nous suivons la lisière de la forêt. Elle se hérisse sur la hauteur. Dans le bas, la vallée est pleine de troupes assises en attente derrière les faisceaux. Sur la route qui la limite, l'antique chaussée de Brunehaut, maints convois se succèdent ; les escadrons et les batteries trottent ; l'infanterie marche dans la poussière. Au delà, vers le sud-ouest, c'est la campagne plate, nue, dorée par le soleil contre lequel défilent ces artilleries, ces bataillons, ces prolonges. Sans fin, toute la force d'une armée se déplace en retentissant. Dans le ciel, les insectes mécaniques se poursuivent, se mitraillent, s'attirent la menace de nombreux flocons.

Au pas et par quatre, ses capitaines à cheval, en un chemin d'ornières sèches, de cratères, de cailloux bousculés, un bataillon débouche. Les fronts hauts ruissellent sous le casque bleu. Les échines ne se courbent pas sous le faix du sac. Ces guerriers reviennent du feu comme s'ils revenaient de la parade. Évidemment ils tirent vanité de leurs pas fidèles au rythme, de leurs files en ordre, de leurs mains gauches qui balancent ensemble, de leurs fusils pareillement obliques sur toutes les épaules. Cela pour l'admiration des camarades accourus de leurs huttes champêtres, comme si la vue d'un bataillon leur était une distraction rare. On se murmure le numéro du régiment modèle. Il donna l'exemple en plusieurs combats fameux livrés sur ce territoire qui supporte Souchez, Givenchy, Aix-Noulette, La Targette, Neuville-Saint-Vaast, Saint-Éloi. Tout ce sol, maintenant, nous le gardons à jamais. Debout, autour de sa cuisine roulante, une section territoriale, afin de mieux voir la belle troupe, cesse de grignoter, à la pointe du couteau, ses morceaux de bœuf. D'aucuns oublient de siroter le vin du quart. D'autres ne mordent plus leur pain de munition. Personne ne hume plus la soupe des gamelles qui luisent en tant de mains. Lui-même le cuisinier demeure immobile avec sa cuiller à pot plongeant parmi les lentilles. Elles mijotent dans la grande cuve de fer sur roues, entre le tuyau de sa cheminée et les deux croupes des chevaux patients.

Lourds et larges, ces hoplites nous vantent la vaillance de certains régiments, de la division marocaine qui s'élança, tel jour de printemps, vers la colline 140. Ces doigts rugueux nous indiquent vaguement la direction par delà les collines et les futaies. Là-bas, donc, la profondeur entière des lignes ennemies fut traversée. On nous le jure. On imite, du geste, l'étonnement des turcos qui, ne trouvant plus rien devant eux, tournèrent à droite. Ce point nous est indiqué par l'adjudant. Il a la barbiche de Don Quichotte. Dans le nord-ouest de Neuville-Saint-Vaast pris à revers, Marocains et Sénégalais, diables olivâtres et démons noirs, fusillèrent la masse teutonne surprise, la trouèrent de leurs baïonnettes. Ainsi nous le mime une gesticulation enthousiaste. Ils s'emparèrent aisément de mille trophées. Puis leurs officiers demandèrent par téléphone à l'état-major dans quel sens ils devaient poursuivre leur succès. Si puissant, si miraculeux avait été l'essor de ces quinze mille hommes que le quartier général ne voulut pas en croire ses oreilles. A cette heure, l'attaque, selon lui, ne pouvait pas être parvenue où les colonels l'annonçaient. Ils se trompaient certainement. L'état-major n'admit pas l'évidence. Il leur refusa le renfort qu'ils demandaient pour donner toutes ses conséquences à une victoire intempestive et saugrenue. Il les invita sévèrement à consulter leurs cartes, à rentrer dans leur secteur, sur les points que, selon la directive théorique, ils devaient, en cet instant, occuper. « — Si c'est pas malheureux tout de même! ... gémit un des causeurs en rebouclant sa bandoulière. — On les avait!... s'écrie un autre,... ces Boches! — On allait jusqu'à Douai, jusqu'à Valenciennes, jusqu'à Mons!... affirme un troisième qui montre ces villes, là tout près dans l'horizon tonitruant. — L'état-major, il est trop prudent; vous comprenez!... explique un philosophe qui bourre sa pipe.— Il oblige les corps à garder leurs réserves pour couvrir une retraite en cas de malheur, pour repousser les contre-attaques. — Alors, voyez-vous,.. conclut un flandrin dont les bras galonnés invoquent le soleil,... nous gagnons du terrain; c'est peine perdue. — L'état-major n'achève pas. — Il a peur de continuer,... pleure un poussah bleu ... l'état-major! — C'est partout la même chose : à Soissons, en Champagne, sur l'Yser, ... crient successivement les grognards qui essuient leur couteau avant de le refermer, qui nettoient

leurs gamelles, secouent les dernières gouttes
de leur quart, et, d'un revers de main, étan-
chent le vin dans la moustache. — On se donne
du mal. — On perd du monde. — Et puis,
c'est pour rien. — Ou tout comme! — Ils ne
savent pas manœuvrer leurs réserves, à l'état-
major. » Mais d'autres ne veulent pas qu'on les
croit découragés : « — Bah! Ç'est pas ce qui
nous empêchera de les avoir un de ces quatre
matins! — Pour ça non. — On leur en met. —
Et comment! On les a manqués tout juste en
Champagne, à la Butte du Mesnil. — Le jour où
les réserves marcheront derrière ceux qui auront
percé, ce jour-là ça y sera! Moi je vous le dis!
— Pour sûr! — Mais, bon Dieu, qu'ils appren-
nent donc, les états-majors, à faire marcher
leurs réserves à temps! — Voilà un an qu'ils
sont à l'école. — Ils devraient savoir leur leçon.
— A quoi qu'il pense, le papa Joffre? » Ainsi
bavardent nos grognards en capotes de pousse-
cailloux. Tandis que, chaque seconde, la batterie
prochaine foudroie l'air et secoue les oreilles,
ces petits commerçants casqués, ces paysans
ridés, ces commis aux galons de sergent, cet
instituteur sanglé dans le ceinturon de l'adjudant, et qui a la croix de guerre sur le cœur,
font les stratèges en chambre, ou du moins, en
plein champ.

Grave problème, au reste, et qui passionne

toutes les conversations, celles des soldats, comme celles des capitaines, comme celles des généraux. Cette section de braves gens, disparates et bleuâtres, exprime franchement la pensée de tous au bruit du canon. Si les réserves demandées par les divisions heureuses qui percèrent l'ennemi, en ces points historiques, avaient pu parvenir à temps, n'aurait-on par enfoncé les lignes allemandes, puis rabattu nos ailes sur leurs arrières? A plusieurs reprises la même cause nous valut les même déceptions. « *Errare humanum est, perseverare autem* », conclut un doigt en l'air, le fourrier. Il a, d'ailleurs, la mine d'un sacristain ou d'un chantre. Un monsieur corpulent, bien rasé, sous un casque trop petit, objecte qu'on ne peut faire avancer de nombreuses troupes en terrain découvert, durant la bataille, à travers les barrages du tir ennemi, parmi les cadavres, les blessés, les éclopés, sans énerver les troupes de renfort, sans les exposer à subir de graves pertes, avant même leur déploiement sur le terrain conquis. Oui, mais,.. remarque l'adjudant,... si on les amène par les boyaux et les tranchées, on consomme un temps considérable. Des heures et des heures. Aussi leur secours est-il tardif, inefficace, la plupart du temps. La solution, d'après le sacristain, consisterait à doubler ou tripler encore les effectifs de l'attaque. Elle marcherait ainsi, tout de suite, avec ses réserves. L'instituteur-adjudant souhaite que les états-majors, renonçant à la rigueur des plans théoriques rédigés par avance, prescrivent à tous les corps de suivre en masse les chanceux. Converger tous derrière la division que les hasards du combat ont entrainée, d'aventure, par-dessus les lignes ennemies. La dynamique de l'eau. C'est la théorie énoncée par les meilleurs chefs. La masse doit suivre le courant qui se fraye passage. Et le sacristain éternue. Jusqu'à présent les hasards ont ouvert la voie à ces fractions toujours différentes de celles désignées officiellement pour avoir l'honneur de percer. Aussi bien, plus de boyaux, de tranchées, de places d'armes devraient-ils aménagés à l'intention spéciale des réserves et de leurs cheminements vers les objectifs. C'est également l'avis du monsieur trop large pour son casque, banquier sans doute au civil. Le rubis de sa bague déclare son opulence, bien qu'il ait les mains graisseuses en ce moment. Ses chaussures fauves de veneur ne décèlent pas moins des habitudes quelque peu fastueuses.

Il cite un article du *Times*. Mais l'apparition au ciel d'un avion, que pourchassent à grand bruit des shrapnells floconneux, détourne de cette intéressante controverse l'attention des autre sterritoriaux. Ces événements célestes,

malgré leur fréquence, amusent toujours les fantassins. Ils s'excitent comme aux courses. Un
peu plus ils useraient du pari mutuel. Ils se
croient sur la pelouse. Néanmoins l'adjudant
frondeur s'intéresse davantage à ses critiques.
Il aime parler, se faire valoir. Suivant lui, on
eut bien tort de battre en retraite si précipitamment après Charleroi, jusqu'à la Seine; ou
presque. Il était de cette retraite. Il prétend que,
sur des ordres supérieurs, on les poussait trop
en hâte. Son chef de bataillon voulut s'arrêter; faire face à l'ennemi, pour laisser à nos
artilleurs le temps d'atteler, d'emmener les
vingt pièces d'une grande batterie couvrant le
recul. Nos hommes le voulaient aussi. Il ne
demandaient qu'à combattre les Allemands,
d'ailleurs fort timides, et qui suivaient à bonne
distance. Les premiers feux de salves les avaient
arrêtés net, lorsqu'un officier accourut au galop,
fit couper les traits des attelages et ordonna de
repartir, d'abandonner les canons. On en pleurait, Monsieur! On en pleurait! Le sacristain
estime aussi qu'on eût pu livrer, sur l'Aisne, la
bataille de Marne, et avec le même succès. Seulement la victoire eut rejeté les Boches en Belgique. « — Sarrail les tenait à la gorge dans
l'Est... ajoute l'adjudant dont la barbiche fré-
tille. — Le vingtième corps les battait à plates
coutures devant Nancy,... rappelle un petit jeune

homme malingre et caporal. — Pourquoi fuir au centre de la France? L'état-major s'imaginait peut-être qu'après ce reflux, le flux irrésistible balaierait l'ennemi jusqu'à la Meuse walonne, jusqu'au Rhin? — A cette idée, l'adjudant hausse les épaules. C'était mal connaître l'opiniâtreté de l'adversaire. D'ailleurs pourquoi l'armée de Normandie, l'armée franco-anglaise, alors étalée du Havre à Amiens, n'a-t-elle pas attaqué le flanc de von Kluck à la sortie de Mons, en débouchant elle-même de Douai, de Valenciennes. C'était sur l'Escaut qu'il convenait d'engager la bataille de l'Ourcq, et l'aile droite allemande dès le 28 août s'arrêtait là. Quant au lecteur du *Times*, il ne pardonne point à Castelnau d'avoir abandonné la rive droite de l'Oise après la bataille de la Marne, et d'avoir ainsi livré la Somme, le Pas-de-Calais, le Nord, la région industrielle et minière la plus riche de France, sept milliards de marchandises, de récoltes, d'outillage et d'argent, d'usines métallurgiques si nécessaires à la défense nationale. « — Et l'on venait de reprendre Péronne! — s'écrie l'adjudant qui s'exalte. — Il eut suffi de masser sur l'Oise l'armée qu'on assembla sur l'Yser, un peu plus tard, »... démontre le bedeau qui prise. Les autres territoriaux hochent la tête : « Bien sûr bien sûr! » approuvent-ils sans comprendre tout; mais certains que les Boches ont eu de la veine,

et une fameuse. Ils ne pouvaient, ils ne peuvent
qu'être battus, chassés, reconduits sur le Rhin,
rejetés sur Berlin. Ce sera dur. Ce sera long. Ça
se fera. Depuis la Marne les barbares ont été
battus partout, sauf à Soissons. « On les aura ! »
Et, sur un coup de sifflet, les faisceaux sont
rompus les rangs formés, les fusils en main
La colonne bleue gravit la pente, s'enfonce par
le bois. Cependant sa cuisine qui repart vers
l'arrière emporte, au pas de ses chevaux, la vaisselle d'étain suspendue à son ventre bouillon-
nant.

Nous aussi montons dans la futaie. C'est un
décor d'opéra, le décor de forêt à plusieurs
plans, avec les sentiers obliques pour la descente du baryton, un sergent, des « fermes »
pour la mise en groupes des chœurs, le défilé
des cyclistes, et pour l'ascension du héros vers
le ciel, son glaive au flanc, son ut de poitrine à la
bouche. De la gueule d'invisibles canons, mais
tout proches, le départ, coup sur coup, des
gros obus fait retentir l'espace, frémir les feuillages et sursauter les nerfs. Le sol gronde.
L'air tremble. Le ciel doit se fêler par-dessus
les voûtes épaisses de verdure. Ce fracas épouvantable secoue les bocages que traversent les
rayons de lumière horizontale. Il ne gêne pas les
joueurs de manille assis sur le vieux chêne
abattu devant leur cabane, que des feuillages

dorés ou rougis par l'automne enguirlandent. Les feux de bivouacs flambent les chaudrons des artilleurs qui menuisent des poutres à la doloire. Sous un dais de branches se dissimulent ici l'automobile de liaison; et là, le bureau des téléphonistes. Des lessives en séchant, pavoisent une clairière où des chevaux broutent, tranquilles malgré les mouches. Véritable paysage d'églogue. La mémoire se récite les vers très connus de Virgile. Il y a même une croix, sur un tertre, pour l'élégie. Les artilleurs sont les faunes de ces bocages. Les dryades et les oréades se cachent. L'air est trop fracassé, à chaque seconde. Il faut descendre dans les combes, escalader les buttes, et vers l'orée du bois, en haut d'une cime, on voit de jeunes hommes à la file porter sur l'épaule, chacun, leur obus brun qu'il viennent de choisir au fond d'une cave casematée.

Les monstres sont là, tout en haut de la crête, sous une nef de verdure épanouie. Du plus proche le long col d'acier vise le ciel, crache un étendard de feux, tonne; et l'affût recule selon le tour de ses roues engagées dans leurs chapelets d'épaisses palettes afin de ne pas s'embourber au cœur du sol ameubli. L'oiseau de mort vole. Il déchire l'air longuement, très loin, à travers les bois, par-dessus les monts, vers la plaine qui s'étend de Souchez à Vimy.

Car la race barbare s'y tapit encore dans ses tranchées, dans ses cavernes, dans ses gîtes pouilleux et puants. L'Anglais la chassera.

Les voix des chefs commandent, claires, mâles, le feu de la batterie qui s'active. Une buée blanchâtre plane autour des canons, des servants. Ils courent. Ils s'empressent. Ils se crient les nombres fatidiques de la visée. Plaisantant, ils font tonner les monstres énormes et s'envoler maints oiseaux de mort. Leur mugissement grandit, s'exalte, décroît, murmure et s'éperd sans que nous entendions le cataclysme de l'arrivée, sans que nous puissions voir le volcan bondir là-bas avec ses fantômes de flammes et de ténèbres sulfureuses, comme sur le plateau de Bertonval.

Au sortir du bois, par l'est, j'ai dû reconnaître les tours de l'Abbaye de Saint-Éloi en ces ruines, d'ailleurs superbes, que nous sculptèrent les hasards du bombardement. Deux aiguilles de pierres rosées, dentelées, toutes droites dans l'azur, une sorte de donjon éventré, dont la partie supérieure a fondu toute au feu des catastrophes : cela se dresse si noblement douloureux dans l'or du jour limpide. Entre ces ruines et l'éperon de terres blondes qui supporte Notre-Dame de Lorette, une suite de hauteurs s'allonge, couronnée par le plus beau paysage forestier, et qui tonne à pleine voix, coup sur

coup. Au pied de ces collines, les bataillons
d'une armée bleue, bivouaquent, en multitudes
casquées, armées, pareilles aux foules saintes
des croisades, et qui sont prêtes à risquer joyeusement leurs mille et mille vies, leurs mille et
mille jeunesses, leurs amours et leurs espérances, leurs voluptés afin que le barbare soit
chassé de cet Artois plantureux. En arrière, sur
la chaussée de Brunehaut, c'est encore l'armée
qui défile, dans le poudroiement du soleil; avec
ses artilleries trottantes, ses automobiles mugis-
santes, ses infanteries solides, redoutables, pas-
sionnées pour le beau combat des avions rapides et des shrapnells floconneux aux prises là-
haut, dans la profondeur de l'azur.

V

EN CHAMPAGNE

Maintenant l'automobile court entre le ciel
gris et les terres plates. Nous traversons
quelques bourgs à demi-ruinés par les tirs d'artillerie. Là cantonnent les services de l'arrière-
front. Ces rez-de-chaussée emplis de décombres,
de toitures en morceaux, de poutres et de plâtras, ces murs sans les fenêtres, ni les boiseries
ni les vitres que l'incendie a dévorées, sont
encore, au soleil, des gîtes, pour qui le veut,
déblaye un coin, palissade les trous, s'assied
sur un moellon, allume son feu entre trois briques. Au reste, on a fort exagéré l'état lamentable des villages bombardés. En bien des
endroits, les deux tiers des bâtiments restent
habitables. La vie n'y cesse point, civile ou
militaire. Souvent toutes deux persistent malgré
l'orage grondant de la canonnade, et l'arrivée
périodique, vers le crépuscule, de quelques obus.
Ils défoncent une étable. Ils labourent un jardin.

Ils écrasent un seuil de grès. Ils blessent un vieux cheval à l'abreuvoir. Sans plus.

Dans cette Champagne aride et crayeuse, tant de fois décrite, on a dû forer, pour les troupes, quelques puits. Des moteurs à essence hissent l'eau. Par-ci, par-là, les équipes posent la voie de soixante centimètres à travers les bois maigres et rabougris, pour le ravitaillement des tranchées. Sous les feuillages poudreux, les camps sont à l'abri des regards que promènent les avions dans le ciel. La guerre, ici, n'a point changé depuis les tableaux des maîtres flamands. Ce sont les mêmes chevaux replets en ligne derrière la corde, et le même maréchal qui cloue le fer dans le sabot maintenu par l'aide au tablier de cuir, et les mêmes cabanes de planches où boivent des cavaliers, le pot en tête, la pipe en bouche. De respectables territoriaux améliorent la route de craie tranquillement. Ils comblent les cratères nouveaux. Sous le képi, le casque, ils gardent leur mine de terrassiers, de cantonniers. Ils pendent leurs gilets, leurs musettes à la poignée de la bêche fichée en terre, comme dans le temps de paix. Parfois un énorme fourgon automobile, plus haut qu'une maison, gravit la côte à grand fracas. Il oblige les travailleurs de s'écarter. Alors ils regardent, dans le loin, les ténèbres des projectiles boches se développer par-dessus les bois, contre le ciel clair, après les explosions qui pilent, vers notre droite, la région de Perthes et celle de Tahure.

Les camps se succèdent sous les frondaisons d'automne poussiéreuses et recroquevillées. Une liesse d'écoliers en récréation anime ces soldats dans les taillis. Au retour de la tranchée, beaucoup, nus jusqu'à la ceinture, savonnent leurs torses blancs, musculeux et gras, auxquels semblent n'appartenir point leurs têtes saures, barbues, ni leurs mains couleur de rouille. Partout rit, joue, se poursuit, se tape et chante une jeunesse qu'on croirait exempte de soucis. Les écrivains rédigent, sous la dictée de signataires sans orthographe, les épitres à l'amoureuse, aux parents.

Maures, Sémites, fils de l'antique Carthage, Berbères des monts Atlas, Arabes venus avec la ruée islamique, jadis, de l'Yémen à la Cyrénaïque, puis jusqu'au pays des Numides, toutes ces races rivalisent dans les mêmes travaux de la guerre, et sous l'uniforme d'amples pantalons, de pourpoints jaunâtres, de chechias voilées. Bien que la bataille ait décimé leurs régiments, ils gardent la belle humeur. Les tirailleurs marocains savamment nettoient les lebels, ou fourbissent les baïonnettes dans leurs mouchoirs à carreaux. Les dentures illuminent ces visages bruns sous les crânes rasés de près. Les figures de cheiks sont noblement barbues. De ces têtes les unes sembleraient un peu chinoises par le teint, les pommettes saillantes, les yeux obliques, si le regard de gazelle n'évoquait toute l'Afrique, aussitôt. Devant leurs petites tentes brunes bien tendues, les camarades s'enveloppent mutuellement le ventre en de larges ceintures écarlates. Celui-ci peigne la mèche unique réservée à l'ange de la mort, pour saisir la tête du brave qui tombe, et l'emmener vers le paradis d'Allah. Le culte de la baïonnette est fervent. Tous la soignent, la polissent, la graissent. Ils la font briller au ciel. Ils la brandissent. Ils l'admirent, reconnaissants pour ce qu'elle a fait des Teutons en fuite. C'est encore le glaive des anciens temps, et son prestige. Thème de mille strophes sublimes, la gloire du drapeau repose sur deux faisceaux entre les hommes de garde orgueilleux d'être face à l'ennemi qui tonne derrière les futaies du Nord, par delà l'espace des terres reconquises.

De bocages en bocages, de gloriettes en gloriettes, les camps se succèdent ainsi. Une voie ferrée de ravitaillement les pénètre. Un canon de 105 allemand, et toute sa ferraille d'accessoires, de mécanismes complexes, de roues lourdes, que tordirent nos obus, chargent un truck abandonné sur les rails d'un garage. Épaisse et monstrueuse machine à tuer dont notre tir eut raison, puis nos baïonnettes qui chassèrent les servants et la compagnie de soutien. Les vainqueurs ont le teint frais, les joues pleines sous le béret bleu, des membres robustes dans leurs vareuses, leurs culottes, leurs molletières de chasseurs.

La route longe ces bois. Elle domine la contrée reprise sur l'ennemi du 25 septembre au 7 octobre 1915. L'officier qui nous guide y montre loin, à gauche, la ferme des Wacques. Devant, les tranchées allemandes nous fusillaient à deux cents mètres. Elles s'étendaient aussi entre Souain et le Moulin de Souain dont il ne reste que d'informes débris. En un taillis, devant nous, se cache la ferme de Navarin. Par là nous faillîmes percer vers Somme-Py. Malheureusement, les réserves n'arrivèrent pas. Lieux saillants du champ de bataille, par ici.

Avant les ruines d'un village, nous quittons les automobiles qui pourraient, en cortège de cinq, attirer l'attention des observateurs ennemis. Les explosions se multiplient, et, dans le ciel, les essors des fumées lourdes. Un réseau complexe de boyaux en lignes brisées étend les mille saillies de son déblai caillouteux sur la campagne de craie jaunâtre et grise. Par centaines, des soldats y piochent. Ils réparent. Ils reconstituent les crêtes abritantes que détruisirent les deux artilleries en lutte. Peuple bleuâtre, actif sur toute la terre blême jusque le ciel terne

où se diluent les grands fantômes de ténèbres
après les éclatements. Nous sautons ces boyaux
par lesquels revinrent tant de martyrs épouvantés, traînant leurs membres en lambeaux.
Nous passons les plus larges tranchées sur des
planches. Les soldats rient et jasent. Ils se précipitent comme des gamins pour se disputer les
cigarettes du donateur.

Pareils à ceux-ci, trois vagues de cent mille
hommes se ruèrent un matin contre les lignes
allemandes lapidées auparavant, bouleversées,
pilées par l'acier de nos obus dont les explosions, avaient, pendant soixante-douze heures,
éparpillé les fragments : dix millions de kilogs.

Imaginons ces trois cent mille soldats blottis
dans les boyaux d'accès, les tranchées, les
parallèles de départ : chasseurs, fantassins,
turcos, tirailleurs du Maroc, et, plus que jamais,
nos fils, nos frères, nos amis. Débarrassés de
leurs sacs, les camarades se serrent les mains.
Ils se regardent en confiance. Ils se parlent
éloquemment par les yeux. Les uns assurent
leurs baïonnettes au bout du fusil. Les autres
rebouclent leurs ceinturons, ou renouent les
lacets de leurs brodequins. Ils se sentent mus-
clés, souples, prêts à bondir. La plupart évoque
les moments très heureux de la vie pour en
jouir encore une fois avant le risque. Un jeune
lieutenant m'a dit qu'en ces minutes-là, il se

répétait mille fois, écartant toute autre idées :
« Je sortirai le premier. Je sortirai le premier! »
comme pour soumettre à cet ordre obsédant de
sa volonté ses instincts de conservation, comme
pour s'interdire toutes les réflexions de la peur.
« Je sortirai le premier. Je sortirai le premier ! »
Les croyants égrènent leur chapelet dans la
poche, et prient. Des bravaches se plaisantent.
Ils narguent les silencieux. Les Africains, qui
ont bu trop de cognac, s'excitent en insultant
l'ennemi. Les fiévreux soufflent, la bouche sèche
et les mains moites. L'optimiste brandit déjà
son arme. Le pessimiste se résigne et se roidit.
Le sceptique sourit de ses appréhensions, qu'il
méprise. Côte à côte pauvres et riches, sales
et propres, mêlent les frémissements de leurs
impatiences et les frissons de leurs inquiétudes.
Il fait froid. C'est le matin. La pluie de l'équinoxe mouille les joues. Les estomacs se con-
tractent douloureusement.

Pour tromper les boches, notre canon s'est
tu. Ainsi penseront-ils que l'attaque, surgie
d'ordinaire avec les pires rafales d'artillerie,
est retardée, ou remise. On lit encore, sur leurs
pancartes de la veille, les : « A quand l'assaut? », les « Venez-y donc », les « On vous
attend », les « Vous serez bien reçus » de leurs
loustics calligraphes.

Les minutes passent trop vite pour la crainte,

trop lentement pour la torture de l'attente. Les chefs interrogent l'heure qui tourne sur les cadrans des bracelets. L'un s'espère victorieux et ivre de fierté. L'autre se prévoit éventré, dans le sang qui s'épanche. Celui-ci se retrace le portrait exact de la mère, de la fiancée, de l'épouse, du petit le plus cher. Celui-là se voue au sacrifice, à la gloire, tour à tour. Quel sera l'adversaire? Plus fort, et qui vous égorgera? Plus faible et que l'on culbuterait? Il n'y a qu'à se précipiter en fermant les yeux derrière ses bras tendus, ses poings crispés sur le fusil, sur les grenades, sur le revolver.

En ces tranchées blanchâtres, étroites, profondes, remplies d'eau, de débris, et où croulent les cailloux de la crête, trois cent mille de nos âmes connurent ainsi, le matin du 25 septembre 1915, les affres de l'esprit et du cœur.

La pluie striait ce paysage blafard, étendu, parsemé de bois poudreux. Ils tonnaient. Successifs, les obus arrivaient avec les clameurs lugubres d'une tempête marine à l'assaut des falaises, puis tombaient au loin par coups sourds, ou tout près, par explosions flamboyantes, fumeuses. Leurs gaz suffoquaient.

Cependant les capitaines mesuraient une fois encore les pouvoirs de leurs soldats, ce que tel sergent obtiendrait de ses escouades valeureuses, et tel lieutenant des sections timides commises à son énergie, et tel fourrier des conscrits entraînés par son exemple. Les chefs examinaient les objectifs, bouquets d'arbres, fosses, crêtes qu'il faudrait d'abord atteindre, malgré les cinglements de la mitraille prête à jaillir de ces abris populeux. Quoi qu'il arrivât, il fallait être là-bas avant une demi-heure, un quart d'heure, dix minutes, neuf. Dans leurs casemates, les commandants redoutaient que les compagnies, lancées en vagues uniques, vinssent à se trop séparer, à combattre isolément, les plus chanceuses franchissant l'obstacle, et les moins heureuses s'arrêtant, décimées par le tir subit, imprévu, que crache soudain la terre. De leurs postes, les colonels se demandaient si l'artillerie avait complètement écrasé les mitrailleuses de la défense devant chaque bataillon, si les canonniers allongeraient suffisamment la trajectoire pour ne pas fermer le chemin à nos fractions les plus audacieuses, enfin si notre tir de barrage interdirait aux réserves de l'adversaire une contre-attaque surprenant nos vainqueurs essoufflés, tapis, après le premier assaut, dans les fossés, pour reprendre haleine et reformer leurs rangs. Au creux des boyaux en zig-zag, les agents de liaison se hâtaient pour les recommandations suprêmes. Au fond de toutes les caves grelottait la sonnerie des téléphones transmettant les ordres complémentaires, les dernières indications acquises par les aviateurs, par les espions rentrés dans les lignes. Et, de voix en voix, la nouvelle passait jusque dans les parallèles de départ fraîchement ouvertes en avant des tranchées grouillantes, jusque sur les gradins de franchissement taillés à la bêche pour faciliter l'élan de la première vague humaine.

Dès cet instant, chez la plupart, la haine des Allemands, causes de toutes les douleurs, s'empare de l'esprit. Le désir de la vengeance exaspère les plus mornes. La soif de la victoire exalte les optimistes. La curiosité du péril, et aussi celle de connaître sa propre valeur, de l'éprouver, excitent toutes les imaginations. Il en est qui s'essaient par avance à bondir, à lancer la baïonnette, et qui rient, avec les voisins, de leur vigueur apparue.

Cent cinquante mètres environ de terre plate, caillouteuse et montante les séparent ici des boches que l'artillerie, de nouveau, lapide. Elle les étourdit par ses explosions. Elle force les Allemands à se terrer dans leurs trous les plus profonds, tandis que leurs réseaux de fils de fer sautent autour des 75 éclatés à fleur de sol par l'effet d'un dispositif ingénieux. Les torpilles ailées que projettent nos crapouillots tombent du ciel sur les abris qu'elles bouleversent, sur les groupes de guetteurs qu'elles exterminent.

Et soudain, après le geste trop vite interprété d'un officier, toute la multitude bleue escalade les gradins en criant, en proclamant la *Marseillaise* avec les musiques, puis galope, les yeux clos, derrière les nuages de poussière, de fumée, de poudre, de ferraille que développent nos obus tombés en ligne sur la tranchée de l'ennemi. A la faveur de ce masque effroyable, et qui nous tue des hommes, nos compagnies de la première vague se précipitent, avec les derniers 75, dans la fosse des Teutons, qu'elles trouent, qu'elles assomment, qu'elles capturent. Ou bien elles la franchissent d'un bond pour courir au delà, s'aplatir afin de souffler, ressurgir et bondir encore vers la parallèle de l'Épine de Vedegrange, la tranchée du Chevron, la tranchée de Lubeck.

Sur un front de vingt-sept kilomètres, entre neuf heures treize et neuf heures quinze du matin, depuis Auberive jusqu'à la butte du Mesnil, il en fut ainsi. D'aucuns périrent à la sortie même de la terre, sous le feu des mitrailleuses survécues et des obus qui s'épanouissaient, coup sur coup.

Leurs tombes, aussitôt après les gradins de franchissement, forment des cimetières ornés de croix rustiques, de couronnes feuillues, de sabres plantés en terre, et qui, déjà, se rouillent. Ici dix-huit hommes de tel bataillon reposent côte à côte. Là sept de telle compagnie. Les **bons camarades** étroitement s'embrassent dans la mort. Leurs chairs et leurs os se confondent avec la terre de la patrie. C'est là vraiment le plus noble de l'Union sacrée. Sculpteurs, votre génie saura-t-il dire aux siècles futurs cette grandeur de leurs âmes et cette force de leur foi, quand vous taillerez dans la pierre les symboles de leur gloire?

Un autre cimetière a recueilli, cent cinquante mètres plus loin, ceux qui succombèrent en arrivant sur la tranchée allemande, après en avoir essuyé les feux. Surprise dans ses terriers, sous les éboulis de mottes et de cailloux, derrière ses réseaux de fer déchirés, roulés, enchevêtrés, la défense ne résista point. Des fusils en pièces, tout boueux, jonchent le sol, par vingtaines. Enfouies par la tête dans la craie, ici et là, de grosses torpilles aux ailerons de fer terne n'ont pas éclaté. Des pantalons roidis par les plaques de sang violâtre ont été laissés partout, des capotes couleur de la tranchée où elles enveloppèrent tant de sommeils fiévreux, tant de vies anxieuses, douloureuses, rageuses, puis égorgées.

De ce point, nos bataillons s'élancèrent vers la cote 164. Plusieurs compagnies escaladèrent le versant de la colline, au galop, culminèrent, se rassemblèrent et descendirent; mais se heurtèrent, alors, à un large champ de fers barbelés que, caché par la broussaille, les observateurs de nos batteries n'avaient pu découvrir. Instantanément la mitraille allemande cassa des jambes, creva des ventres, des poitrines, des crânes. Beaucoup s'affaissèrent. L'obstacle semble infranchissable. Il est encore presque intact. Néanmoins, les coupeurs de fer, aussitôt vautrés, ouvrirent avec leurs cisailles, courageusement, plusieurs sentes. On passa par-dessus les agonisants. Des sections coururent. Elles tournèrent la position à gauche, par le terrain déclive le long d'un bois, qu'envahissaient nos autres troupes en liaison avec celles-là. Devant nos Francs-Comtois, l'ennemi se retirait par un boyau qui cotoie la lisière. Nombre de ses cadavres y furent abandonnés.

Par-dessus nous, les obus volent. La bataille continue toujours. Au nord, derrière la futaie vers laquelle nous marchons, naissent les voix qui accompagnent leurs trajectoires. Tel le cri du vent sur la mer quand il arrive du large en grandissant, un jour de forte tempête, quand il rugit furieux en balayant la falaise avec l'élan des vagues, quand il décroit par la lande, avant de s'affaiblir et de s'éperdre. Au déclin du son succèdent un bruit sourd qui s'engouffre, et enfin l'éruption d'un volcan. Sur notre gauche, en arrière, elle jette au ciel une colonne de flamboiements noirs. Ce deuil s'étale, envahit l'espace. Cela lentement se dissipe. Pas avant qu'une autre voix n'ait monté de l'horizon, ne se soit développée au zénith, pour s'amoindrir et finir dans une autre explosion visant aussi le cortège de nos voitures à la halte.

Nous allons vers l'Épine de Vedegrange. Nous dévalons par une large piste de terre battue. Nous cotoyons le bois de gauche. Des soldats y besognent. Ils installent le campement. Une fusillade crépite à l'arrière. On nous dit qu'il subsiste encore des groupes ennemis blottis dans certains trous, et qui refusent de se rendre craignant d'être ensuite passés par les armes. On les assiège, afin de ne pas exposer inutilement les vies des nôtres aux périls d'un assaut.

A marcher, sous le vol des obus, ainsi, derrière le commandant, parmi les troupes éparses, actives, partout visibles, et avec, dans notre mémoire fraîche, le récit des combats vécus au cœur de ce paysage, on croit participer encore à la bataille quelque peu. On se plaît là, dans cette atmosphère de courage. La belle humeur illumine tous les visages de cette jeunesse casquée, ceinte de cuir, ferme sur ses mollets que serre le drap des bandes. Dans les bois où elle cantonne, par les boyaux où elle défile, au fond des tranchées où elle s'abrite, quelle noble nation, vraiment, et si militaire par les allures, en dépit de ses façons diverses demeurées celles des laboureurs, des commis, des négociants, des avocats.

Nous remontons à présent entre des bocages et des bivouacs. En ces lieux, les Africains durent longtemps explorer les gîtes allemands, tuer les défenseurs rétifs, se saisir de ceux qui levaient les mains, qui offraient leurs portefeuilles, leurs pièces d'or et d'argent, leurs cigarettes, leurs montres, après avoir déposé leurs armes. On nous indique un bois. Là, deux jours entiers les tirailleurs, ainsi, s'attardèrent à « cueillir la fraise ». Euphémisme appréciable.

Nous parvenons au sommet. Nous longeons une compagnie. Elle goûte derrière ses faisceaux. Ces bonnes figures rondes des gars ont respiré, en naissant, l'air du Cotentin. Ils semblent convaincus, sévères, fidèles à ce devoir dont parlent les plus jeunes guerriers aux casques d'azur.

Les voix des trajectoires allemandes s'élèvent toujours au-dessus de nous. Leur intensité croît, puis décline comme une clameur de l'océan, pour se terminer en une série d'explosions moins lointaines. Nous approchons du Camp de Sadowa dans lequel nos aviateurs avaient entrevu tant de matériel entassé par l'ennemi. Ce fut le trophée de nos tirailleurs marocains.

Nous marchons parallèlement aux lignes de nos adversaires, et sous bois. Les tranchées ici, vu la proximité des boches, furent très soigneusement retournées, aménagées. Les fils téléphoniques passent en tous sens le long des boyaux crayeux. Mille sacs de terre garnissent les crêtes. Les degrés pour se rendre aux abris sont parfaits. De profil aquilin sous le large béret des chasseurs, un colonel, maigre et haut perché, la moustache longue, nous indique les points topographiques, les distances. Plus loin que ces bocages s'étale un plateau désert. Au ciel, nos fusants éclatent par-dessus les tranchées allemandes. Les fumées, là-haut, se tordent comme d'énormes chenilles verdâtres qui grilleraient dans l'ardeur du soleil. Le colonel nous montre les cratères forés dans son domaine par les projectiles des Barbares, et qu'on n'a pas encore eu le temps de combler. Le cimetière allemand demeure intact, tel que nos soldats le trouvèrent après avoir chassé de ce point les envahisseurs. Tombes encadrées d'herbes, ornées de croix larges et arborant des inscriptions assez belles : « *Hier, ruht in Gott, ein tapferer Deutscher gefallen*, 1914 ». Nos soldats entretiennent ce jardin d'éternel repos pour ceux qui voulurent notre terre, et qui, mêlés à elle, maintenant, vivront sa vie *in æternum*.

En carrick bleu, le général se promène, la canne à la main. Il a la figure pleine, fraîche et calme, sous la visière du képi étoilé. Sa mine de bourgeois pacifique contraste fort avec l'apparence de Don Quichotte propre au colonel. Des papiers à la main, le lieutenant sautille, élégamment casqué, guêtré de fauve, pourvu d'un attirail à l'anglaise. Dans le fond de la tranchée se compose et s'imprime un journal très spirituel pour la distraction de la brigade. Le capitaine habite la « cagna » de son prédécesseur teuton qui vécut là tout une année. Le toit de rondins et de grosses pierres, en forme d'appentis, s'incline derrière la façade basse congrument pourvue de fenêtres et de vîtres, protégée, à quatre pas, par un remblai d'épaisseur considérable. Les grappes de raisins, les guirlandes coloriées sur le linteau furent-elles un porte-bonheur pour l'auteur de cette inscription épicurienne : « Qui n'aime pas le vin, les femmes et les chansons est un fou »? Cave doctement aménagée. L'intérieur contient un bureau près des fenêtres, plusieurs casiers, un réduit profond, cent commodités.

Les officiers nous font les honneurs de leur conquête avec une gaieté interrompue par l'explosion tonitruante et proche d'une marmite, vers la corne du bois. Et nous regagnons le lieu du rendez-vous fixé aux chauffeurs de nos voitures. Cependant au-dessus de nous, les shrapnells pétaradent dans le ciel, autour d'un avion hors de vue. Le terrain dénudé fut, avec nos véhicules, l'objectif des artilleurs allemands, tout l'après-midi. Nos automobilistes durent se réfugier près de Saint-Hilaire-le-Grand. C'est de là qu'ils reviennent pour nous emporter.

Plus à l'est, en suivant la parallèle de l'Epine de Vedegrange, on s'avance vers la ferme de Navarin, dans les bois de pins encore.

Un de nos chasseurs, placé là en réserve avec son régiment, m'a dit avoir compté mille obus allemands par quart d'heure, le 26 septembre. Ils fendaient l'air au-dessus de lui. Ils allaient se perdre dans les terrains éloignés, ou bien s'engouffraient dans le sol proche. Ils éclataient en criblant les arbres, en coupant les branches, en blessant et tuant des hommes. Pour la nuit, chacun s'était creusé une fosse avec la pelle-bêche, afin de s'y blottir, recouvert de la toile à tente ou de la couverture ; car la pluie ne cessait pas. Le chasseur venait de souhaiter quelque repos à son camarade, quand il fut ébloui par l'éclair et le flamboiement d'une « arrivée », étourdi par la détonation. Dans sa fosse, le voisin inondé de sang n'avait plus rien sur les épaules que des chairs lacérées.

Avant le matin, ce régiment s'élança vers la tranchée de la Kultur. Derrière la première vague, les quatre téléphonistes coururent avec leurs appareils, pour les installer dans les cabanes conquises. De bond en bond, l'un puis l'autre furent atteints. Un seul échappa ; mais tous les fils étaient rompus et les appareils inutilisables. Comme il n'avait plus rien à faire, il assuma la garde d'un prisonnier. L'homme se prétendit Polonais. Il vitupéra contre les Allemands. C'était un être long, maigre, bizarre et rusé, dans la capote flottante, sous le calot informe. Un peu de poil fauve frisottait autour de son menton et de sa figure boueuse, de sa parole bavarde. N'ignorant pas l'allemand, le téléphoniste s'amusa de ces propos acharnés contre les Prussiens. Ils causaient ensemble, au fond d'un boyau, pendant que le chasseur réparait ses appareils, raccommodait ses fils, essayait de transmettre. Le boche révéla toute sa vie, pleura sur sa femme et ses enfants laissés dans la misère. Il espérait maintenant les rejoindre un jour. Et c'était une joie vraie, qui naissait à travers les larmes. Le malheureux avait vu mourir tant de ses compagnons, décapités, amputés, éventrés par nos projectiles, troués par nos balles, qu'il s'était lui-même résigné à sa fin. Et voilà qu'il ressuscitait, captif, à l'abri. Il tremblait de bonheur. Naïvement, il baisait une photographie sale de ses bambins et de sa femme en casaque du dimanche, sous les plumes de poulet empanachant une toque ridicule. Le téléphoniste eut de la pitié pour ce pauvre hère, à la fois émouvant et comique. Soudain, à l'extrémité du boyau, des chasseurs paraissent, lacérés, sanglants.

La contre-attaque les repousse. Il faut se replier dans la première tranchée prise. Et en hâte . . . .

. . . . [*Censuré*] . . . .

. . . . Là, de toutes parts, se réfugient les groupes en retraite. C'est une cohue de blessés criards, de sergents furieux, d'hommes ahuris, hagards, mais qui rapidement garnissent la crête. Ils occupent les créneaux. Ils fusillent la masse allemande accourue. Masse de corps verdâtres au galop. On distingue les mufles derrière les fusils et les lumières des baïonnettes. Cela vient. Cela s'étale. Cela ressurgit aux appels des officiers « Auf! Auf! ». Beaucoup s'affaissent. Beaucoup glissent et tombent. Beaucoup s'écroulent. Beaucoup tournoient et s'abattent. Beaucoup gesticulent en hurlant. Néanmoins la masse déferle par flots successifs vers la tranchée qui crépite et pétille. Le téléphoniste empoigne son lebel. Enjambant les moribonds, il tire dans le tas, précipitamment, comme ses camarades. Son cœur halète. Tout son être se crispe sur l'arme qui assène ses claques dans l'air terne et les raies de la pluie. Sera-t-on submergé, tué par le flot de ces monstres verdâtres, fangeux, vociférants, que précèdent les grenadiers. Ceux-ci brandissent leurs baguettes et leurs raquettes meurtrières. Ils font tournoyer leurs frondes à feu. Déjà l'adjudant touché saigne par toute la face qui gémit. Un autre aveuglé crie et titube. L'odeur fauve des agresseurs est sentie. Des rudes voix allemandes ordonnent aux chasseurs de se rendre. Les âmes se regardent.

« Nous rendre? Penses-tu pauvr'loup! » s'écrie un gavoche exaspéré. Le sergent-major commande le feu de slave! Tout une vague d'ennemis s'écroule. Elle demeure à terre en amas, en tas... qui gigottent; sauf des blessés et quelques autres. Ceux-là fuient. Et cette fuite de six, de neuf, de vingt entraîne ici, là, des escouades, des groupes, des foules démentes. Elles se sauvent. Elles galopent. Elles se poussent. Elles se surmontent. Elles se couchent. Elles se terrent. Elles se dispersent. Elles se fondent parmi l'averse qui redouble.

Le téléphoniste alors, souffle à l'aise, et, partageant la liesse du bataillon, il cherche son prisonnier. Aurait-il rejoint les boches? Le voilà qui court à toutes jambes vers les lignes françaises de l'arrière, tant il craignit d'être délivré. Il court par un espace découvert. Au risque de se faire fusiller par les postes épars à l'arrière, le boche court encore sans trouver personne qui l'enchaîne.

De pareils instants furent vécus dans ce paysage, en avant de Souain et de Perthes, en tous lieux où nos fantassins furent héroïques et victorieux, du 25 septembre au 8 octobre 1915. Sous la route dominante qui relie ces deux points, les Allemands possédaient une ligne de protection bien aménagée. Nos poilus maintenant occupent ces antres creusés dans la côte, ces cabanes ornées de bois rustiques, munies de perrons et même de minuscules vérandahs. La continuité du séjour avait, depuis la bataille de la Marne, permis aux envahisseurs d'enjoliver leurs gîtes, de les lambrisser en partie. La succession de ces logis forme une sorte de rue pittoresque, à un seul rang de façades, devant lesquelles il fallut élever un talus, lorsqu'on retourna, vers le nord, l'orientation de la défense. Tout cela fut conquis en trente minutes, le 25 septembre au matin, quand nos troupes parties de la Maison Rouge déferlèrent sur la route, là, sans cris, ordres ni commandements, et tombèrent dans le vallon où se terraient les

boches abrutis par le bombardement de soixante-
douze heures, rassurés par l'accalmie d'un instant non suivie d'attaque, et par la reprise de la
canonnade qu'ils pensaient devoir longtemps
persister avant l'assaut de l'infanterie française.
Elle les a chassés d'ici, de cette longue rue de
cabanes rustiques, de toute cette organisation
en contre-bas, des puits qu'ils ont forés, où nos
escouades viennent quérir l'eau, de toute cette
vallée, des bois qui s'étagent sur les collines du
nord, entre Tahure et Souain. En un moment,
nos fantassins ont franchi cette distance, trop
braves pour s'arrêter quand tombaient au milieu
de leurs vagues ces grands obus de 270. Quelques-uns gisent encore intacts. Ils semblent
d'énormes poissons gris échoués dans les herbes
rousses. Les chutes de nos envois, par contre,
ont produit des excavations considérables où se
cacheraient aisément vingt hommes.

Passé la largeur de la vallée, nous montons
à travers les bocages qui recouvrent des batteries enterrées fort adroitement. Autour des
pièces, la jeunesse se joue en bonnets de police,
en molletières, jusqu'à l'instant d'obéir selon
l'ordre du téléphone. Le sol tonne alors. Coup
sur coup il crache ses éclairs. L'air tinte et
frémit sous le vol des obus. L'espace cinglé
tremble. Il geint longuement. En leurs gloriettes
de feuillages, les artilleurs se hâtent. Ils ôtent

les projectiles de leurs alvéoles dans les caissons béant au fond des fossés, débouchent, et passent le porte-mort aux ouvreurs de culasse. Devant, la pente du terrain s'élève, coiffée de boqueteaux poussiéreux.

Par-dessus cette côte, nos oiseaux d'acier prennent leur essor vers les points que désigne le téléphone de l'observateur lointain. Nul aviateur ne peut discerner nos canons dans leurs caves, sous leurs arbrisseaux ingénieusement touffus. Plus en avant, plus en retrait, les 75, partout restent braqués entre les cahutes où déjeunent les servants, et qui sont les porches des demeures souterraines. Les artilleurs s'y réfugieront en cas de bombardement intense. On dirait d'une longue foire. L'on festoie. Des groupes babillent, rient, se narguent. Des coquecigrues en bonnet de police musardent, avec des badauds casqués. Des flandrins se promènent avec des compères engoncés dans la capote ventrue, et des gamins harnachés de neuf. Tout ce monde plaisante à l'envi, bourre ses pipes, roule ses cigarettes, mâche son pain, s'offre du pinard, décrit les boches saisis en masse dans ces boyaux où ils accouraient sans armes, les 25 et 26 septembre, en criant : « Pardon, camérates! » Notre visite amuse la foule. Elle se complète. Elle fait cercle. Il y a des jeunes campagnard mafflus, des apprentis malicieux, dés commerçants solides et tassés. D'aucuns nous demandent pourquoi l'assaut des dernières lignes, après le 8 octobre, n'a pas continué. « Ils n'en voulaient plus... — Ça oui, on avait perdu du monde. — Mais pas d'omelette sans casser les œufs. — On aurait dû continuer. — Ils ne tenaient plus, je vous dis. — Les tirs de barrage? Mais tout le monde passe dedans. — Tenez, regardez-moi ces trous... Voilà un tir de barrage. — Est-ce qu'on ne peut pas passer? — Les réserves n'avaient qu'à se faufiler là-dedans. Comme les tirailleurs marocains. — Comme les coloniaux. — Comme nous qui sommes revenus douze cents sur trois mille! »

A les voir, à les entendre, on n'imaginerait pas que ces lurons connurent les épouvantables épisodes, agirent dans les angoisses inouïes durant la plus furieuse des guerres. Ils jugent que les états-majors ont arrêté trop tôt les combats, qu'ils n'ont pas mis dans la fournaise assez de héros, qu'ils n'ont pas engagé suffisamment de brigades à la suite des fractions parvenues entre Navarin et Somme-Py, au-delà des lignes allemandes, et vers la Dormoise, après la butte du Mesnil. Oui, certes, il fallait courir plus avant, « avec toutes les forces, les cinq cent mille hommes de réserve ». Cependant chacun de ces gaillards, de ces enfants, de ces pères, a vu tomber ses frères d'armes. Il a vécu des semaines sous le souffle de la mort, parmi les foudres effroyables de l'ennemi, sans guère boire, manger, ni dormir, au fond de trous fangeux, derrière les remparts précaires de cadavres hideux et malodorants. Ceux des boches, paraît-il, enflent plus vite que les nôtres. Ils se tâchent tout de suite. Ils noircissent. Ils répandent aussitôt des parfums insupportables. Un plaisant assure que les officiers allemands nourrissent leurs hommes de façon particulière. Ainsi morts, ils empestent tout de suite les Français qui se garantissent derrière les amas de Barbares fauchés par le 75.

« A vos pièces ! » commande un cri du fond des bois. En un clin d'œil la foule s'est dispersée. Elle a bondi, couru. Elle s'est répartie dans les buissons. A travers un porte-voix de zinc, le lieutenant proclame les indications du téléphone : « A trois mille cinq cent cinquante... Augmentez de trente... Envoyez ! » Les buissons fulgurent. Dzinguee et dzingueee. Les obus s'envolent. Les ordres sont répétés de casemate en casemate, le long de la ligne. Nos batteries vérifient le réglage de leur tir sur les objectifs prescrits, à l'arrière des tranchées germaniques, dans le nord.

Nous marchons vers l'ouest. Nous sortons des bois. La Champagne pouilleuse s'étale, plate et blafarde, sillonnée par les creux des boyaux en zigzag, animée par les soldats épars, nombreux. Ils remettent de l'ordre sur le champ de bataille. Là-bas, entre la « Place de l'Opéra » et le « Saillant de Presbourg », derrière cette file d'arbres, le général Marchand, à son poste, dirigea les élans de sa division coloniale. Parce que la deuxième et la troisième vagues hésitaient sur la position rapidement conquise, le chef quitta tout de suite son abri, et, la canne à la main, les entraîna plus outre. Lui fut alors blessé au ventre ; mais son exemple avait raffermi le courage des troupes, et rétabli, à notre avantage, le combat.

Plus loin, tout en avant, la ferme de Navarin transparaît dans ses arbres et dans les brumes. De nombreux bataillons percèrent là, vers Somme-Py. Ils ne furent pas soutenus. La prudence du commandement maintint les réserves sur nos positions d'arrière pour recueillir la retraite en cas d'insuccès possible. Des officiers, des généraux prétendent que si les états-majors avaient, au contraire, lancé toutes les réserves disponibles derrière ces chanceux, sur la route de Somme-Py, successivement, avec des artilleries, la victoire de Champagne aurait eu des conséquences stratégiques étendues. Les contradicteurs opposent que ces bataillons se sont engagés beaucoup trop en avant, à l'encontre du dispositif général, qu'ils ne pouvaient réussir, que du reste, les réserves ne pouvaient survenir à point, le défilé par les boyaux étant interminable, et la marche à découvert étant impossible sous les tirs de barrage. A cela tels généraux et tels colonels répondent qu'ils ont toujours franchi, en cas de nécessité, les tirs de barrage, avec leurs troupes, artilleries comprises, sans pertes extraordinaires, et que le fait de suivre les bataillons de Navarin ne constituait pas un problème insoluble. *Grammatici certant.*

Les soldats font éclater un peu partout les torpilles aériennes demeurées intactes, après leurs chutes, dans les trous qu'elles creusèrent. Il convient de se réfugier au fond des tranchées. Certains fragments blessent à cent cinquante mètres, et plus. Les travailleurs sautent dans les boyaux, dès l'avertissement du clairon. Nous y cheminons quelque temps selon les lignes brisées. Entre les hautes parois de craie caillouteuse, nous buttons contre de vieilles chaussures, des boîtes de conserves, des lambeaux de musettes, des fusils cassés. Plusieurs culots d'obus teutons, éclatés par l'ogive, ont servi de lance-bombes à nos poilus qui les transforment malicieusement. Ils se font un plaisir de rejeter la mort sur le boche au moyen de ses projectiles mêmes. En un carrefour de boyaux, nous rencontrons le poste où le commandant d'une compagnie allemande séjourna

longtemps. Lieu soigneusement protégé par
des amas de craie, par des piles de sacs obèses,
par des paniers à champagne pleins de moëllons, et qui portent les initiales d'une marque
célèbre. On s'introduit en baissant la tête dans
une casemate lambrissée de bois cru. Derrière
la lueur des lampes électriques s'introduisirent
aussi les nettoyeurs de tranchées, les nôtres. Le
revolver, la grenade, le coutelas au poing, la
rage au cœur, par ces sombres couloirs, de
marche en marche, nos vengeurs se saisirent
des derniers Barbares qui résistaient. Furieusement, les uns et les autres, s'empoignèrent. Les
revolvers claquaient. Les grenades éclataient.
Des gens s'empoignaient, s'effondraient en se
poignardant. D'un Allemand sacrifié sur sa couchette de planches et de paille, le sang a rejailli
contre la paroi que souillent de larges éclaboussures brunâtres. Ces luttes finales dans les
tranchées, si quelqu'un les raconte bien un
jour, s'imposeront à l'esprit des écoliers futurs,
comme s'imposèrent à nos mémoires les exploits
des Indiens et des Bas-de-Cuir décrits dans les
romans qui nous évoquèrent la vie des Amériques au début du xixe siècle. Guerre étonnante
où les instincts et les façons les plus rudimentaires des luttes préhistoriques, où les armes
de jet propres aux anciens, ou les manières de
l'*Iliade* de l'*Enéide* et de *Salammbô*, celle des

Trappeurs de l'Arkansas, se combinent avec les forces des explosifs chimiques, la célérité de la foudre asservie, le mystère des ondes marconiennes, les miracles de l'aviation, et la science la plus subtile des nombres pour fêter la Mort, comme jamais elle ne fut, sur le vieux monde, aux temps de la pire sauvagerie.

Les fils téléphoniques arrachés pendillent au-dessus de la tache de sang dans cette logette souterraine. Entre les poutres, le lieutenant qui nous accueille a coiffé sa cagoule préservatrice contre les gaz asphyxiants. Il nous regarde à travers les mica des oculaires. Il nous prédit que bientôt les armées auront des scaphandres pour uniformes, selon la curieuse prophétie du caricaturiste Robida éditée vers 1884, et sur laquelle « Les Compétences » auraient pu méditer, dans toutes les écoles militaires de l'Europe, très fructueusement.

Au sortir de ce lieu tragique, les officiers d'artillerie qui l'occupent nous montrent avec fierté, entre Auberive et Tahure, l'étendue reprise à l'ennemi. « Allons, dis-je, il faut continuer. — Nous ne demandons que ça », réplique vivement le chef d'escadrons, un quadragénaire qui plastronne dans l'uniforme, et bien campé sur des jambes solides. Eux non plus ne s'expliquent guère pourquoi l'on s'est arrêté après avoir tant fait, tant consenti. Le prix d'une reprise opiniâtre et persévérante n'eût pas été si grand qu'il eût majoré hors de mesure la somme des sacrifices. Et, peut-être, ces sacrifices eussent-ils été vengés magnifiquement par la retraite de l'ennemi, comme le laissa depuis entendre la presse étrangère et renseignée (1). Deux fois en Champagne, il semble que nous ayons, l'année 1915, perdu le souffle juste au moment de toucher le but, faute d'un effort suprême. Il se peut que nos réserves de munitions aient paru minces après l'énorme consommation de la première semaine; mais l'ennemi n'en possédait pas davantage.

Et d'ailleurs, sur ce terrain de Champagne, peut et doit s'engager la *bataille utile*, celle qui mènera nos troupes de Tahure à Namur, celle qui contraindra les Allemands, dès lors trop menacés sur leurs lignes de communication, à quitter l'ouest de la Meuse, la Belgique. Leurs journaux de Francfort, de Cologne et de Berlin, ne démontrèrent-ils pas, et avec raison, que la bataille de la Somme ne pouvait avoir de conséquences stratégiques, sauf celles de l'usure.

(1) A Lille même, le bruit de la retraite se répandit assez pour que les Allemands réclamassent des blanchisseuses leur linge tel quel. Beaucoup l'emportèrent sans qu'il fût repassé.

L'état-major allemand vient de déclarer (juillet 1917) qu'il eut sur la Somme, une crainte semblable en 1916.

Tout en devisant nous allions à travers les détours de la redoute. Ils protègent ici une sorte de place d'armes. Au pied de ce monticule s'étend le cimetière des tirailleurs indigènes qui le surent gagner vaillamment. Symbole de la douleur voulue pour toute idée noble et rédemptrice, une croix de bois signale chaque corps de martyr, animiste ou musulman, semblable, par son loyalisme, à ses mille et mille frères noirs qui firent triompher notre drapeau sur l'Yser, après tant de combats fabuleux, tant de rivières froides passées à la nage afin d'atteindre l'ennemi, de le déloger à la baïonnette. Ici comme sur toute la ligne de feu, les fils du Sénégal et du Soudan payèrent largement la dette contractée envers nous, qui, libérateurs de leurs beaux pays, chassâmes les inexorables armées esclavagistes, pillardes, incendiaires, exterminatrices, celles de Samory, de Rabah et Daoudmourah. Nous avons salué pieusement ces tombes de terre crayeuse, entretenues avec soin, bordées de verdure, encadrées de fils métalliques, ornées de couronnes, et pourvues de bouteilles qui gardent les noms ou les matricules des morts.

Nous avons gravi la côte à l'arrière et à l'ouest de ces tranchées, parmi les terrassiers en casque d'azur. Ils se précipitent avec une joie puérile vers les cigarettes du visiteur et les plaisanteries encourageantes. Nulle tristesse sur ces visages qui virent tant de tragédies et les affres du trépas dans les yeux de leurs amis succombants. L'entrain de l'assaut, l'espérance de la victoire excitent tous les gestes de ces gaillards poudreux, boueux et loqueteux. Ils bondissent au-dessus des crevasses, des trous. Ils sautent les souches. Ils ne songent point à la menace des shrapnells éclatant là-haut. Celui de Clermont-Ferrand, qui rit dans le boyau où il pioche, avoue quarante ans improbables si l'on considère la sveltesse de sa taille, la mine de sa figure hâlée. Après sa permission, il lui plaît d'avoir arrangé les affaires de son commerce, d'avoir revu la statue de Vercingétorix et celle du général Desaix sur la grande place de sa ville natale. Nous parlons de ces gloires nationales comme il sied. En chandail et en culotte de velours, le casque sur la nuque, il se croit vraiment capable, lui aussi, de défendre Alésia contre César, de regagner la bataille de Marengo perdue par Bonaparte. Sa moustache d'Arverne, il la soigne et la caresse au soleil, en bavardant. Le voisin, un petit rougeaud de la classe 15, confessera bien qu'avant de sortir de la tranchée, le matin du 25 septembre, il envia tels et tels camarades peu gravement atteints par les éclats d'obus au fond du boyau, et emmenés, pour cela, vers l'ambulance par les brancardiers;

mais il ne permettra pas un doute sur la sincé-
rité de son élan à neuf heures treize, pour franchir, sous la mitraille, en deux bonds, l'inter-
valle des lignes, dégringoler chez les boches
ahuris, et les contraindre, la baïonnette tendue,
à lever les mains (1).

(1) Quoi que fassent dire les espions Allemands et leurs amis,
cet état d'esprit n'a guère varié en 1917, depuis l'offensive de
l'Aisne, celle qui, de toutes, nous a valu, pour le moins de
pertes, les meilleurs résultats. La conquête des observatoires qui
dominaient nos positions du Soissonais, et de ceux qui dominent
les positions ennemies du Laonnais. Si les Allemands n'avaient
pas réussi à faire travestir par leurs agents de Paris et par les
naïfs qui les croient, cette victoire réelle en une sorte d'échec,
si l'arrière n'avait pas ensuite gâté l'esprit de l'avant, cette merveilleuse énergie de nos troupes n'aurait pas été un moment
même déconcertée. D'ailleurs, on cite deux bataillons de chasseurs
qui, très frondeurs l'avant-veille, enlevèrent à sept reprises, le
8 juillet, une tranchée importante six fois reconquise par de terribles contre attaques ennemies.

VIII

Au Bois Sabot comme au Bois de Spandau,
la terre blafarde fut creusée dans tous les
sens, excavée par les obus, emmêlée aux fils
de fer que l'artillerie, en maintes et maintes
préparations, arracha, déchiqueta, roula, et
que rouillèrent les pluies d'équinoxe. Toutes
sortes d'abîmes crayeux s'ouvrent sous les pas.
Souches, perches, troncs amputés eux-mêmes,
ébranchés, écorcés, décapités à hauteur d'épaule,
voilà ce qui subsiste, ici, de la futaie. Plus au
nord, autour du Trou Bricot, c'est la même
désolation. Chacun de ces bâtons affecte la
forme de quelque humérus, de quelque tibia
plantés dans le sol. On dirait d'un long ossuaire,
ainsi disposé, poussiéreux, et qui recouvre
l'autre, celui des nombreuses tranchées que l'on
combla. Au pâle soleil d'automne, dans ses
couleurs de fantôme, le lieu semble plus sinistre
encore. Un an, Latins et Germains se sont là
fusillés avec astuce, bombardés avec science,
égorgés avec rage.

En février 1915, une attaque française échoua,

prise d'enfilade. L'un de mes jeunes parents y guidait, sergent, une section qui fut criblée, s'effondra. Il dut se garer dans un cratère de marmite, avec ses hommes. Blessé, douloureux, le bras en morceaux, un caporal cria tant, malgré tous les avis, que la batterie allemande repéra, darda ses projectiles de 77. Le premier éclatement acheva le malheureux. A la nuit, mon jeune homme, en rampant, fut retrouver, parmi les fils de fer, devant un terrier de boches, le corps de son lieutenant qu'il estimait beaucoup. Il l'attacha à ses chaussures, et, pour le ramener, se traîna sur le ventre, sur les coudes, plusieurs centaines de mètres, dans l'espoir follement opiniâtre de réussir. Les vitesses des balles l'effleuraient, leurs sifflements, leurs murmures enfuis. Le poids était considérable. Tout l'accrochait, ronces et pierres. Le cauchemar se prolongea.

Devant la tranchée si difficilement rejointe, il fallut, avec du laiton, ligotter les agonisants dont les convulsions et les gestes spasmodiques épouvantaient trop le conscrit. On ne pouvait enterrer sous la fusillade constante. Ils furent dévorés par les rats, et diminuèrent dans leurs uniformes qui s'affaissaient de jour en jour, peu à peu. Enfin les vêtements ne recouvrirent plus que les squelettes rongés, désarticulés, vagues. La boue sut tout ensevelir.

De ces horreurs, de mille autres qu'on n'ose décrire, le Bois Sabot et ses alentours déchirés témoignent lugubrement. Même sous le ciel le plus pur, cet ossuaire de troncs poussiéreux, ces tombes successives, ces tranchées profondes, étroites, dans la terre blême, avec leurs ordures au fond, ces amas, sur les crêtes, de cailloux jaunâtres, de sacs remplis de craie, de fils rouillés, ne suggèrent que la tristesse. Rien n'égale ce paysage blafard. Dante n'a point imaginé une apparence plus désespérante de l'enfer.

Pour y atteindre, il fallait gravir, de nos lignes aux leurs, des pentes assez fortes et nues. Plusieurs patrouilles marocaines les avaient, chaque nuit, explorées à plat ventre sous les balles des sentinelles et des guetteurs enfouis dans les fosses d'écoute. De ceux-ci quelques-uns furent capturés par les éclaireurs des trois régiments aux ordres du lieutenant-colonel Daugan. Les interrogatoires de ces prisonniers, permirent de connaître l'emplacement probable des mines et fougasses, des cavernes forées à cinq mètres de la surface pour le refuge des Allemands, et pour la préparation de leurs contre-attaques, à l'abri du bombardement.

Ce bombardement durait encore le 25 septembre à neuf heures. Il acheva le bouleversement des tranchées d'Iéna, von Gœben et de Cologne. Les tirailleurs algériens, trop impatients, des fantassins bretons, solides et résolus, attendaient, devant leurs objectifs propres, en leurs parrallèles de départ hâtivement ébauchées, sur les degrés de franchissement réparés à mesure que les détériorait la riposte des canons ennemis. Alertes, fiévreux, les cyclistes, les téléphonistes, les signaleurs avec leurs fanions se tenaient à leurs places auprès des chefs d'unité. Emportant de bons engins dans leurs musettes, les grenadiers se disposaient à la course et au jet de la mort. Entre la première et la seconde vague, les nettoyeurs de tranchées, Arabes aimant la rixe, débarrassés de leur équipement, armés de bombes à mains, de dagues et de revolvers, s'apprêtaient froidement aux terribles duels dans le fond des antres conquis. Bataillons et compagnies de réserve s'entassaient dans les boyaux d'arrière que les explosions des obus allemands écrêtaient. Elles éraflèrent quelques hommes, un peu contents d'en être quittes à ce prix-là, et de partir, balafrés seulement, vers les postes de secours.

Déjà la furie des tirailleurs est grande. Les Berbères ne tiennent plus en place. Dans leurs uniformes jaunâtres, les Tunisiens se démènent. Beaucoup s'élancent trop tôt derrière les derniers obus de notre tir. Une vingtaine culbutent, tombent, victimes de leur folie; dont le lieutenant qui les voulaient contenir. Malgré cela, le reste de la compagnie se projette. Elle galope en criant. Elle gravit la pente parmi les éclatements. Déjà la première vague a sauté par-dessus la tranchée d'Iéna. Le pétillement de quelques fusils boches n'arrête personne. Le vol des tirailleurs, n'est divisé que par un champ de fils métalliques intacts devant la tranchée d'Erfurth. A droite, à gauche, les unités divergent. Elles filtrent, les unes par le bois, les autres par la tranchée de Cologne, volcan soudain qui lance au ciel une dizaine d'hommes, de la ténèbre des mottes et des gravats, puis retombe en pluie de cailloux sur les moribonds aussitôt ensevelis.

Cependant les nettoyeurs extirpaient de leurs trous les défenseurs d'Iéna. Terrorisés, abrutis, ces boches se débattirent sans gloire dans cette étroite plaie du sol. Ils succombèrent troués par la dague de nos Tunisiens, crevés par les balles de leurs revolvers, étripés par leurs bombes. Quelques-uns échappèrent, spectres de boue crayeuse, qu'on emmena captifs.

Parvenue sur ce lieu avant que le tir de barrage allemand ne l'eût atteinte, la deuxième vague courut, emporta la tranchée du Danube, objectif de tout l'effort, en ce point. A dix heures on empoignait pelles et pioches, afin de retourner les défenses, et d'élargir les boyaux. Les liaisons se renouèrent entre les bataillons. Dans la tranchée de Cologne, les tirailleurs luttaient avec des adversaires tenaces. Tout à coup, se sentant les plus faibles, ceux-ci jetèrent leurs armes, levèrent les mains. Les nôtres s'approchèrent immédiatement atteints par des grenades expansives qui les déchirèrent. Une salve anéantit ces traîtres. Ils ne furent plus que des masses informes, en capotes crayeuses et sanglantes, recroquevillées au fond de leur fosse, sur leurs ordures.

Dans tout le bois, ainsi, les vagues doubles de notre infanterie, se sont précipitées, violentes, frénétiques, irrésistibles. Leurs nettoyeurs ont plongé dans les trous. Leurs compagnies se sont établies dans les tranchées. En vain les éruptions de mines, partout, ébranlent l'air, font sauter les arbres et les hommes. Les pluies de terre inondent les combattants. Ils se redressent. Ils se relèvent. Ils courent aux mitrailleuses signalées qu'ils saisissent avant leur mise en joue par des escouades tardives. Ils progressent encore, entourent les cohues de prisonniers, les mains hautes. Sur le boyau de l'Oder, dans la tranchée de Cologne, au Bois des Bouleaux, au boyau du Main, dans les ouvrages von Gœben et de Nuremberg, la victoire s'affirme, et de la gauche à la droite, entre les troncs écorchés, les arbustes rompus, les cratères laissés par les explosions de mines. Ici, là, tiraillent des boches encerclés dans leurs redoutes. On les

abandonne, car ils ne peuvent s'enfuir, sur-
veillés de toutes parts. Ceux des tranchées
Dresde et Breslau sortiront et se livreront vers
quatre heures du soir, après avoir renoncé à
leur espoir de délivrance. Trois cents seront
réunis en un troupeau de gens abrutis par leurs
angoisses, et qui piétineront têtes basses, en-
croûtés dans leur boue, sans même entendre les
coups de feu qui finissent les existences des
irréductibles ou des traîtres.

A la même heure, se rendirent les Teutons du
blockhaus joignant la tranchée du Rhin à celle
de Francfort. Depuis le matin, ils avaient, de là,
fusillé terriblement nos admirables Bretons. Les
tirailleurs cernèrent, puis emportèrent l'ouvrage.
Au Bois Sabot et au Bois de Spandau, nous
devenions les maîtres. Maîtres sur ce paysage
montueux blafard, comme planté d'ossements,
creusé, remué en tous sens, et alors rempli de
blessés, de moribonds. Ils appelaient leurs amis
désespérément. Le lendemain, des bagarres se
succédèrent dans tous les coins où les nettoyeurs découvrirent des Allemands blottis.

Dans la clairière, un gros soulier bossu,
blanchi par la craie du terrain, surmonte le
bâton marquant la tombe du pauvre boche qu'on
recouvrit de cailloux. Toute la fatigue de cette
lutte, de ses longs préparatifs, de ses piétine-
ments, de ses efforts pour escalader, pour

sauter, pour s'agripper au sol dans les duels suprêmes au fond des boyaux, toute cette fatigue de six cent mille hommes n'a-t-elle pas son symbole en ce gros soulier tordu, gibbeux, montueux, aujourd'hui planté sur le bâton qui désigne au respect le corps de ce vaincu? Des boues de Silésie aux boues de Champagne, le pauvre soulier a marché, sans doute, avec le pied du malheureux qui traversa la moitié de l'Europe pour, ici, périr atrocement sous les coups des tirailleurs, et non triompher, selon sa confiance naïve, dans Paris, au pas de l'oie.

Nous allons, nous allons par ces bois tragiques où la lutte se continua d'aventures en aventures tout un mois. Le 28 septembre, les mêmes tirailleurs algériens s'élancèrent par bonds, dans la broussaille, vers la tranchée de la Kultur, sous un feu de barrage intense. Il précédait une contre-attaque générale des Allemands. Bien que notre artillerie n'eût pas entamé les champs de fils barbelés, ni détruit les caponnières de l'ennemi, ce régiment parvint jusqu'à ces défenses et, par le feu de nos mitrailleuses, sut rompre l'élan des boches sortis, baïonnette au canon, de leurs clapiers. Ils y replongèrent aussitôt.

Le 7 octobre, ces mêmes tirailleurs encore réussiront à se glisser fort loin, à se présenter devant la gare de Somme-Py. Ils y fusillèrent un train. Ils restèrent là très longtemps sans être inquiétés par l'ennemi, dont ils avaient, sur un large espace, forcé les deux lignes. Ne voyant pas de réserves survenir, leurs chefs craignirent d'être, à la longue débordés par des forces nombreuses. L'ordre de retraite fut donné. Les turcos retournèrent furieux, en invectivant contre leur malechance et leur isolement subit au milieu de l'action.

Cette offensive de Champagne, loin d'avoir témoigné contre l'espoir de franchir les trois séries des positions allemandes, semble en prouver l'excellence. Au grand quartier général. on professe volontiers que si des réserves fraîches avaient suivi d'assez près le 14ᵉ corps, parvenu très vite sur la deuxième ligne, nous aurions pu marcher sur Tahure et sur Ripont avant que les Allemands bousculés, déconcertés, se fussent raffermis. Même une avant-garde de la 11ᵉ division déborda vers l'est, la Butte du Mesnil, assiégée par nos troupes, enleva dix-huit pièces de canon sans soutien sur une hauteur abandonnée, et ses patrouilles ne rencontrèrent personne jusqu'à la vallée de la Dormoise. Des réserves réclamées à midi ne débouchèrent malheureusement qu'à six heures. Les Allemands avaient eu le loisir de réoccuper la place. Sinon, la Butte du Mesnil eût pu tomber entre nos mains, aux premiers jours de la bataille, et nous permettre de *manœuvrer* sur la **gauche de** l'armée allemande.

En tous cas, il paraît acquis certainement que la première ligne, après une préparation d'artillerie suffisante, sera facilement occupée; que la seconde ligne, intacte dans l'ensemble, mais vraisemblablement percée sur un ou plusieurs points déjà, durant l'accalmie consécutive à la réussite du premier assaut et à la démoralisation de l'adversaire, céderait ensuite à l'action de l'artillerie lourde avançant, la nuit, sur tout le front, si les nouveaux tirs étaient assez vite réglés. Le rapport allemand de Von Below sur la bataille de la Somme confirme. Après s'être saisie de Combles, l'infanterie se trouva devant la troisième série de fortifications, beaucoup moins solide que les deux premières, et sur laquelle l'artillerie régla son troisième tir après avoir approché. Les trouées accomplies pendant l'attaque de la première et de la seconde lignes, avaient affaibli la défense. Théoriquement elle succomba. La guerre de manœuvres dans l'espace libre, la véritable bataille, eût pu commencer au début de la retraite vers la Meuse. Retraite fort dangereuse pour les Allemands, s'ils avaient été suivis de près. Von Below l'attesta dans le document saisi par notre état major et publié en août 1917.

Que les réserves marchent derrière les vagues

d'assaut, fût-ce même en terrain découvert. Qu'elles se trouvent en état de converger immédiatement vers le point où la percée s'effectue (cela presque toujours selon les hasards du combat, et non d'après les prévisions du graphique). Que l'artillerie, renseignée beaucoup mieux par un meilleur service de liaisons, détruise soigneusement et complètement les obstacles. Qu'elle agisse en parfait accord avec l'infanterie. Que, d'autre part, aux régiments maîtres de la première ligne, mais évidemment trop las, soient, après cet effort épuisant, substituées des troupes fraiches, très nombreuses, permettant le retour à l'arrière des unités victorieuses afin qu'elles s'y reforment avant la fatigue, sans déception, et conservent leur moral d'agresseurs heureux. Alors nous tiendrons le succès, probablement. L'ennemi sera dispersé, sa retraite changée en déroute, le chemin ouvert pour notre course à la victoire.

Telle est la leçon que dictent les résultats des batailles livrées en Champagne. Elles dépossédèrent l'ennemi, sur un large front, de sa puissance, de ses sûretés, de sa confiance en lui. Nous devrons à ces combats et à leur enseignement la doctrine du triomphe. Nos morts ne sont pas tombés en vain sur ces champs de craie.

Ainsi pensions-nous tandis qu'en l'air se mitraillaient des avions pour s'interdire mutuel-

lement la vue de leurs terrains. Autour d'eux
les shrapnells éclataient en jolis flocons. Et les
feux de la terre, partout, se dardaient vers le
même point. Nous revînmes vers nos voitures,
à travers le paysage blafard, entre ses petits
cimetières allongés, graveleux, sur les limites
des boqueteaux en pièces.

J'évoquai, devant ce décor, la silhouette ferme
et trapue du jeune colonel Daugan qui sut
reconquérir ce terrain défendu, tout un an, par
les Barbares. Je revois sa figure franche, ferme
et colorée, narquoise un peu derrière la moustache et sous les cheveux grisonnants. Contre
l'élégante vareuse kaki, pendillent la rosette de
la Légion d'honneur et le long ruban de la Croix
de guerre où tant de palmes sont agrafées. Bien
campé dans ses guêtres dé cuir fauve, il dut
suivre, à travers la jumelle, avec quelle émotion,
l'élan, les bonds de ses tirailleurs qui galopaient
entre les explosions, sans tirer un coup de fusil,
comme il leur était prescrit. Il les a contem-
plés, braves et allègres, gravissant cette pente,
atteignant les baliveaux déchiquetés, sautant la
tranchée, et se ruant par les broussailles qui
crépitèrent. Quatorze jours il commanda ces
neuf mille hommes, tantôt vainqueurs, tantôt
arrêtés, terrés, décimés, tantôt parvenus jusqu'à
Somme-Py, tantôt filtrés avec précaution par
les défilés, les ravins, les boyaux jusqu'à l'heure

de la victoire ainsi marquée par l'ordre du jour :

« *Ayant reçu la mission difficile d'enlever le Bois Sabot contre lequel s'étaient déjà heurtés tant d'efforts, a su, par son entrain, son infatigable ardeur, son sens tactique, triompher de tous les obstacles. A enlevé la position d'un seul élan, élargissant et poursuivant ce premier succès, affirmant, une fois de plus, des qualités militaires de premier ordre.*

« *Aux armées, le 16 novembre 1915. Le général commandant la 4ᵉ armée; signé : Langle de Cary* ».

Les Allemands envoient leurs marmites tonnantes du côté de nos automobiles. L'une a éclaté non loin. Obstinés, ils pilent la route de Perthes sur laquelle s'élèvent les grands fantômes de ténèbres, continûment. Plus à l'ouest, les fantômes dansent aussi sur la butte de Tahure, toute rose au soleil qui décline. Ils dansent devant le ciel bleu. Ils étendent à l'infini, derrière tous nos bois, leurs linceuls noirs qui lentement se diluent. D'autres jaillissent avec des colonnes flamboyantes. Ils se développent. Ils se dissipent à leur tour. Les trajectoires font leur bruit de vent marin qui fuit, s'apaise et tonne vers l'horizon. Paisiblement des hussards casqués chevauchent. Des tirailleurs ornent de branches rousses les huttes de leurs officiers, dans le bocage.

II

EN ITALIE*

* Juillet 1916.

EN ITALIE

I

La prospérité de l'Italie en guerre est tout évidente à Milan. La vie profuse se hâte entre les architectures majestueuses de la ville qui contient aussi tant d'inestimables trésors : les tableaux de la Brera, la carrure et les flèches du Dôme, les galeries de la place où la population va, vient, très élégante, si fière, l'œil ironique, le propos narquois. La descendance des Visconti et des Sforza n'a rien oublié de leurs façons. En uniforme, les jeunes gens bien cambrés, bien sanglés comme leurs aïeux des tableaux, paradent et jugent. La passion est intense autour des journaux lus dans les cafés des Galeries Victor-Emmanuel, un des endroits les plus intéressants de l'Europe. On y sent l'esprit d'une élite créer sans cesse les opinions des foules, les sentiments du peuple, les controverses des politiques. Bien que l'affluence semble un peu moindre qu'en temps de paix, les éléments actifs de l'intelligence milanaise, les propagateurs des idées conçues dans les cabinets de travail et les bibliothèques ne chôment pas. Quand les camelots olivâtres distribuent les feuilles du soir aux mains tendues des promeneurs, des buveurs, des coquettes, des dineurs assis devant le potage en gelée, une fièvre extrême émeut les uns et les autres. Elle improvise des orateurs au milieu des groupes. Des Saint-Ambroise y ressuscitent. Elle force, autant que jadis guelfes et gibelins, les contradicteurs à gesticuler. Elle réunit les isolés. Les Galéas et les Ludovic s'abordent.

C'est un fait accompli.

L'Autriche recule comme autrefois l'Allemagne des Hohensthaufen. Devant Verdun, la ligne française demeure toujours infranchissable malgré les cataclysmes qu'y multiplie le satanisme impuissant des Prussiens. Peut-être les Roumains vont-ils se joindre au grand effort des Latins et des Slaves. Thémes pour la véhémence des enthousiasmes et des espoirs, pour la subtilité des critiques, pour la fureur des partisans.

Les Vinci dépeignent. Les Béccaria dissertent. Le serveur, en penchant les plats, tache de déchiffrer, par-dessus l'épaule du gourmet, les dernières nouvelles qu'il parcourt. Discussions et ovations retentissent dans ce large carrefour qu'abrite sa toiture de verre, et que les magasins fermés de bonne heure n'égayent plus de leurs opulences en étalage. D'échos en échos les mots se répercutent. Ils suggèrent de nouvelles paroles à tous ces hommes dont les visages bruns ou clairs, toscans ou lombards, miment, profèrent mille idées entre les mêches noires, sous les moustaches blondes. Les Machiavel en veston sombre, les Pie III en costume de flanelle, les Dante en uniforme d'artilleurs, discutent, décrivent, chantent la victoire promise.

L'Autriche devra perdre à jamais les droits légués par Charles-Quint au Philippe d'Espagne qu'elle a vaincu et dépouillé dans la guerre de 1714.

Définitivement seront abolies les injustices consacrées en 1815 par les traités que dicta la Sainte Alliance après la défaite, à Waterloo, de l'empereur latin, fondateur de la République Cisalpine.

La longue iniquité va prendre fin. Eloquentes comme Hippolyte Sforza, des jeunes femmes le prédisent aux lieutenants. Les chauffeurs se le répètent en attendant, près de leurs carrosses rouges, le dragon vert et le chevau-léger qui se précipitent, le monocle dans l'œil, la montre au poignet, la canne du cavalier à la main, soucieux de ne pas manquer le train d'Udine, le train du quartier général, le train de la bataille sur le Carso.

En vitesse ils y volent à travers les quartiers somptueux et les jardins où les statues enseignent les héroïsmes, les travaux de la forte

race milanaise. Le lendemain, au réveil sur le
lit étroit, dans la cabine de marqueteries, c'est
d'abord une campagne riante et heureuse qui
les salue, en fuyant le long des glaces souil-
lées par les cendres de la machine. Le soleil
éclaire une Vénétie plantureuse, des villages
roses dans leurs bocages, autour de leurs campaniles rectangulaires très hauts vers l'azur, ou
contre les montagnes verdoyantes de l'horizon.
Dans les gares, les trains stationnent pleins de
réservistes et de territoriaux appelés. Entre le
feutre et la chemise à fleurs, sans col, ce sont
de mates figures brunes, sur des corps sveltes
et nerveux. Autour de la fontaine, ils se pressent, boivent, se lavent, baignent leurs pieds
nus, remplissent la fiasque vide hélas de son
vin. Plusieurs jeunes filles aux fichus de couleur et aux chevelures luisantes leur vendent du
pain, de la mortadelle, des breuvages. Elles
vont nu-pieds, de wagon en wagon, pour
incliner leur cruche vers les gobelets de ces
hommes graves. Ils ne plaisantent pas ces vivan-
dières d'occasion, comme feraient nos garçons
de France, plus malicieux. Je me rappelle le
mot d'un Romain : « chez nos villageois l'amour
n'est pas un vice, ni une joie. C'est une passion
douloureuse, profonde, une jalousie, souvent
mortelle. » Le sergent, les sentinelles enseignent les obligations du guerrier à ces paysans

qui les écoutent, sérieux, sans perdre une bouchée.

D'autres trains parallèlement sont arrêtés en une autre station. L'un contient les gens trapus, engoncés des provinces centrales. Ils ont emporté beaucoup de provisions dans leurs ballots qu'ils ouvrent sur la paille du wagon où ils dormirent. Il y a des commis tout rasés, à faux cols très hauts, à courtes vestes, à bottines de drap. Ils s'éventent de leurs chapeaux de paille avec un air las. Des mandolinistes sont attentifs à leurs accords. Le paletot sur une épaule, et les pieds en espadrilles, d'aucuns approchent l'express de luxe et le contemplent. Du feutre ils saluent poliment les voyageurs qui descendent un instant, sur le quai. Leurs paroles, leurs façons expriment le calme le plus serein. Ils pensent que la guerre avec l'Autriche devait un jour survenir. Çà ne les étonne nullement d'être là, leurs paquets entre les jambes, près de leurs wagons, pour se rendre à la caserne, puis au combat. Leur haine de l'ennemi se trahit assez vite. Ils ne pardonnent point à François-Joseph de les contraindre à quitter leurs familles pour le risque des batailles et les fatigues de la campagne. Ils lui en veulent. Ils se promettent de faire payer cher aux soldats de l'empereur-roi le repos perdu. Il n'avait qu'à rendre Trieste et Trente; avec la mer Adriatique « : *Comme il est*

juste ». Il me semble bien que c'est là toute la
pensée ferme de ce peuple courant aux armes.
Il ne doute pas de ses droits, ni de leur évidence, ni du crime assez fou pour verser le sang
des meilleures races afin de la nier. Ce brave
homme à la barbe épaisse ne discute pas son
devoir lui conseillant d'être là, prêt à vaincre
ou à mourir. Ni cet adolescent olivâtre au ventre
plat et aux bagues dorées. Ni ce « David de
Donatello » qui porte le même chapeau que la
statue, et presque aussi nu dans son complet à
carreaux trop étroit, et plus orgueilleux encore,
de son triomphe futur, parmi ses boucles noires
contre les joues de bronze.

Notre express gémit, glisse, repart. Il laisse
là cette foule bigarrée, immobile au soleil, avec
ses ballots et ses fiasques vêtues de paille lisse.
Elle nous regarde en silence. Elle disparaît derrière les feuillages brusquement surgis. Les
monts, comme de cendre rose, s'illuminent plus
à l'horizon. L'aigle d'une colonne déploie, dans
l'azur éclatant, son vol sur une cité de murs
blancs et de pampres, que domine un campanile
pointu. Puis un pont. Notre course franchit
une large vallée de cailloux où coulent des ruis-
selets divergents. C'est le Tagliamento. Des
soldats au casque bleu, en capote grise, veillent;
car les avions autrichiens, dans le ciel, suivent
parfois le chemin que leur indique la clarté de

ces pierrailles arrachées par les crues aux Alpes Carniques, puis répandues dans la plaine du Frioul par les flux des inondations printanières.

Ici Bonaparte a donné toute sa mesure. Près de ce Campo Formio, fut discuté, en octobre 1797, le traité qui dota la jeune République Cisalpine. Toute la Lombardie, Mantoue, Crémone, Brescia devenaient les apanages de l'Italie encyclopédiste, l'Italie de Beccaria libérée, par nos armées jacobines, de l'absolutisme autrichien. En même temps, la rive gauche du Rhin était entièrement attribuée à la République Une et Indivisible. C'était le résultat de nos campagnes heureuses dans les champs de Castiglione, sur le pont d'Arcole, autour de Mantoue, sur le plateau de Rivoli.

Dans cette campagne riante du Frioul, où les cerises ont une saveur exquise, les soldats de la République avaient, à la fin après cinq ans de guerres en Flandres, dans les Allemagnes, en Italie, vaincu les armées des « tyrans » germaniques, de ceux même que combattent aujourd'hui, cent-dix-neuf ans plus tard, les Cisalpins alliés pour la troisième fois, aux petits-fils de Danton, de Carnot et de Bonaparte, afin d'achever l'œuvre souhaitée par les Beccaria, les Silvio Pellico, les Cavour, les Garibaldi, les Carducci, les Mazzini, les d'Annunzio.

Udine a vu, sur ses places vénitiennes, les

généraux de la Révolution et les plénipoten-
tiaires de la Féodalité, les uns engoncés dans
leurs cravates d'incroyables et dans les hauts
cols de leurs uniformes à larges revers, les
autres serrés dans leurs habits de cour que
blanchissait aux épaules la poudre des perru-
ques, se considérer curieusement, se tâter l'esprit, entreprendre la discussion nécessaire au
remaniement de l'Europe. Sans doute, le chapeau en bataille, ou le tricorne sous le bras, se
sont-ils offert du tabac d'Espagne, entre l'Her-
cule et le Cacus, ces deux statues de colosses
flanquant les marches de la terrasse qui supporte
la tour de l'Horloge, et qui devait bientôt supporter l'image en pierre de la Paix latine.

Au palais du Municipe qui lui fait face,
accoudés contre les balustrades, abrités par le
plafond du vestibule et l'ombre des colonettes
dogaresses, que de jeunes officiers aux « oreilles
de chien », que de vieux diplomates aux « ailes
de pigeon » durent faire assaut de courtoisie,
en se méprisant un peu. C'étaient là ces « save-
tiers de Valmy », ces colonels de vingt-cinq ans
qui citaient, avec affectation, Sénèque et Tacite
en se rengorgeant sous leurs plumets tricolores,
en se cambrant dans leurs culottes de peau
jaune et leurs bottes à revers. C'étaient là ces
destructeurs de trônes, ces chefs de foules en
sabots qui renversaient, de leurs baïonnettes,

qui terrifiaient, de leurs vociférations, les plus solides régiments des rois et des empereurs. Et les voilà ces « monstres odieux ». Ils marivaudent avec les jolies filles d'Udine sous les arcades fraîches, au seuil des petites boutiques encombrées. Ils traînent partout le tumulte de leurs sabres et de leurs éperons, en riant aux éclats du mauvais italien qu'ils ânonnent. Voyez-vous ce hussard coiffé d'un mirliton ridicule qui s'assied sur une borne pour esquisser, à la sépia, le vieil hôtel admirable et concave du plus beau style vénitien !

On ne peut se promener dans Udine sans évoquer cette rencontre advenue après les préliminaires de Léoben. Aujourd'hui, ces jeunes hommes sanglés dans leurs dolmans et leurs molletières, diffèrent-ils tant des grenadiers, chasseurs, dragons italiens et français alors au repos devant la même Vierge et les mêmes anges musiciens du Pordenone.

Certes le tintamarre de la motocyclette se substitue aux galopades, et la file d'autos à la série des fourgons, ou des prolonges ; mais, dans ces ruelles pittoresques et ornées, dans ces avenues que domine encore un antique donjon, entre ces façades blanches et roses entre les parasols de séduisantes maraîchères vendant à grand bruit les fruits parfaits, les tendres légumes du Frioul qu'à rafraîchi le jet de la fontaine centrale, si peu de choses ont changé depuis le xviii° siècle! Les voûtes des porches abritent toujours les mêmes conversations d'amoureux graves et chuchottants. Les escaliers monumentaux, les amples galeries du Palais épiscopal offrent certainement le même plaisir aux visiteurs arrêtés devant les clartés de Tiépolo, devant les anges, de ses fresques, devant les prophètes et leurs draperies enflées harmonieusement contre des ciels décoratifs.

Nous évoquions ainsi, le colonel comte Barbarich et moi, grâce à quelques mots échangés, cette grande et déjà lointaine époque, en parcourant les rues de la cité, chef-d'œuvre de l'art vénitien que son préfet m'avait si bien présentée avec le célèbre critique Ugo Ojetti, lors de l'accueil à la gare.

La veille, un avion de l'Autriche avait jeté sur l'Hospice Municipal plusieurs bombes et tué, ainsi, de pauvres femmes. Cela n'empêchait point la foule de se presser sur les places, dans les rues, ni de se rafraîchir au seuil des cafés, ni de remplir les tramways, ni de s'attarder aux devantures des boutiques, ni de s'assembler sur les places autour des belles villageoises offrant, à l'ombre de parasol, la copieuse récolte des vergers.

L'âme de la ville était évidemment courageuse et fière, digne du Lion ailé qui surmonte la colonne de Venise, au centre du quartier historique. Là le maigre, le pâle Bonaparte rencontra le comte Cobenzl, bigle, obèse, chauve, pour discuter, en octobre 1797, au nom de la République Indivisible et au nom de l'Empereur d'Autriche, le traité de Campo-Formio, d'après les préliminaires de Léoben, signés le 18 avril, dans le château d'Eggenwald, sur la route de Vienne.

Les façons de la guerre actuelle ne permettent plus les panaches ni les chamarrures, qui recouvraient, à cette époque, l'état-major et la cavalcade paradant autour de Bonaparte. On ne voit plus les habits blancs ni les culottes écarlates des Autrichiens venus avec Louis Cobenzl pour s'étonner du Corse susceptible qui buvait coup sur coup, en discutant, maints verres de punch, qui bousculait, avec la table diplomatique, le cabaret de porcelaine, qui criait : « L'empire est une vieille servante habituée à être violée par tout le monde... Je m'estime plus haut que tous les rois... Vous oubliez donc que vous négociez ici au milieu de mes grenadiers ! »

L'écho de telles colères a retenti dans ces rues ombreuses, par leurs arcades où se saluent les officiers des troupes qui reviennent de Vicence sauvée pour se battre sur la route de Trieste. Les très larges degrés des édifices sonnent sous les éperons des artilleurs et des

cavaliers. Leur élégance est plaisante que les
nécessités de la bataille rendirent très sobre.
On imagine un peuple de sylvains sortis de la
forêt, vêtue de sa mousse pour plaire à la
rêverie bucolique de Virgile. L'uniforme serre
de près ces jeunes corps sveltes, ou ces car-
rures de chefs athlètiques aux cheveux d'argent.
Devant les façades sculptées des nombreuses
demeures, c'est une suite de seigneurs en habit
presque pareil à ceux des fresques verdies que
les vieux maîtres ont fixées aux murs des
palais nobles. Les carabiniers, sous le bicorne
en housse, ajoutent un accent du xviiie siècle.
En ce juillet de 1916, Casanova reprendrait
ses habitudes aisément ici. Les arrière-petites-
filles de ses amies gracieuses et bien faites, se
promènent pour l'enchantement des flâneurs,
avant le combat. Elles sont chantées par les
alpins qui passent, le long bâton au poing, et
très crânes sous la plume oblique de leurs
feutres. Les bavards prétendent que de belles
et tragiques passions unissent ces jeunes guerriers à ces graves adolescentes, si droites derrière leurs poitrines de marbre, et sous la tiare
de leurs coiffures ténébreuses.

Les officiers des missions étrangères se sont
établis dans un palais ancien à donjon carré. De
hauts portraits garnissent encore les salles. Les
seigneurs à collerettes du xvie et du xviie siècles

figurent contre les murailles des galeries vides, longues et démeublées. Là, Serbes, Anglais, Belges, Français, Russes et Japonais se félicitent de leurs héroïsmes et des victoires acquises autour de la table qui leur offre, deux fois ie jour, un banquet d'excellente cuisine vénitienne. Le colonel, les majors italiens y font les honneurs selon une courtoisie délicate. En uniformes de campagne, bottés, sanglés, les causeurs échangent et commentent les nouvelles.

Les Anglais rappellent leurs expéditions dans l'Inde, la Nigeria, le Transvaal. Les Russes parlent de leurs actions opiniâtres en Galicie. Les Japonais citent des exemples chinois; et les Belges des expériences congolaises. Bien que les Italiens reconnaissent, démontrent la force de résistance opposée à l'effort commun par les armées germaniques, ces officiers choisis parmi les lauréats des académies de guerre, ces attachés militaires des ambassades à Rome, ces colonels, ce général, ces majors et ces lieutenants très bien avertis de tout, aiment discuter sur la manière de diviser les Allemagnes après notre victoire, de leur retirer toute puissance belliqueuse, de leur retrancher les ports, la flotte, les colonies, et les provinces métallurgistes. Ni la froideur de l'Anglais, ni l'ironie du Japonais, ni la malice de l'Italien, ni le scepticisme du Serbe, du Belge et du Français, ne s'opposent à la résurrection d'un royaume tchèque en Bohême, à la reconstitution d'un empire byzantin, à la proclamation d'une autonomie polonaise. Barrages indispensables contre les futures invasions tudesques. On se croirait au mois d'octobre 1797 quand l'Autriche battue de Rivoli à Léoben, et consternée par le retour offensif de Moreau, consentait presque à l'abandon de Mayence et même à reconnaître les *limites naturelles* de la République, la frontière du Rhin. Les meilleurs espoirs succédaient naturellement à de telles conversations dans ce vieux palais d'Udine que flanque un donjon massif et crénelé. D'ailleurs la marche russe était alors rapide et triomphante en Volhynie, en Galicie. Les premières des victoires gagnées, sur les bords de la Somme, par les Anglo-Français, furent successivement connues dans ce moment-là. L'arrêt absolu de l'offensive autrichienne décimée, durant la retraite de Cadorna sur le plateau des Sept Communes, par l'habileté de la manœuvre et l'adresse de l'artillerie, renforçait l'énergie de l'optimisme dans les bureaux de l'état-major italien. Le colonel Barbarich m'indiquait, sur des cartes, la situation des troupes, avec toute la science d'un professeur de stratégie, avec tout l'enthousiasme d'un Latin véritable, très fidèle à la langue des Tacite, des Lucrèce et des Virgile qu'il cite opportunément. Son idéal de légionnaire romain comprend, dans le même amour spirituel, le passé des Césars et l'avenir de l'Italie moderne. Pour lui, la conquête du Latium sur les Volsques et la reprise du Trentin sur les Teutons semblent les actes d'un même temps. Sa pensée embrasse constamment l'œuvre de Brutus avec celle de Garibaldi, comme si vingt et des siècles ne séparaient pas, dans l'histoire, ces deux héros de la force nationale. Lui-même et de toute sa personne, le colonel suggère la vigueur d'un centurion. La figure pleine et ronde, franche, un peu sévère, ne différencie pas des bustes antiques cet officier qui va, vient le long des cartes tendues, entre les reliefs topographiques étalés sur les tables et les bureaux de laborieux dactylographes. Les cyclistes attendent, emportent ses ordres hors de ce palais au grand porche, fuient les murs roses et nus que seules décorent peu de fenêtres encadrées de colonnettes, selon le style vénitien.

La rue est pleine de soldats gris-verts, calmes et forts sous le képi à deux bosses. Les femmes en jupes de couleurs maintiennent sur la tête leurs corbeilles de linge. Les automobiles ramènent du front les officiers poudreux masqués de lunettes épaisses. Sous la voûte, à la porte de l'ancienne cité, veille le corps de garde. Ses carabiniers dirigent la marche des voitures, et le défilé des convois.

Au soleil de juillet, la campagne verdoyante luxuriante, riche en maïs cache, dans ses boquetaux d'acacias, tout une armée. Voici la vieille cité de Palma, fille de Venise, fortifiée contre le Turc d'abord, puis contre l'Autriche, et plus tard accrue de défenses extérieures, par Napoléon. Après ses murs de pierre blanche timbrés d'écussons armoriaux, ses portes de fine architecture, la route passe la frontière que les Italiens d'à présent ont franchie. Heureux les peuples Latins qui, pour la défense du Droit, foulent une terre déjà conquise.

Digne de cette chance, l'armée italienne élargit la route, la fait superbe et solide. On répare aussitôt les maisons écornées, trouées par les obus. C'est la tradition des Romains. Des milliers de territoriaux accomplissent fervemment ces œuvres de paix au sein de la guerre qui tonne là, tout près en cette montagne orangée, à quoi le soleil fait une crête de lumière.

C'est le Carso. Derrière lui, fumant et grondant, deux autres remparts des Alpes Juliennes proposent leurs obstacles à la marche des Italiens.

De ce massif bleu sombre sous l'azur éblouissant, partent les deux routes de la gloire, celle vers Trieste et le sud, celle vers Goritzia, Laybach et l'est. Chemins de l'espoir qui pense dans Udine, et que tant de stratèges inclinés

vers les reliefs et les cartes, mesurent, commentent, veulent.

Ils ne les veulent pas moins ces carabinieri
grisâtres piétinant cette chaussée poudreuse, le
bicorne en tête, sans même sourire aux belles
filles juchées à la cime des choses dans les chariots que traînent les bœufs blancs et roux. Ils
ne le veulent pas moins, les soldats qui colportent les caisses de munitions dans les carrioles
réquisitionnées en Sicile comme l'annoncent
les scènes de la bible peintes sur leurs panneaux.

Le grand écrivain Ojetti m'accompagne dans
l'automobile. Guide érudit et précieux, il me dit
quelle émotion il a lue sur le visage des soldats
recrutés dans les provinces de Palerme et de
Taormine, quand ils saluaient, de leurs ovations,
ces voitures compatriotes à leur arrivée sur le
front. De si loin elles amenaient l'odeur de la
terre sicilienne avec les images révérées dans les
familles aux ascendances hellènes et sarrasines.
C'était le symbole tangible, pour tous ces beaux
paysans, de l'effort unanime tenté par les
anciens états de l'Italie. Car, de la Toscane, de
l'Ombrie, de la Calabre, des provinces adria-
tiques, mille et mille carrioles, chariots et
camions ne cessent d'accourir avec leurs attelages de chevaux, de mules et de bœufs, pour
aider l'œuvre immense des Latins réunis sous

le même étendard, à l'assaut des Alpes et du Karst autrichiens. Chacun de ces brancards taillés dans les bois des forêts natales, chacune de ces jantes forgées dans les maréchaleries sonores des villages originels, chacun de ces grelots tintinnabulant aux colliers des bêtes sorties de pâturages divers et lointains, évoquent, pour le soldat, le paysage où il eut coutume d'aimer, de souffrir, de travailler, de se réjouir et de se passionner. Allègrement, les sous-officiers bavardent dans les tapecus qu'entraîne le trot des bidets secouant leurs crinières blondes et fleuries.

Entre les gendarmes, des prisonniers autrichiens s'acheminent jeunets, malingres, vers l'arrière. Leurs cols verts s'ouvrent, à cause de la chaleur, sur la saleté de leurs chemises, sur les os de leurs épaules. Ils transpirent. Ils grimacent, vêtus de poussière, de boue sèche. Sans orgueil ils semblent épuisés. La mitre de drap verdâtre à deux cornes, coiffe leurs têtes qui se balancent au rythme du pas, s'endorment, et s'éveillent selon le sable ou les cailloux du chemin. Nul bagage, nul équipement ne les charge. Les voilà tout dépourvus, haletants, assoiffés, et qui choppent, et qui respirent l'air épais. Troupeau d'adolescents échappés à la mort, ils en gardent le fantôme dans leurs yeux caves, encore terrifiés.

Nous passons entre les champs de jalons soutenant les lacs de fils barbelés, entre les tranchées le béton que recouvre et que dissimulent des mottes herbues. Notre automobile frôle les convois d'artillerie menés par de jeunes conducteurs que la guerre dépenailla quelque peu, et qui raccomodèrent avec des ficelles les déchirures de leurs uniformes. Ce sont de mâles jouvenceaux en leur vêture de toile grise recroquevillée comme le cuir. Parmi les acacias et les saules, tout ce train défile, au pas de chevaux rapides. Les soldats mâchonnent des feuilles fraîches, si le tonnelet qui pend à leur hanche, est vide. Il y a des caisses arrimées sur les affûts. Une bonne humeur rit dans le hâle des visages.

Bien plus que nos Français, les Italiens demeurent sveltes et jeunes. Il n'y a guère ici de ces réservistes larges, épais, ventrus que notre armée encadre. Le paysan italien reste sec et copieusement chevelu de mèches noires.

Les troupes gardent en général une allure très vive. Elles passent, sur un pont de bois, l'Isonzo, sa large vallée en pierrailles que des ruisseaux lavent ici et là. Des buissons aux fleurs jaunes en étoiles ornent les îlots épars. Sur la rive ces mêmes corolles dorent les haies du chemin ombreux et poudreux. Par les éclaircies on voit bondir au loin les fumées des 105 et des 150 Italiens. Ils lapident les tranchées de l'ennemi sur la pente du Carso, que doublent, que triplent les chaînes de montagnes bleuâtres enclavant la route de Laybach. Le canon tonne là-bas. Les échos fuient vers la route de Trieste à droite, vers les cimes du cirque embrassant le golfe et la cité marine.

Nous sommes parvenus près d'un bocage où se tapit une villa simple, poste du général commandant un corps d'armée. Les carabiniers veillent à la barrière. Dans les communs, des services sont installés, téléphoniques et télégraphiques. De là partent les ordres destinés aux batteries qui grondent de partout sans effrayer les passereaux.

L'escalier gravi, nous trouvons dans le grenier un général trapu, grisonnant, solide comme un légionnaire de Marius. Il examine au télescope, tout le pays montueux, les fantômes de ténèbres rosâtres qui s'amplifient et s'étalent, après les éclatements des projectiles autrichiens. Dans la vallée, le bourg de Sels est cruellement bombardé. De là pourrait bondir une attaque italienne encore vers ces côtes de terre orangée, où les troupes germaniques se retranchent. Elles perdent en cet instant, une position d'importance, sorte de demi-lune épousant un sommet de la colline 121. Les baïonnettes des Latins à l'assaut délogent l'ennemi tenace et qui s'accroche désespérément à cette crête du Carso. Le général Tettoni modestement se félicite du succès. Deux hauteurs la 70 et la 121 commandent, par leurs vues, à toute cette région. Elles sont naturellement l'objet des plus violentes entreprises. De l'une à l'autre le télescope va. Il vire sur son axe, les révèle plus proches avec leurs tranchées, leurs boyaux qui s'alignent, qui serpentent, soulevant le sol. On pense au passage des lombrics dans un parterre. Vers de terre opiniâtres, les hommes ont ainsi boursouflé l'humus sur le passage de leur effort anxieux.

Tel un prince qu'eut peint Mantegna, un jeune homme long et fin, tout doré par le hâle sous une chevelure noire rabattue vers la nuque seconde le général. Un colonel aux aïeux et au nom français me montre les points capitaux de cet énorme rempart que l'alpe dresse entre l'ardeur latine et l'endurance tudesque, depuis la mer de Trieste jusqu'à l'Isonzo de Gradisca.

Voici les trous que les obus creusèrent, la veille, dans le jardin. Comme l'on attend une recrudescence du feu, le général nous retient à déjeuner Ugo Ojetti, mon cher guide et moi, sans nous autoriser pour l'heure à courir plus avant. A pied, dans les oseraies, nous allons vers le campanile rougeâtre et l'église défoncée de S. Canziano. L'éminent critique d'art déchiffre les inscriptions latines sur les dalles des trois premiers siècles. Derrière le maître autel, la coupole fut emportée. Le ciel d'azur éclaire des soldats qui ont là leur dortoir, leur lavabo, leur séchoir. D'autres, au dehors, se partagent le contenu des marmites transportées en des coffres isolants que tapissent le feutre et le liège. Ainsi livrent-elles tout chaud le macaroni national à ces bons appétits de soldats gris-verts dans les fermes que tant d'obus ont entamées, en dépit de la Vierge tutélaire debout sur sa colonne, au milieu du carrefour.

De Nieuport à Monfalcone, qu'il soit belge, anglais, hindou, sénégalais, marocain, français, italien, le cantonnement offre toujours le même spectacle d'hommes divers aux mêmes gestes, fourbissant leurs armes, apprêtant leur repas, dormant à l'ombre, étrillant leurs chevaux, raccommodant leurs vestes, jouant aux cartes, se rassemblant à l'abri d'un mur pour le départ vers la ligne de feu.

Après la *colazione* du général et ses propos de joyeuse intelligence, nous sommes partis, à notre tour, vers Ronchi, dans une automobile très rapide, car la route au pied du mont, passe sous le feu des batteries ennemies. Le jeune officier qu'eut peint Mantegna dirige la vitesse à côté du chauffeur militaire. De temps en temps les arbustes, au bord du chemin, s'écartent. Ils laissent, entre eux, des vides qui permettent

aux observateurs de François-Joseph une appréciation exacte de notre élan. Devant la nuée de
notre poussière, nous volons, cible mobile sur
laquelle les artilleurs de la crète ne daignent
pas exercer leur adresse. Pitié vexante. Il paraît
qu'ils ménagent leurs munitions fort diminuées
par les échanges de la veille.

Donc nous volons (soixante-dix à l'heure) sans
trop d'émoi par cette blanche route que bordent les arbrisseaux poudrés à frimas, et les
cratères de marmites éclatées. Sous le ciel
d'Italie le plus lumineux, malgré quelques tonnerres lointains, on ne peut se croire en guerre.
Cyclistes et motocyclistes, passent néanmoins,
poussiéreux, casqués, masqués de lunettes,
courbés contre leurs machines, très vite, sans
rien voir que le but. Leur attitude incite à
croire un peu que, de ces collines orangées,
l'éclair soudain pourrait jaillir qui foudroierait
le char volant et nos personnes. Il n'en est rien.
Des festons de verdure pendus transversalement
tous les cent mètres, et aussi des buissons artificiels, des branches coupées masquent à demi
le chemin.

Ruines de belles maisons roses et blanches
alignées aux flancs de larges avenues, avec
leurs jardins luxuriants : c'est Ronchi. Ruines
désertes où pas un chat même ne rôde. Façades
effondrées dans les roses et les dahlias de leurs

parterres derrière l'abatis de leurs grilles argen-
tées. Visages de jolies demeures criblées, près
de visages intacts, et qui suggèrent mieux, par
ce contraste, la vérité de la tragédie. C'est
comme une fête interrompue. Des mezzettins se
sont enfuis avec leurs guitares et leurs Zerbi-
nettes. Lelio a emmené Colombine en pleurs. Et
voici le soulier de la belle dans le ruisseau.

Lieu de bonheur trop évident ravagé par une
catastrophe invraisemblable. Une catastrophe
pour ailleurs, pour quelque ville de briques
sombres, de boue charbonneuse, non pour cette
série de jardins en fleurs, de villas roses pleines
encore de miroirs conçus afin de refléter les
minois et les sourires. Le crime de la guerre
apparaît dans toute sa folie. Malheur à ceux qui
la voulurent quand même, et sous ce ciel, en
notre temps de sciences miraculeuses, de philo-
sophies persuasives, de scepticismes indulgents.

De ci, de là, sous le linteau d'une porte plus
solide, des soldats apparaissent au bruit, le
casque en tête. Nous pénétrons dans la mairie
blanche. Nous montons l'escalier clair. A chaque
palier les carreaux des fenêtres furent brisés par
les balles. Le verre jonche. Il faut passer vite, ou
bien, en s'effaçant, regarder la terrible montagne
orangée, d'où si fréquemment la mort s'élance,
et piaule. L'observatoire est excellent. La vue
s'étend sur la série des monts rougeâtres et jaunes

qui flanquent, qui dominent la route de Trieste à Gradisca. Casemates à auvents, les abris des troupes italiennes sont étagés sur toutes les pentes. Plus haut les boursouflures des tranchées se , dessinent dans le champ de la jumelle. A la crête, quelques minimes accidents de terrain désignent les positions autrichiennes, en saillie sur ces points. D'autres sont placées à contre-pente où les reléguèrent les assauts fréquents des Latins. Par la lucarne étroite d'une chambrette sous l'avancée du toit, nous pouvons, à l'aise, lorgner, photographier ce terrain aride, ses bocages épais, que dessèche l'absence d'eau.

Partis à la recherche d'un autre observatoire, nous parcourons la belle ville effondrée, trouée, partout garnie de sacs à terre sur les murs bas, pour la protection des patrouilles.

Une large place que dominent, au ciel, des monts boisés, un château. De là, souvent, l'adversaire expédie les balles de ses mitrailleuses aux flâneurs. Du reste les façades apparaissent criblées comme des écumoires. Quelques-unes portent les traces noires de l'incendie qui dévora l'intérieur. Ugo Ojetti me conte qu'il vit là une femme enceinte surprise au milieu de ses compagnes par les arrivées d'obus successifs. De cette mère, le premier mouvement fut de porter les mains, non à sa tête, mais à son ventre. Elle protégeait d'abord la vie nouvelle en ses flancs.

Nous allons sous les beaux feuillages d'été,
par une rue déserte, derrière une escouade grisâtre, casquée, silencieuse. Un peu plus loin,
dans un cabaret, quelques buveurs jasent. Mais
il faut descendre alors en un boyau profond très
étroit pour se rendre, par cette avenue bombardée
jusqu'au bureau de la brigade. C'est un quartier
large et avenant, au soleil intense, parmi ses
jardins aujourd'hui déchiquetés. En face d'une
auberge rose décriée pour le scandale des amours
qui s'y logèrent, la maison du généra' s'ouvre.
Les plantons se tiennent à l'abri dans le vestibule d'ailleurs éraflé par les éclats.

Un officier d'ordonnance nous reçoit pour le
général qui rentre des tranchées, malade, et qui
s'alite. Le lieutenant Lazzaroni me rappelle qu'il
me connut à Plombières, ou je séjournais en 1899.
Lui-même alors était un petit garçon aux mollets
nus, au costume de matelot, à la figure pâle
entre les boucles. Si drôlement il demandait à
sa gouvernante autrichienne dans la cour de
l'hôtel : « Kan-ich spielen, Fraulein? » Le voici
guerrier trapu, solide, qui se révèle dans la
maison très sombre aux volets soigneusement
clos. Je ne l'avais pas revu depuis seize ans.
Cavalier il regrette de combattre pied à terre
avec ses sabreurs, dans les tranchées voisines.
Il nous conduira.

Le long du canal qui coule vers la mer Adriatique nous suivons un sentier de hâlage que le talus protège. Bien tondus, des soldats baignent, dans le soleil et l'eau scintillante, leurs corps de bronze, leurs corps d'ivoire. Ils s'amusent.

Ce chemin est une tranchée de repli, pourvue de son parapet, de sa banquette, de ses gabions. Les compagnies au repos se prélassent, assises dans le sable. Des groupes de soldats jouent, se rhabillent, ou plongent dans le soleil et l'eau en riant, tritons, de leurs nudités velues, de leurs ébats.

Au bout, se dresse l'usine qui fabriquait des carbures d'acétylène par la force hydro-électrique. L'armée italienne a maintenant installé, dans les ruines, une ambulance, avec ses baignoires, un poste de commandement et ses téléphones que recouvrent mille sacs de terre; car les toits, les murs de ces nefs à la file sont perforés en maints endroits; car les vitrages des grandes baies gisent à terre, émiettés; car de monstrueuses machines, arrachées de leurs socles en béton, demeurent sur le flanc. L'artillerie des combattants a, de la sorte, bouleversé un centre de création industrielle, où la magie des ingénieurs transformait la matière brute en causes de lumière radieuse.

Les soldats remplacent les ouvriers. Ils suspendent leurs armes, leurs casques, leurs havresacs aux branches des métaux tordus. Ils dorment

dans les galeries où s'alignaient les cuves pro-
pices aux saturations et à la métamorphose des
substances. Entre deux piliers de béton, un officier de service a mis là sa cantine, tendu des cou-
vertures brunes pour se constituer une alcôve,
et dressé son lit de camp. De nef en nef, entre
les volants inertes, les engrenages démontés,
de jeunes hommes aux cheveux noirs, fourbissent leur équipement. Ils rajustent leurs molletières. Ils rasent leurs visages de Fra Diavolos
énergiques, ou de jolis pages florentins, ou de
centurions trapus.

Par les escaliers de fer, nous grimpons de palier
en palier. La mer Adriatique apparaît plus lointaine, plus étendue. Elle reflète le soleil. Elle
s'étale dans les amples baies de l'usine. L'air
pur du large évente nos figures trop chaudes.
Nous aspirons largement cette brise saine.

Il faut monter entre ces murs perforés, sur
ces verres en miettes tombés des grands vitrages,
parmi ces machines prodigieuses arrachées de
leurs socles en maçonneries, au milieu des soldats bruns qui bivouaquent partout. Il faut
monter entre les volants inertes, les engrenages
épars; et, là-haut, on peut discerner, dans leurs
golfes, assises au spectacle des eaux, les villes
paisibles avant la bataille. Voici Duino, son
château massif et développé... Là-bas, souhaitée
par quarante millions de cœurs italiens, Trieste

brille, blanche et dorée, amplement étendue aux pieds de ses montagnes bleues, dans leur vapeur.

Plus haut. Les jumelles aux yeux, nous découvrons, sur les avis des officiers, toute la bataille qui s'achève dans les monts orangés que la guerre enfume, qu'elle a creusés en tous sens, couverts d'hommes en délire ou en agonie dans leurs tanières. Partis du bas, derrière leurs obus frayant le chemin, ces héros se sont élancés à la suite de leurs explosions, parmi celles des projectiles ennemis, sur cette pente de terrain jaune. Entre les jets de pierres et de fer, entre les éclairs des éclatements, dans le poison des gaz diffus qui suffoquent et qui étouffent, à tâtons tous ont couru, giflés par les mottes, labourés par les balles miaulantes, lapidés par les cailloux, estropiés par les éclats tranchants, avec le seul espoir de parvenir, avant leur mort, sur cette crête qui les foudroyait, qui, de sa mitraille, leur crevait la chair, leur fendait les os, leur cassait les membres, les masquait de sang, les jetait rompus contre le sol. Quelle que fût l'horreur de voir leurs camarades décapités, éventrés, déchiquetés, démembrés, d'entendre mille cris d'effroi et de mort, les braves ont atteint presque la cime.

Nous les distinguons, fourmilière active qui

rampe, qui s'installe dans une sorte de redoute. Au milieu de sacs à terre, de torsades en fer recouvrant les chevaux de frise poussés devant eux par les hommes à genoux. Déjà les abris des Autrichiens sont occupés, retournés. Contre les ouvertures, des toiles sont pendues pour créer une ombre bienfaisante. Elles flottent à la brise de mer. Le guerrier, sans doute épuisé par la course et l'escalade, par le paroxysme des émotions, par la lutte finale où l'on s'empoigne, où l'on s'étrangle, où l'on s'étouffe, où l'on s'aveugle, où l'on se poignarde, s'endort au soleil tandis que les mitrailleuses veillent et, de ci de là, crépitent.

Nous sommes redescendus d'atelier en atelier, de cour en cour, et, par les colonnades de béton, de nef en nef. Dehors, entre les plâtras de la démolition érigés en remparts, sous les voûtes de planches, de pierres et de tôles rouillées, nous nous glissons... Les balles autrichiennes ont écorné partout les mœllons, et arraché aux poutres des échardes. Les trois cheminées de briques, hautes comme trois donjons, et dominant ces ruines immenses des Adria-werke, furent transpercées par les obus ; mais elles ont résisté. Elles ont servi longtemps d'observatoires pour les deux partis. A l'intérieur, elles ressemblent aux tours de quelque château médiéval. Des escaliers y furent élevés, que l'artillerie sut rompre et précipiter. L'azur du ciel rit dans les brèches, à la base, au sommet. Par là s'enfuyaient naguère les noires vapeurs des fournaises industrielles. Maintenant, des soldats basanés y nettoient soigneusement leurs armes, vident la fiasque vêtue de paille, ou guettent, accroupis, derrière une lézarde, les fantômes de ténèbres que lancent au soleil les obus des Germains, en éclatant.

L'ennemi s'est terré, dans une colline grisâtre, en face. Les fils de fer oxydés font, devant lui, des champs roux. De la vie souffre, se résigne, vaincue, dans cette colline de cendre, parmi les cadavres pourrissants, les blessés fiévreux. Au delà, les chaînes successives des Alpes s'étagent dans l'espace, plus grises, plus bleues, plus sombres à mesure que la distance les recule. Faudra-t-il encore autant de peine et de sang pour les franchir avant que les légions de Rome entrent à Laybach ou à Trieste ?

Dans ces tranchées italiennes de Monfalcone, j'ai compris toute la force de nos âmes latines. Elles tiennent la victoire, la vraie, en cet endroit du Carso. Elles foulent de la terre reconquise sur les ennemis éternels de Rome, Teutons et Huns, les adversaires de Marius, et ceux d'Aetius. Vingt-trois siècles, la haine contre les mêmes envahisseurs a saturé les intelligences aïeules de ces régiments piémontais, napoli-

tains, siciliens. Les voici bruns, maigres dans
leurs uniformes verts et gris. Les voici dans
cette cité d'usines qu'ils ont enlevées aux gens
d'Autriche et de Hongrie, après la canonnade.
Les rayons du ciel, maintenant, traversent ces
murs de briques largement défoncés par les
obus. Des soldats casqués y préparent leurs
engins d'attaque. Le dome du ciel au sommet,
ses pans d'azur dans les brèches, envoient de
la lumière sur ces visages byzantins, tannés par
les soleils de la Grande Grèce. Cavaliers mis à
pied pour la guerre de positions, ils ont magnifiquement défendu, le 15 mai 1916, ces salles à
turbines, ces halls de forges, ces nefs à
machines-outils contre un retour offensif de
l'adversaire.

L'un des meilleurs régiments autrichiens
avait inopinément franchi le marécage réputé
inaccessible devant les usines, et bousculé les
défenseurs de la première ligne, pris, retourné,
un canon. Les feux massacrèrent tout une heure
les malheureux cavaliers, mal instruits du
combat, et récemment introduits au milieu de
ces ruines, de ces fours en décombres, dans ce
dédale de boyaux recouverts par les tôles et
par les ferrailles des ateliers.

Trois heures il fallut s'acharner à la tuerie.
Les envahisseurs avaient pris, dans l'élan du
premier assaut, ce canon. Contre les défenseurs,

ils l'avaient aussitôt pointé. Le feu saccagea les pelotons, les éventra, les rejeta sanglants contre les murs fendus. Avec un courage sans pareil, les cavaliers revinrent dix fois à la charge. Il ressaisirent leur pièce. Ils chassèrent l'ennemi.

Aussi, vers le soir, les masses autrichiennes n'ayant pu faire irruption dans les bâtiments de la deuxième ligne, hésitèrent. La mousqueterie les avait trop décimées. Les assauts à la baïonnette les avaient trop culbutées de refuge en refuge, d'éboulis en éboulis, de moellons en moellons, de chaudière en chaudière. Les cadavres verdâtres s'empilaient dans tous les coins, remparts des blessés hurlant leur peine, et grimaçant sous leurs képis biscornus, sous leurs visières pliées. Des mitrailleuses achevèrent d'ébranler la foi des Autrichiens dans leur chance. Les escouades criblées, saigneuses, boiteuses, abandonnèrent les corps de leurs camarades. Peu à peu, à l'abri des salves dardées par leurs arrière-gardes, elles repassèrent les sacs de sable et de ciment, les amas de pierres et de ferrailles tordues qui forment encore les bastions de la tranchée italienne. La cavalerie légère s'était couverte de gloire.

Depuis, les Autrichiens demeurent enfouis dans cette colline rousse, derrière leurs ronces de fer qu'oxydent les pluies, la rosée, les vapeurs de la mer. On soupçonne leurs postes d'écoute ici et là, derrière les herbes du marécage et les réseaux de fils métalliques, derrière ces mottes et ces cailloux qu'il ne faut pas trop longtemps examiner si l'on préfère éviter les balles des bons tireurs. Elles ont partout crevé ces sacs qui perdent leur sable par mille fentes, strié ces ferrailles dont les égratignures brillent, écorné ces blocs, effrité ces platras. Il n'y a qu'à marcher vite en frôlant les courtines improvisées, en se baissant sous les poutres à demi-rompues, en escaladant les tas de débris, puis les pentes de la colline A la crête, se tiennent clapis les soldats de la grand'garde.

Avant de gravir le rempart de décombres et de terre, où s'accrochent les avant-postes de Monfalcone, nous avons erré dans les nefs immenses des usines, dans cette cité de palais pour les dynamos et les transformateurs, de maisons abritant les organes monstrueux et puissants de la science créatrice. Rien ne tourne plus de ces roues, de ces volants. Nulle sirène ne meugle. Aux tableaux de marbre blanc les lampes électriques ne brillent plus pour annoncer l'état de la foudre captive dans les divers bâtiments où son énergie transformait la matière brute. La mort vint pour cette ville d'ateliers, de temples voués aux grands alternateurs, de chambres à turbines, de fours liquéfiant le métal, **de halls enfermant les pilons qui modèlent** l'acier en feu, le pétrissent comme une pâte, l'étirent et le massent, le changent en lames, en rails, en plaques de carènes, en générateurs de force, en hélices des navires, en œuvres miraculeuses de l'intelligence humaine, en victoire sur l'espace et sur le temps.

Devant cette vertu de créer, la volonté de détruire a surgi. Et tous ces murs se sont écroulés; tous ces tuyaux ont été tordus; toutes ces machines gisent en pièces, toutes ces verrières jonchent en scintillant les dallages délités. C'est bien ici la fête de la Mort qui a séduit le génie de Prométhée pour le contraindre à l'anéantissement de ce que tant de siècles ont espéré dans son cerveau de titan, dans le cerveau des élites.

Nous nous hissâmes par des puits de terre. Nous montâmes des escaliers de fagots et de pierrailles, entre des parapets maintenus par des clayonnages. Nous parvînmes dans la redoute creusée à la cime du monticule. De savants boisages y empêchent les éboulements. Des cloisons divisent en chambres cette cave pleine de soldats couchés, taciturnes, dans la paille de leurs litières, avec leurs armes. Il y a des alcôves entre des bas-flancs pour les officiers. Ils ont collé des photographies contre les planches. Assis sur des caisses, ils écrivent, au stylo, des lettres ou des rapports. On reconnaît quelques princes de la Renaissance avec des barbes pointues, roussâtres, autour de longs visages sombres, creusés vers les orbites ténébreuses de leurs yeux. Leurs mains fines et velues chargées d'anneaux en or armorié, choisissent des cigarettes dans les étuis de vermeil. Leurs peignes d'écaille, leurs brosses d'ivoire s'étalent sur des planches hors des petits nécessaires en peau de porc, à côté du savon, du flacon au dentifrice, de la cuvette en caoutchouc. Ces lieutenants, ces capitaines en habits fanés, ouverts sur leurs chemises de flanelle brune, ressemblent tous aux portraits de l'histoire. Paul-Emile, Salluste, Lucius Verus, César Borgia, Torquato Tasso, Garibaldi vous offrent, tour à tour, l'un son visage rasé sous la coiffure en frange vers les sourcils, l'autre, en sa barbe et ses cheveux frisés, une figure rectiligne, celui-ci sa face orgueilleuse et maigre dans la toison noire plantée jusqu'aux yeux, celui-là sa mine longue et triste à la moustache pendante et au poil rare le long des joues creuses. Il faut baisser la tête sous la voûte de terre basse, et s'asseoir aussi pour ne pas heurter le plafond qui s'égrène.

Ayant vu mourir son frère pendant la défense du 15 mai, le capitaine ne se déride guère. Il a toujours devant lui, le fantôme du jeune homme décapité par l'obus jusqu'au milieu du torse.

Le capitaine ne croit pas sortir vivant de cet
antre terriblement bombardé. Cependant, comme
il fait très chaud, il a de la limonade pour les
visiteurs, et que verse un légionnaire trapu,
épais, musculeux, un arrière petit-fils certainement de ceux qu'on nomma les « mulets de
Marius » au temps où ce proconsul chargeait
ses soldats de pieux, d'huile, de farine, d'outils
de javelots, et, ainsi, par la route de la conquête,
les entraînait pliant sous le faix de leurs camps,
de leurs forteresses, de leurs magasins.

Toute la force latine ressuscite, évidente,
complète, en cet escadron à pied que la guerre
du xxᵉ siècle enfouit dans ce terrier long, dans
cette galerie de mine grossièrement étayée. La
mort trône imaginaire mais obsédante au milieu
de ces guerriers silencieux, et qui la savent si
proche, et qui furent, de son souffle, effleurés,
et qui la virent transparaître sous les traits de
leurs amis, de leurs frères à l'agonie.

Par un trou quasi masqué, on aperçoit le
mont roux d'où elle prend son vol avant de
s'abattre ici, foudre et tonnerre, avant de s'élever vers le ciel avec ses linceuls de nuées sulfureuses emportant les cris des soldats écrasés
dans les champs qu'ils reprirent aux usurpa-
teurs barbares.

Plus loin, sur la droite, et par delà ces mâts
de fer tordus, ces cheminées en ruines, brille

l'Adriatique. Immense émeraude enchassée dans le golfe des montagnes bleuâtres aux pieds desquelles Duino et Trieste étalent leurs quartiers blancs. Pour planter sur ces villes le pavillon de l'Italie, pour rendre aux Latins leur mer antique, les jeunes hommes graves attendent patiemment la visite de la mort dans la caverne de leur redoute. Les jumelles aux yeux ils regardaient luire les éclairs des batteries autrichiennes, là-bas sur un repli du Karst. Ces hommes, si pareils aux Mucius Scœvola, aux Salluste, aux Lucius Vérus, aux Aétius, aux Médicis, aux Borgia, aux Garibaldi, par l'apparence, écoutent battre, en soi, le cœur de tous leurs ancêtres ressuscités sous l'uniforme gris vert. Ils écoutent aussi voler en tumulte les terribles oiseaux d'acier qui, deci, delà, s'engouffrent en éclatant dans la monticule avant l'essor de leurs nuées sinistres.

Là, vraiment, j'ai vu le stoïcisme romain roidir ces figures sévères et basanées. Mieux qu'au lycée, mieux que dans les bibliothèques, mieux que sur le Forum lui-même, où j'ai tant de fois médité, j'ai, dans cette butte du Carso, entre Monfalcone et Ronchi, tenu, dans mon émotion, la grandeur romaine tout entière, depuis le sacrifice de Mucius Scœvola, la patience de Paul-Émile et l'obstination de Marius jusqu'au **génie des Antonins** organisant, pour vingt siècles, les sociétés, leurs élites et les peuples, jusqu'à l'intelligence des papes conseillant aux prières des nations la langue unique des Césars, et offrant aux querelles des rois l'arbitrage de la Curie, jusqu'aux élans magnifiques des Carbonari pour chasser les Germaniques des provinces latines, et rendre à Venise, à l'Istrie, à la Dalmatie, leurs noms proconsulaires.

Nous marchons courbés sous l'abri de poutres, de sacs qui couronne la crête de la position défensive. De jeunes officiers italiens nous y saluent avec les sourires et les mines des portraits que surent peindre le Titien, Giovanni Bellini, Raphaël. Le bonnet gris-vert et la visière courbée sur les flammes des yeux ardents ne changent pas tant les figures de cette élite digne de ses aïeux. C'est un contemporain des Médicis, à la barbe courte, un ami de Léon X, qui nous reçoit dans la casemate finale. Marius combat ici près de Machiavel et du Colleone. Les types expressifs de l'histoire italienne ressuscitent, pour nous, côte à côte dans ces tanières obscures. L'armée de la grande nation latine comprend les caractères de tous les siècles qui l'ont formée sublime et digne de ses aïeux les plus illustres.

Rome, mère de notre civilisation vit toujours en sa force perpétuée.

Sans un mot, sans un bruit, ces soldats casqués, étendus sur le sol dans leur grotte de terre, entre leurs armes, attendaient, avec leurs chefs aux figures de centurions, de condottières, et de carbonari, la nouvelle victoire de la Louve, ou la mort des héros.

Tels ils nous apparurent en tous les points de cette ligne puissamment fortifiée qui coupe la route de Trieste. Avec le lieutenant Ugo Ojetti, qui fut depuis magnifiquement brave pendant la prise de Gorizia, nous nous plaisions à reconnaître émus par l'art, tous les personnages des tableaux anciens dans les soldats blottis derrière les sacs de sable en piles. La sentinelle à genoux près de sa meurtrière, et de ses cartouches étalées sur le rebord, nous rappelait une vedette fixée par Salvator Rosa dans une toile mémorable. Celui-ci, comme l'autre, était, sous le casque, svelte, félin, hâlé immobile, silencieux. Car, par delà cette embrasure, les rameaux hachés par la mitraille jonchaient le chemin. Les arbres avaient été écorcés, ébranchés, étronçonnés dans tout le bois. A quelques centaines de mètres, une barricade énorme de chênes et de hêtres abattus masquait l'avant-poste de l'ennemi prompt à cingler, de son tir, la butte de terre où nous nous groupions près du soldat inquiet de notre présence.

Tous les types latins, antiques, médiévaux, et

modernes, semblaient être sortis de leurs tombeaux pour surgir en ces postes de combats près de ces boîtes à grenades, derrière ces tôles rouillées, prises dans les usines, et cuirassant les abris, derrière ces tas de ferrailles, ou dans ces monticules évidés par la pioche des sapeurs. Le mendiant de Ribèra épuçait, dans son gîte, une jambe poilue et bandée de linges, non sans guetter, de l'œil, à l'interstice de poutres juxtaposées, la venue possible des chasseurs tyroliens par le taillis. Des Adriawerke, ruines de cités industrieuses, des nefs aux verrières brisées, les escouades rapportaient les fiasques pleines, les pains de munition, les tranches de fromage, en sautillant parmi les décombres, dans les sentes que les pionniers ménagent entre les éboulis de murs, et les carcasses de machines. La joie des pifferari mêmes animait ces cortèges de conscrits qui sifflaient un air martial. Ils furent partager la provende commune avec de pieux adolescents à genoux devant un autel de planches brutes. Chacun y avait collé les images saintes de son bréviaire, allumé de minuscules bougies, et commencé la série de ses oraisons propitiatoires. C'était, sous les gabions, un coin de l'Italie papale. C'était sa foi sincère en la Madone imprimée, coloriée sur vingt estampes, entourée de rosaires.

Beaucoup de ces autels impromptus ornent

les boyaux et les tranchées. Les flammes des bougies minuscules, près des boîtes à grenades tout ouvertes, tremblotent à la brise de mer. Les fiévreux et les malades sommeillent là, mains jointes sur le chapelet. Cependant les trajectoires des obus autrichiens violent la pureté de l'air, sous le bleu du ciel. Ils s'en vont tomber non loin en démolissant plus les murs éventrés dont la poussière se mêle aux fumées de l'explosion.

Ailleurs, dans les casemates lambrissées avec les panneaux vernis faits, aux Adriawerke, pour les cabines luxueuses des paquebots, les cavaliers se prélassent, jouent aux cartes, recousent indolemment leurs vestes. Sous terre ils aménagent leurs intérieurs de passagers cossus. Voici des hublots cerclés de cuivre, des lavabos en ces étroites armoires d'acajou destinées aux cloisons des navires pour défier les sursauts du tangage. Les tranchées sont ainsi pourvues de mille choses empruntées aux fabriques des armateurs autrichiens. Les vainqueurs s'installent dans les trophées de leur conquête.

Fiers d'eux-mêmes, ils vivent aux aguets dans cette longue redoute de pierres et de gazons qui longe la route de Trieste, déjà sous leurs feux. Tandis que la sentinelle observe, noire et farouche, l'œil à l'embrasure, son chargeur sous la main, la carabine prête, ses camarades jouent aux cartes. Ils fourbissent la baïonnette. Ils vident la fiasque de vin clair. Ils s'épucent. Ils dorment. D'aucuns enjolivent les reposoirs de la Madone. Ils rallument les très petits cierges devant les pieuses images de leur bréviaire. Le prêtre, d'ailleurs, va, vient, alerte soldat pareil aux autres, avec, pour unique signe distinctif, une croix d'écarlate sur le cœur.

Cette route de Trieste, ils la tiennent donc, nos Latins. Je me suis incliné vers l'étroite et dangereuse embrasure. J'ai vu cette terre grise sous les feuillages et parsemée de branches que coupèrent les balles, les éclats. Au bout de la courte perspective, le barrage en troncs d'arbres cache les guetteurs autrichiens, leurs mitrailleuses. Rien que le silence sous l'ombrage ensoleillé, d'ici là.

Silence que tous écoutent, allongés en cette longue soupente parmi leurs équipements, leurs armes, sur le foin odorant. Soit qu'ils manient les cartes, soit qu'ils boivent à leur tonnelet de bois, soit qu'ils se répartissent les vivres frais, soit qu'ils devisent, soit qu'ils s'attristent si les brancardiers emportent sur la civière un malheureux gémissant quelques minutes après l'explosion, les Italiens gardent une oreille attentive pour écouter le silence, puis l'instant où il s'abolira dans le fracas du cataclysme. Signe de la lutte recommencée pour la résurrection de Rome et de sa gloire maîtresse sur l'Adriatique entière.

Trieste n'est plus, en juin 1917, qu'à vingt kilomètres de ces lignes où les descendants des légionnaires romains se préparent à triompher d'une façon définitive, en fermant aux barbares la route marine de l'Orient. Rome persiste forte et stoïque comme au temps de Caton.

Les mille visages éternisés par les sculpteurs dans la pierre, et qui, si réalistes, si proches, peuplent les musées de l'Antique à Rome, à Naples, nous les saluons sur les épaules des soldats qui s'effacent devant notre cortège au creux des tranchées où nous marchons pour revenir sur Monfalcone et Ronchi. Des bouteilles pleines de liqueurs, ors et rubis fluides, que coiffent des calottes d'argent, chargent les mains de ces militaires. C'est jour de bombance. Ils reçoivent des victuailles précieuses. Toutes sortes de mortadelles, de saucissons, de boîtes à conserves, de pains frais encombrent leurs bras. Voilà certes une armée bien nourrie. Profonde, étroite, en zig-zag, au gré de la défense par fractions, garnie de pare-éclats, pourvue d'un caillebotis sous lequel peuvent s'écouler les eaux des averses, la tranchée semble un modèle du genre. Des kilomètres, et des kilomètres, elle s'allonge sous nos pas lassés. Aux angles aigus du tracé, il y a de petits portiques de mottes et de poutrelles, où l'on peut se réfugier. Les sapeurs italiens font leur besogne complètement. Derrière nous, se suivent des sections revenant du feu, poudreuses, et suantes. Saint-François d'Assise, tous les ascètes émaciés des vieux tableaux se succèdent, le col nu et moite dans la capote ouverte, sous le casque pesant, et le faix des armes, des musettes, des outils. Si fatigués, ils vont, leurs yeux caves, leurs joues hérissées d'une barbe piquante, leurs corps maigres, leurs poings crispés sur des bâtons. Tels devaient apparaître les pèlerins, les croisés de la Terre Sainte aux Byzantins ébahis derrière leurs arbalètes sur les tours des villes serbes bulgares et grecques.

Nous suivons avec cette troupe une ligne. . . . . Les tireurs à l'affût, ... se terrent, se restaurent avant le bombardement de six heures, avant les attaques possibles de la nuit. De vieux souliers, des musettes hors d'usages, des lambeaux, et des douilles à cartouches marquent la ligne des bivouacs, au-delà de la route vide. Cible blanche, elle, pour l'ennemi.

Le faubourg traversé, où les chariots de la distribution stationnent contre les maisons en ruines, nous voici de nouveau sur la place criblée par les balles de mitrailleuses qu'expédient les Autrichiens des collines forestières hautes dans le ciel. Une barricade et des écriteaux obligent à se tenir hors de portée. Sévères sous la bicorne en bataille, les carabiniers font observer la consigne. Nous nous collons contre les murailles pour rejoindre l'automobile cachée dans une ruelle à l'écart.

Le lendemain nous courions sur la route de
Gradisca, le colonel-comte Barbarich et moi, dans
une automobile portant des fanions aux couleurs
d'Italie et de France. Délicate, émouvante attention de mes hôtes latins. Le vent percé par
l'essor de la voiture faisait ainsi claquer nos couleurs unies sur la belle campagne du Frioul, tandis
que le colonel évoquait la marche des légions
trajanes sur ce chemin droit, entre les cultures,
et les baraquements de guerre, les cités de bois
partout érigées où cantonnent les troupes au
repos, confortablement. L'organisation des états-
majors italiens ne le cède à nulle autre, sauf
aux Anglais peut-être, qui raffinent à l'excès.
Rien de plus hygiénique, de plus sain que ces
longues bâtisses de madriers bruns, goudron-
nées, plantées au soleil sous la brise de mer
avec leurs planchers neufs, leurs nombreuses
fenêtres peintes en blanc, leurs halles intérieures
où les soldats causent en des dortoirs, des ré-
fectoires spacieux, aérés. Facilement la ville se
monte, se démonte et s'abat, voyage sur des
prolonges, sur des trucks. Ainsi, d'après la

saison, le soldat est installé dans une région de grand air, plate, et que les vents balayent; ou bien dans un vallon protecteur de la bise et des autans pluvieux. Hôpitaux, casernes, magasins, ateliers, ces constructions provisoires et mobiles semblables à nos baraques Adrian, reçoivent ici des recrues, là des éclopés, ailleurs des régiments fatigués par une tâche longue, tragique et rude. La situation élue par le service sanitaire, en accord avec les desseins stratégiques des généraux, sera toujours salubre, propice à la guérison des blessés, des malades, à la réfection des plus déprimés par les terribles affres du combat moderne.

La campagne agréable et fraîche d'Udine supporte plusieurs de ces cités offertes à sa lumière. Dans l'ombre légère de ses saules, de ses peupliers, de ses arbustes, de ses oseraies, les soldats vivent allègres, dispos autour de leurs demeures. Savamment ils manœuvrent. Ils jouent. Ils dressent des chevaux. Ils attellent. Ils s'élancent à bicyclette. Leurs lessives pavoisent les haies, les fils de fer tendus sur les champs. Les catastrophes de la guerre n'ont pas trop attristé les fils du Piémont, de la Toscane, des Marches ni de la Sicile.

L'homme est vraiment un être d'élection. Aucune époque ne l'a mieux prouvé. Que dirait Pascal de son roseau pensant?

Bientôt nous avons atteint la porte de pierre sculptée qui, dans le cadre épais de ses remparts, au delà du pont-levis et de ses fossés, garde la jolie ville de Palma Nova. Venise a timbré de ses armes, d'une inscription, le linteau où se crispent les bêtes héraldiques. Passé les voûtes de défense, voici les rues, la place ronde. Là se dressent les deux obélisques et les socles de moellons pour les mâts pourpres de la république sérénissime. Nos Français espiègles de 1797 ont écorné les statues debout sur leurs piédestaux autour de l'arène où les soldats esclavons, en casaques écarlates paradaient jadis, si beaux à voir que les Anglais leur empruntèrent cette couleur pour leurs tuniques militaires du xixᵉ siècle. Ici, lors des Pâques Véronaises, en mai 1797, les agents de l'Autriche, les absolutistes et le clergé poussèrent la populace à tuer, par surprise, les soldats de la Révolution française apportant aux libéraux italiens la délivrance et les Droits de l'Homme garantis par nos victoires.

Napoléon, dans sa correspondance, même en 1809, considère cette forteresse de Palma Nova comme de première valeur. Il en fit accroître singulièrement les défenses. Il la mit au point de la science militaire, à cette date. On admire les bastions, les courtines, les redans, les palissades, les escarpes et les contre-escarpes qu'il fit adjoindre, les fossés qu'il prescrivit d'approfondir. C'était une place d'armes solide pour l'appui des troupes manœuvrant sur la route de Goritz et de Laybach où le Masséna de 1797 avait glorieusement évolué. A Versa une tête de pont très compliquée couvre le passage du torrent. Nous arrêtons à Romans. Nous montons dans le clocher ancien, carré. On découvre, au balcon de la plateforme supérieure, sous le toit pointu, l'ensemble du pays, l'aride Carso, la bataille permanente que les fumées des éclatements attestent sur ces pentes rougeâtres orangées, presque toutes sans verdure avant la chaîne bleue des Alpes Juliennes. Gradisca, Sagrado se tassent dans les fonds. Leurs campaniles émergent du terrain onduleux.

Vers l'ouest, la campagne présente les aspects de ses belles cultures autour des villages à toits roses, inclus en leurs bocages. Tout semble richesse et fertilité dans cette région, autour de la cité que désigne encore le nom romain. On se retourne vers l'est. Et la guerre, à six kilomètres de là, enténèbre l'azur de ses fumées grondantes. Elle démolit les villes roses et blanches désignées sur nos cartes. Elle saccage les bois. Elle mêle les morts à la terre bouleversée par les explosions. La paix cependant continue de luire, comme le soleil, sur les chevaux de l'agriculteur qui les dirige à travers

les moissons du nord-ouest. Et pourtant, de là-
haut, de Médéa, qu'on peut entrevoir, Attila
regardait les flammes brûler Aquileja, ses
colonnes et ses statues.

Au bas du clocher que l'on descend par un
escalier de vieilles pierres étroites, trois gracieuses adolescentes rient avec de jeunes mousquetaires gris descendus de bicyclette, une fleur
à la lèvre. Des buveurs conversent sous les toiles
à raies tendues devant la *trattoria*. D'autres
s'offrent des cigarettes au seuil du *parrucchiere*
qui les a rasés de près, coiffés bellement, et
parfumés de ses lotions. Ils s'amusent de nous
voir remonter en voiture. Je les entends se
demander si je ne suis pas un général russe. Ils
argumentent sur ma barbe grise, sur ma cas-
quette relevée devant, sur mon uniforme de
Croix-Rouge qu'ils ignoraient, sur la présence
du photographe militaire, sur l'obligeance du
colonel, sur la licence de monter dans la tour,
observatoire d'état-major strictement interdit
aux officiers de troupe mêmes. La volubilité
latine anime les propos, de ces jeunes gens,
de ces jeunes filles, de ces mousquetaires aux
carabines bouclées sous la selle de la bicyclette.

Nous laissons à regret ce lieu de l'Italie
romaine au pied de la tour, ce joli groupe entre
la *trattoria* et la boutique du *parrucchiere* pleine

de séducteurs que l'on coiffe et que l'on asperge d'odeurs. L'automobile nous emporte à travers la plus riante des campagnes ensoleillées.

Gradisca reconquise nous accueille sous les frondaisons de ses larges parcs. Les anciennes murailles de la forteresse, leurs machecoulis, leurs créneaux, leurs bastions ventrus transparaissent dans les feuillages des arbres séculaires. Ils portent les traces récentes de la fusillade. Chaque soir elle érafle leurs écorces et casse leurs rameaux. Des feuilles coupées jonchent la terre.

Le général commandant la place nous fait les honneurs des vieux remparts pour la reprise desquels Venise a versé le meilleur de son sang au début du xviie siècle, en y combattant les envahisseurs autrichiens. On descend au fond des fossés que tapissent le lierre avec les plantes grimpantes. Dans les salles des gardes, les officiers travaillent près de cette verdure, entre des cloisons neuves qu'illustrent les plans et la topographie du secteur. Chez le général, les ordres du jour de l'armée citent les exploits de ses troupes, les siens pendant cette campagne victorieuse. Derrière la moustache blanche, la figure pleine et brune du vieux guerrier exprime la confiance en soi, une sorte de douce et calme ironie pour les catastrophes de la tragédie constante. **Large, fort, la main armée d'une** baguette, il montre les points de l'horizon proche où se dissimulent les batteries de l'Autriche. Il vante ses soldats. Leur bravoure, s'il la dit, émeut sa voix paternelle qui devient presque celle d'un prêtre en oraison.

Nous sommes parvenus dans les combles des bâtiments militaires. La longue-vue, aux doigts de l'état major, devant une lucarne, tourne sur un trépied. Par-dessus les ruines de Gradisca, elle vise les positions de l'ennemi terré dans le massif du San Michel, au delà de l'Isonzo. Les batteries italiennes y expédient leurs gros percutants. On voit, par ci, par là, les tourbillons de poussière et les pans de ténèbres succéder aux nuages glauques des explosions, puis s'élargir dans l'azur du ciel heureux, impassible.

Sur ce Carso rougeâtre, les races latines s'opposèrent tant de siècles à l'assaut des Baltiques et des Asiatiques, venus du nord ou de l'orient pour conquérir les villes des arts méditerranéens. Odoacre et Théodoric ont mené leurs multitudes en armes boire au cours de l'Isonzo, franchir ses gués, escalader les monts qui l'enclavent et lutter pour la jouissance des pays fructueux qu'il arrose, du Frioul qu'il limite. Plus tard apparurent les Hongrois et leurs étendards sur ces plateaux de terre orangée, entre les bois qui s'y dressaient alors. Après

surgirent les cavaliers disparates de la Bohème.
Enfin les premières bandes germaniques arrivèrent, conduites par les ducs d'Autriche, ancêtres
de ceux qui, devant nous, se font déchiqueter au
fond de leurs gîtes par les obus napolitains et
milanais. Contre ces ruées les légions d'Aquileja, puis ceux d'Udine, de Venise naissante et
grandissante surent opposer des forces inflexi-
bles, des lances victorieuses. Au xve siècle, le
croissant des Turcs, un beau jour, brilla dans ce
même soleil, là-haut, par-dessus la houle de ses
escadrons enturbannés. Ils allumèrent d'innombrables incendies, ravagèrent et massacrèrent
sur les rives du fleuve. Ils disparurent. Ils
revinrent. Ils furent exterminés en 1477 par les
soldats de Venise, et laissèrent leurs morts
engraisser les campagnes voisines de Lucinico,
de Moraro, de Farra, de Marian. Les bonnes
gens y fredonnent encore de vieilles chansons de
triomphe qui disent cette fin des envahisseurs
mahométans. Contre un tel péril la forteresse de
Gradisca fut imaginée, construite par les ingénieurs de Venise, après la Rocca de Monfalcone,
afin d'assurer deux appuis aux ailes des armées
latines qui faisaient face aux invasions. Toutes
ces luttes prodigieuses et variées s'évoquent en
l'esprit tandis que la main dirige l'oculaire de
la longue-vue sur les crêtes du Carso lointain,
par-dessus les toits crevés, les rues démolies,

les faites abattus de la ville guerrière. Elle vit déferler jadis, contre ses murailles, les flots serbes des Uscoques cherchant, à la pointe du glaive, en 1615, une nouvelle patrie, afin de remplacer la leur envahie par les Turcs. A Farra, sur la gauche de Gradisca, les Vénitiens, dès ce temps, furent obligés de construire leurs lignes de défense pour arrêter les invasions des cavaleries autrichiennes. Ces lignes se prolongeaient jusqu'aux monts de Podgora qu'il fallut reprendre naguère avant de posséder, au mois d'août 1916, Goritzia.

La même guerre, dans laquelle périt, le 19 novembre 1617, le général des Vénitiens, Pompée Giastiniani, flamboie toujours, devant nos yeux, cemme elle flamboyait devant ceux de nos grands pères marchant avec Bonaparte, Serrurier, Bernadotte, pour attaquer le San Michele; pour le tourner par Monfalcone et Castelvecchio.

Nous sommes descendus vers la ville déserte, en ruines, avec le général et l'état major qui l'ont reprise aux régiments de François-Joseph.

Ville de couleurs, aux façades bordées d'un large crépi blanc. Il encadre les surfaces rouge à l'antique, où s'ouvrent les porches, les fenêtres béant sur des intérieurs ravagés. Le cinéma s'est totalement effondré avec ses enseignes et ses affiches éclatantes. Elles rutilent encore parmi les lattes de la toiture, les chevrons précipités, rompus, incendiés, les briques et les pierres en amas. Il convient de songer à quelque Pompéï saccagé par un cataclysme de légende religieuse, par un effet des colères divines et de leurs prodiges.

Cependant de nombreuses demeures paraissent intactes, soigneusement closes, entre ces éboulis. Il y a, pleines de soleil gai, des rues qui semblent endormies pour la sieste ; et d'autres pleines d'ombre fraîche, qui, peut-être, recèlent le mystère de fougueuses amours. Rose et brune, sous l'azur, la ville s'étend vers les feuillages de ses parcs, sans avoir perdu tout de ses sourires.

Dans le porche monumental de Saint-Sauveur, en sa pierre grise, restent incrustés trois boulets que les artilleurs de Bernadotte adressèrent, en 1797, aux pandours barricadant l'avenue. Les officiers italiens nous montrent avec plaisir ce témoignage de notre vieille fraternité latine et libertaire, hostile, depuis plus d'un siècle à la tyrannie du féodalisme germain. C'est une émotion de l'esprit. Elle nous rend silencieux, immobiles, un long moment, coudes à coudes. Le canon tonne toujours par de là. Les échos se répercutent dans les rues vides, blanches, brunes et roses que les arbres de leurs jardins ombragent, malgré tant de branches arrachées par les balles ou par les éclats, et qui jonchent les trottoirs.

Dans une impasse fort étroite, obscure, les toits qui se rejoignent, face à face, filtrent une lumière mince tombée de l'azur. Un très ancien hôtel offre, au linteau de son porche, un mascaron épanoui. Cette figure mafflue rit brutalement, de toute sa laideur réaliste et comique. Depuis le seizième siècle elle rit là. Hongrois, Turcs, Uscioques, Autrichiens, Vénitiens et Français ont, tour à tour, sanglants, haletants, ivres de meurtre, l'arme au poing, excité cette ironie permanente du masque dans la pierre de ce linteau.

Un peu plus loin, les soldats de notre escorte ont brisé la planche qui fermait une grand'porte, et enfoncé les battants. Un vestibule s'offre que termine, avant le jardin, une verrière de couleurs émiettée. Cette inscription, apparaît en caractères noirs sur fond blanc.

NAPOLEONE I.
REDUCE DA TRIESTE
NELL' ANNO 1797
QUI PERNOTTAVA

Revenu .de sa campagne victorieuse, après Arcole, Mantoue, Rivoli, et de son excursion sur

la côte de l'Istrie, Bonaparte, dans cette maison,
a reposé, la tête pleine de sa gloire brusque.

L'Autriche était vaincue, les préliminaires de
Léoben, le traité de Campo Formio signés. A
Paris, le Directoire, durant la séance solennelle
au Luxembourg, après les hymnes des poètes
et les cantates des musiciens, avait rendu tous
les honneurs aux troupes de Bonaparte, à Masséna et au général Mermet apportant les drapeaux des vaincus. « Les vœux des Républicains
s'accomplissent,.. avait répondu « l'Enfant chéri
de la Victoire ». Les puissances coalisées baissent
successivement leurs fronts respectueux devant
la grandeur de la République Française. L'orgueilleuse maison d'Autriche sur laquelle comp-
taient, avec tant d'assurance, les amis du trône
et de l'autel vous demande la paix... Il a été
beau de voir Bonaparte, qui n'a de modèle que
dans l'antiquité, accepter les préliminaires avec
le roi de Bohème et de Hongrie. Le général
m'a envoyé vers vous pour vous en présenter la
ratification ».

Aux paroles du collaborateur Bonaparte dut
songer dans cette maison. La guerre la saccage encore, cent-vingt ans plus tard, pour les
mêmes raisons de lutte entre le principe latin
de liberté, et le principe germanique de domination. Ouvrant à nos drapeaux la route de
Laybach et la route de Trieste, les armées de

Bonaparte avaient, pour un temps, détruit la force des Impériaux. Elles devaient pour toujours, ruiner la prédominance de l'absolutisme en Europe; et dans les Amériques latines. Dès l'an 1810, le Vénézuela, le Brésil, le Pérou, vont engendrer au sein de leurs élites, l'esprit de liberté militante. En 1820, au congrès de la Sainte Alliance, dans Laybach même, tous les princes, épouvantés par la résurrection des âmes libératrices, malgré les catastrophes de Leipzig et de Waterloo, voudront, une dernière fois, entamer la lutte. L'exemple de la France, en 1830 et en 1848, décidera les peuples à du moins exiger la reconnaissance du principe constitutionnel dans Berlin, dans Budapest, à Vienne même.

Mesurait-il toute cette puissance virtuelle, en sa tête de héros fatigué, le Bonaparte qui vint prendre son repos dans cette maison de Gradisca, un soir de l'année 1797, après avoir rafraichi son regard triomphant sur la surface bleue de l'Adriatique?

Les conséquences de l'idée qu'il mena jusqu'à la plus éclatante victoire, ont jeté, de nouveau, les unes contre les autres, les armées latines et les armées germaniques sur les rives de l'Isonzo. Les obus de l'Autriche ont abîmé cette demeure, cent-vingt ans après le sommeil du grand Latin, comme si l'ennemi avait du moins espéré y

détruire le fantôme du génie toujours effrayant.
Les projectiles cherchèrent son ombre dans
l'escalier de marbre qu'ils ont ébréché, contre le
mur qu'ils ont troué, en haut, derrière les fenêtres qu'ils ont émiettées, sur les chaises en forme
de lyre qu'ils ont brisées, jusque sur le plafond peint dont ils ont égratigné le décor. Ils
poursuivirent la grande image par les portes à
l'égyptienne écornées, et à travers le salon
romain dévasté. Les rideaux qui volent au vent,
les gravures que la pluie gâta, les platras qui
couvrent les planchers, les livres rejetés par
des soldats curieux, les panneaux de bois éventrés largement, les vitres pulvérisées sur les
dalles, indiquent assez l'acharnement de l'ennemi pour châtier la maison historique où
dormit, bercé par sa gloire de 1797, le vainqueur
d'Alvinzi. On dirait que les Barbares ont repéré
plus soigneusement ce temple du souvenir
latin, pour le rendre ainsi lamentable au gré
d'une vengeance persévérante.

Le général Adolfo Marchetti nous guida vers
le pont que les sapeurs ont établi sur l'Isonzo.
Casqués, dissimulés de leur mieux, ils y travail-
laient encore. Ils consolidaient les piles et les
parapets. Deux cloisons de nattes en osier
cachaient aux vues de l'ennemi les promeneurs
et les escouades franchissant le fleuve, de Gradisca au pied du Mont San Michele. Les eaux

de claire émeraude coulent entre leurs berges de cailloux blancs, et leurs vertes rives, dans un paysage délicieux. Au nord-est les montagnes bleues de Podgora, du Sabotino, cernent la région de Goritzia. Elle n'était pas encore prise, au milieu de juillet 1916, par les Italiens. En élargissant, avec prudence, les insterstices des nattes qui masquaient le passage des troupes sur le pont, nous apercevions, au bout des courbes tracées par le cours des ondes, après les caps et les promontoires, cette ville blanche tout étendue. Nul ne fixait alors une date si proche pour l'attaque de la place. Brutales et opiniâtres les batteries italiennes bombardaient le massif du San Michele. Et, au débouché du pont, c'était sur la rive gauche, tout de suite, le poste de secours recevant les soldats atteints dans les tranchées de première ligne. Par la route immédiate, les convois de ravitaillement suivaient au grand trot, car il ne faisait pas bon de flâner trop dans cette poussière rousse. Des explosions l'illuminaient parfois. Au-dessus, les talus rougeâtres du massif, ses broussailles et ses boqueteaux fauchés par les deux artilleries, brûlés par les flots de gaz délétères, forment un décor satanique. Les tirailleurs enfouis ne se laissaient pas apercevoir. Sur les pentes supérieures, les nuées chimiques des Autrichiens ont entièrement effeuillé un grand bois dont subsistent seulement les troncs noircis. Autour et jusqu'au bord de la route s'étalent les herbes étiolées, jaunies, flétries par le souffle de mort.

C'est de là que s'élancèrent, aux premiers jours d'août 1916 les régiments gris-vert du général Adolfo Marchetti pour s'emparer du San Michele. Le total du massif fut conquis en moins d'une semaine, par leur bravoure jusque vers Oppachiasella, la cité construite au pied du versant oriental. Depuis ils ont poussé davantage dans l'est. Le feu de leurs batteries visite la vallée du Vippocco, la route de Domberg, et d'Aidussina. La brigade de la Reine qui porte, sur ses états de service, la médaille pour la valeur militaire reçue après la bataille de Palestro en 1849, se comporta selon ses nobles traditions sur le San Michele. Quatre et cinq fois de suite elle recommença tels de ses assauts criblés, arrêtés par les mitrailleuses. Certaines tranchées autrichiennes furent conquises, évacuées, reprises plusieurs dizaines de fois, et au prix d'hécatombes. Enfin ce rempart méridional de Goritzia, reste entre les mains italiennes.

J'ai vu l'un de ces soldats admirables atteint à la tête, et dont le visage enflait affreusement. La joue et le sourcil bientôt se rejoignirent par leurs boursouflures au-dessus de l'œil qu'ils enfermèrent. Le chirurgien pensait que le

malheureux devait souffrir abominablement.
Toutefois, il restait debout sur le seuil de la
petite auberge où les infirmiers avaient ouvert
leurs sacs et leurs trousses, déplié leurs civières.
Il voulait, sur le champ courir au feu, et venger
sa douleur. Il fallut lui arracher son équipement et ses armes, tandis que sa pauvre tête,
doublait, triplait de volume, devenait une masse
terrifiante et monstrueuse, devant ses camarades
attristés.

Energie sublime, bien romaine de ces âmes
latines qui reconquièrent le patrimoine des légions sur les Barbares, avec le sens d'un devoir
éternel et pieux pour toutes les générations
issues du pays où Brutus, Caton, Sénèque,
Marc Aurèle ont enseigné la valeur morale de
l'homme juste, et de l'homme stoïque. Avec le
général ainsi parlons-nous, en contemplant le
cours de l'Isonzo. Il roule ses eaux d'émeraude
autour des îles pierreuses, d'où les oiseaux s'envolent à chaque coup de canon. L'état major nous
ramène, par les parcs ombreux de Gradisca,
vers le salon. Les ordonnances y disposent près
du thé, quelques boissons froides auxquelles
nous faisons honneur bien volontiers; car le
soleil italien rayonne de toute sa force sur la
gloire des légions victorieuses de mont en
mont.

III

À Gradisca nous avions reconnu l'attaque, par
le sud, en aval de Goritzia, dans le couloir qui
mène au cœur de l'Autriche. Assez le démon-
trèrent Bonaparte, Masséna, Serrurier en 1797,
puis, en 1805, lorsque les Autrichiens furent
dispersés encore près de la Chiusa de Pletz.
Victoire qui persuada Napoléon de faire bientôt,
par les sapeurs de Chasseloup, renforcer Pal-
manova, Gradisca, tous les points d'appui propres tant à soutenir l'avance d'une armée sur le
Carso, et dans le Villacio, qu'à fixer l'invasion
possible des masses autrichiennes.

L'attaque sur l'Isonzo, en amont de Goritzia,
valait d'être reconnue de même. D'Udine, l'automobile nous emporta donc, le jour suivant, par
la route nord-est de Cividale, vers les monts . .

. . . . Là se trouvaient alors les observatoires
de l'artillerie lourde. Nous avons traversé la frontière sur le Judrio. Les pionniers italiens ont,
fidèles à la tradition romaine, élargi les routes
sur la terre reconquise, que domine la tour de
Santa Anna, si blanche et si fine dans l'azur, au

sommet d'un pic verdoyant. Nous grimpons très longtemps dans l'admirable panorama des Alpes Juliennes, vêtues d'épaisses forêts. Elles bleuissent au loin sous la gloire du plus fier soleil.

Afin de conduire aux sommets tant de pièces lourdes, les officiers du génie ont aplani sur les pentes abruptes, des routes spacieuses et calculées, très rapidement. Je ne sais rien qui témoigne mieux en faveur de l'intelligence latine. Toutes les sciences ont concouru à cette œuvre de titans pressés de hisser leurs foudres dans les nues, et de les darder contre les Teutons. De la plaine à la cime, 800 mètres furent escaladés, sur des chemins en lacets habilement et rapidement établis.

Les officiers de la mission française auprès du grand état major italien me disent leur admiration pour cette entreprise considérable et promptement réussie. Il faut mettre pied à terre avant une côte suprême, puis gravir, après un tournant, une dernière fraction caillouteuse de la route bientôt découverte, exposée aux ripostes intermittentes des batteries autrichiennes. Au cœur du talus, les casemates ont été creusées, charpentées. Télégraphes, téléphones, bureaux d'état-major et d'artillerie se succèdent, à demi-cachés sous les feuillages des acacias, des trembles. Nous montons ensuite par un escalier rustique de cailloux et de rondins, par des roidillons de pierrailles, pour entrer, vers la cime, dans une tranchée profonde aux parois lisses, au caillebotis neuf. Deux ou trois détours, et nous voilà dans une sorte de loge champêtre, sous les branches retombantes de vieux ormes. Entre elles se développe magnifiquement la vue, jusqu'au loin, de tout un pays alpestre.

De notre gauche, du nord-est, l'Isonzo se précipite à nos pieds, en contournant le promontoire de Plava.

Venu du nord, étroitement serré entre le massif occidental du mont Kuck, sur sa gauche, et les pentes orientales du Sabotino, sur sa droite, l'Isonzo coule sinueux vers le sud, vers la plaine où s'étale Goritzia. Avant d'y parvenir, il franchit ce défilé profond que dominent, de l'ouest, la plus grande hauteur du Sabotino, presque à pic en cet endroit, et, de l'est, le Monte Santo présentant, sur sa pointe, au ciel le clocher d'un monastère rose et blanc. Entre ces deux bastions énormes, la gorge est une porte de Goritzia, et qui s'ouvre sur la route de Laybach.

Dès le début des hostilités, les Italiens tentèrent l'assaut. Ils passèrent le fleuve aisément. Ils bousculèrent les postes autrichiens. Ils commencèrent à gravir les deux massifs. L'attaque fut arrêtée par le feu des batteries que cachaient les replis nombreux du paysage, les dômes de ses forêts. On se disputa longtemps le bourg de Plava. Beaucoup y périrent. Ce n'est plus qu'une ruine sur un cap de la rive gauche, et qu'aucun des partis ne put occuper avant mai 1917, les tirs des adversaires s'y croisant.

Derrière Plava les hauteurs de Zogomila se dressent, hérissées de bois denses. Au-dessus, dans les forêts du mont Kuck les marmites italiennes explosent, lançant leurs ténèbres vers le zénith, après avoir atteint des batteries cachées. Plus au sud, les massifs du mont San Gabriele et du mont San Daniele prolongent dans tout l'horizon leurs pentes vertes, leurs forêts, leurs pays, divers, étagés.

Du nord-ouest . . . . les Italiens lapidaient ainsi les pentes septentrionales du mont Kuck. Cependant, d'un creux situé entre lui et le monte Santo, les canons de l'Autriche pilaient, en juillet 1916, les flancs ouest du Sabotino, sur quoi les Latins creusaient leurs parallèles d'assaut, de la base à la mi-côte. Les Autrichiens tenaient la cime.

. . . . . . Avec les officiers italiens et les officiers français, j'assistai à ce duel d'artillerie, dans l'observatoire masqué, ombragé. Là, vinrent aussi LL. AA. les jeunes ducs de Pistoja et de Bergame en leurs uniformes militaires, celui-ci blond et grave, celui-là long, brun et causeur ; intelligences très aimables. Nous apercevions au loin, dans le sud, sur notre droite, entre le Sabotino et les collines de Podgòra, la plaine de Goritzia, le cours, là plus laiteux, de l'Isonzo, la ville et ses quartiers pâles ou noyés dans les vapeurs bleuâtres, ses banlieues vaporeuses et, plus loin, isolé sur une éminence, le couvent de Castagnavizza où dorment Charles X et le comte de Chambord.

Le Sabotino nous offrait alors sa pente septentrionale à peu près nue. Elle s'élève doucement jusqu'au sommet, pour retomber orientale, et presque à pic, sur le défilé de l'Isonzo. Les tranchées italiennes, au milieu de la pente occidentale, traçaient leurs sillons de terre jaune. De là partirent les assauts qui surent, au mois d'août, conquérir la porte de la plaine où s'allonge Goritzia, depuis longtemps inhabitable pour les Autrichiens.

De cette plaine, plus au sud, le mont San Michele se lève, massif bleu, lointain, très imposant, que les batteries italiennes de Gradisca bombardaient avec maîtrise, qu'elles ont mis, dès un mois plus tard, en la possession de leur infanterie. Nous nous étonnions alors des faibles et rares ripostes ébauchées par les artilleurs de l'ennemi. Il semblait que la pénurie des munitions leur conseillât cette réserve. Pénurie d'ailleurs générale au Trentin comme au Carso. Cela facilitait la tâche de nos amis. Leurs troupes

d'élite non pareilles, difficiles à retenir, et dont
l'enthousiasme peut obtenir des succès rapides,
successifs, nombreux devaient bientôt en pro-
fiter splendidement.

Après-midi superbe devant le Sabotino et le
monte Santo étreignant, de leurs contreforts
boisés, les courbes du fleuve, ses eaux d'émeraude, son lit de cailloux blancs. Un bourdon-
nement, au ciel, annonçait le vol de l'avion qui
surveillait le tir. Trop haut il demeurait imper-
ceptible, moucheron dans l'azur éblouissant du
zénith. A plusieurs reprises, cependant, il des-
cendit derrière le halo de son hélice brillante
afin de mieux voir ce qu'avaient atteint les
explosions dans les endroits où leurs fantômes
de ténèbres surgissaient. Alors les flocons des
shrapnells se multipliaient autour de l'insecte.
Et il remontait pour se perdre à nouveau dans
l'empyrée.

Tout là-bas, vers le sud-ouest, brille soudain
la ville de Goritzia, ses maisons lumineuses
dans la plaine grise, derrière le même fleuve
qui, là, court plus droit, plus large, vers la
chaîne du sombre San Michele et la berge ton-
nante de Gradisca. Sur tous les plans des monts,
les dômes verts et bleus des forêts frissonnent
à la brise. L'écho des éclatements colporte
leurs tumultes d'orage par les couloirs des
vallées profondes. Tantôt, ils s'y étouffent.

Tantôt ils s'y atténuent. Tantôt ils s'y renfor-
cent. On dirait d'un combat de Titans qui, dans
tous ces pays, rugissent à l'assaut des dieux
prompts pour darder les foudres de leurs cimes.

Bataille de sonorités graves, infinies, partout
répétées, grandies, et qui font songer, devant
ces ruines ensoleillées de Plava, à d'épouvantables cataclysmes écrasant des peuples, des
cités dans le mystère des vallons qu'enferment
les montagnes paisibles, hautes parmi la ferveur
de l'été.

Déjà se préparait ainsi l'offensive que la victoire a couronnée. Je disais aux jeunes ducs
combien j'avais trouvé dispos les guerriers de
Monfalcone, et avec quelle superbe vigueur je les
avais vus achever l'attaque d'une redoute sur le
Carso :

— Mais c'est mon régiment dont vous parlez!
Mon régiment! s'écria le duc de Pistoja, en
montrant le col amarante de son uniforme.

Une joie claire illumina la figure de l'adolescent qui devait rejoindre bientôt ses soldats.
Nous parlâmes longtemps des Latins, de leur
avenir, de la puissance incluse en leurs nations.

Alors, comme aujourd'hui, les obus italiens
tombaient sur les batteries secrètes dans les
bois des monts Kuck et Zogomila, au pied même
du Monte Santo, sous le couvent clair et paisible. Les Franciscains, de leur campanile, son-

naient dans le ciel, pour une oraison de pitié. Et je redoutai qu'un projectile ne frappât le monastère si bellement situé sur son pic, entre les hauts sommets des Alpes Juliennes, qu'on y détruisit l'autel consacré depuis 1544, avec ses richesses saintes, et ses antiques ornements. Par chance les fumées grises et noires bondirent seulement des bois recouvrant l'échine du Mont Kuck. On visait parfois une caverne recélant deux pièces à longue portée. Dangereusement, elles battaient les positions italiennes accrochées au flanc septentrional et occidental du Sabotino.

Nous pensions alors que, de ces tranchées, aucune infanterie ne pouvait sortir pour gagner du terrain sur la pente aride, découverte. Elle semblait inaccessible aux officiers italiens comme aux capitaines français. Pourtant, quelques semaines plus tard, la bravoure des régiments latins escaladait la montagne. En vain, les canons et les mitrailleuses de la cime ont raclé, de leurs feux, le terrain. Les batteries furent emportées ou contraintes à se taire. Les infanteries de Podgora franchirent, alors, les hauteurs qui les séparaient de Goritzia et que ne défonçait plus le tir autrichien du Sabotino.

La vaillance des légions dépassa l'attente des plus compétents. Les remparts naturels de Goritzia étaient enlevés après un an de lutte, la ville occupée, la route de Laybach ouverte aux espoirs de Rome et de ses alliés. Le printemps de 1917, a vu se poursuivre cette action glorieuse depuis le Monte Santo jusqu'aux abords de Trieste.

Cette victoire, nous ne la soupçonnions pas si proche, ce dimanche de juillet 1916, quand, revenus, avec les jeunes ducs, dans les casemates de l'artillerie, nous buvions en souhaitant à nos armes unies le triomphe rapide. Par une délicate courtoisie à l'égard de la mission française, LL. AA. nous accompagnèrent jusqu'à nos voitures restées à l'abri plus bas. Et, durant la conversation, de ce retour, il nous agréa de formuler quelques vœux latins. Elle ne nous semblait pas excessive, l'idée de voir, un jour, dans toutes nos patries méditerranéennes, les documents officiels y paraître en deux textes toujours rédigés l'un dans la langue nationale, et l'autre, dans la langue de César. Ainsi vraiment s'affirmerait la fraternité intellectuelle des peuples qu'une culture identique, apparente étroitement, depuis deux mille années.

Nous revînmes par les monts descendus à grande allure dans le décor fauve et pourpre d'un splendide crépuscule.

V

A mon arrivée de France, dans la gare d'Udine, dès l'arrêt du train, le colonel d'état major Barbarich qui, pour m'accueillir, accompagnait le préfet de la ville et l'éminent critique Ugo Ojetti, m'avait transmis l'invitation à dîner de S. Exc. le général Porro.

Ayant eu la chance de rencontrer le général à Paris, je savais trop les vertus de sa rare et somptueuse intelligence pour ne pas attendre avec émotion l'heure de cette rencontre dans le décor qui convenait à l'homme de guerre.

Lorsque je franchis le seuil du quartier général, quelques jours plus tard, j'avais déjà parcouru le front de l'Isonzo, du moins en partie, et, dans leurs tranchées sur la route de Trieste, dans leurs positions en avant de Gradisca, salué les troupes italiennes au feu. Les images de mon excursion récente m'obsédaient toutes. Eparse, blanche, tout étalée dans sa plaine, au milieu des grands monts bleuâtres et verts, « Goritzia », le but, me demeurait en l'esprit, comme elle m'était apparue par la fente des nattes verticales nous masquant aux vues de l'ennemi sur le pont étroit que, par-dessus l'Isonzo, les sapeurs italiens achevaient alors d'établir, casque en tête. J'entendais encore le vol des obus allant écraser les Autrichiens sur le Carso, par delà les crêtes, derrière les sapins roussis, ébranlés, dénudés par les essors de leurs gaz asphyxiants. Et je pus féliciter S. Exc. le général Porro, très sincèrement, sur les conséquences de la contre-offensive que l'élan des bataillons italiens menait si promptement. Je lui rappelai comment la brigade de la Reine qui, en 1859, avait obtenu, à Palestro, la médaille d'or pour la valeur militaire, s'était de nouveau signalée par des exploits invraisemblables, montant six fois de suite à l'assaut des positions ennemies, sur ce terrible *Karst* aride et presque nu.

Le général Porro aima commenter par le détail, et selon des faits précis, le long et persévérant effort des Italiens, obligés partout d'opérer depuis la plaine jusqu'à la cime, contre un adversaire maître de hauteurs puissamment fortifiées, munies davantage encore, au cours de l'année 1914 et avant le printemps 1915, pour une guerre si probable. Nous nous plûmes à en chercher les origines dans l'histoire. Et le dîner, avec le colonel de Gondrecourt, notre remarquable attaché militaire à Rome, avec le colonel-comte Barbarich, si complètement instruit, avec les officiers de l'état major italien, fut tout animé par l'évocation du temps où se forma la nouvelle force des Latins.

C'était au soir d'une journée brûlante, devant un jardin délicieux de la Vénétie. Des parfums chargeaient la nuit. Mille soleils suspendus dans l'espace dardaient leurs éclats d'étoiles sur les masses bleuâtres et noires des bosquets. Un ruisseau murmurait entre les parterres. Nous écoutions S. Exc. le général Porro nous dire encore les valeurs de nos espérances alliées. Sa voix lente mesure, scande les pensées qu'il énonce avec cet art des Italiens délicats, fils des anciennes élites très affinées par les esprits de Rome, de Naples, de Florence, de Milan, de Venise. Sous les cheveux blancs et courts, ce profil est celui d'un patricien que les annales de ces villes nous enseignent, que les portraits des grands peintres éternisent.

Extrêmement lettré, il nous décrit une Allemagne complexe et plus réelle, attestée par les œuvres de Gœthe, de Heine, de Nietzsche, une Allemagne que nous nous plûmes à comprendre, studieuse par tous ses docteurs Faust, méchante par tous ses Méphistophélès, naïve et sentimentale par tous ses Werthers, méprisante à l'égard des faibles comme tous les

Zarathustra, mais prête, comme eux, aux efforts les plus fous du surhomme, avec la prétention d'apparaître telle que de purs Siegfrieds devant tous les peuples éblouis et déférents.

Cette Allemagne nombreuse, diverse, concentrée par sa discipline, par sa foi candide dans l'excellence de ses chefs, de ses professeurs et de ses riches, donna tout ce qu'elle pouvait de ses vigueurs. Elle a donné, nous le reconnaissons, bien plus que les Alliés. Aucun d'entre eux n'aurait sans doute consenti à l'ensemble de sacrifices que coûtèrent la marche victorieuse de la Dounaïetz au Styr, contre les Russes, et la tentative contre les défenses de Verdun. Quand, cette somme de vigueur sera-t-elle complètement dépensée? Voilà ce que nous discutons sans fin dans le beau jardin où nous sommes redescendus après ce repas de mets simples et succulents, de boissons très froides.

Le général Porro m'a dit que l'offensive nationale de l'Italie, c'était, pour elle, l'action dans le Trentin. Action plus facile, plus ramassée, plus près de ses résultats. L'occupation de Rovereto, semblait presque effectuée avant le brusque élan des Autrichiens sur les Sept-Communes. Mais il y a, pour les Alliés, un grand avantage à ce que les troupes italiennes attaquent partout, maintenant, du lac de Garde à l'Adriatique, en obligeant ainsi leurs adversaires de parer les coups avec le maximum de leurs forces, de leur matériel, de leur artillerie lourde braquée sur tous les monts. Ainsi ne la pourront-ils envoyer ni en Galicie contre les Russes, ni en France contre les Anglais. . . . .

. . . .

. . . . Rome subordonne son offensive nationale à l'offensive générale, la plus utile pour les Alliés, la plus utile à la cause commune. C'est la noblesse de l'Italie que de subordonner ainsi ses intérêts certains à ses devoirs généreux, même après la rude épreuve de l'avance autrichienne arrêtée par le feu précis qui décima ses bataillons de cime en cime, et par le déploiement, entre Vicence et Padoue, d'une armée inconnue pour l'ennemi. Il n'osa point l'affronter. En Galicie, d'ailleurs, la marche des Russes exigeait l'économie de ses munitions sur les Alpes.

S. Exc. le général Porro parle dans les parfums de la nuit. La clarté des étoiles souligne son profil net, son geste mesuré, l'élégance de sa taille et de son uniforme gris. Ainsi ressemble-t-il à quelque prince de la Renaissance, revenant de Venise pour se rendre à Florence, et discourant sur la politique des doges avant d'aller entretenir les Médicis et le Pape des idées à la mode sur le quai des Esclavons.

On n'imagine pas combien les costumes de la

guerre actuelle ont restitué aux Italiens de leur vérité historique. Leurs aïeux s'expriment par leur bouche, et rappellent ce que le passé sut donner à la chance du présent, au triomphe du futur.

VI

Dans la longue salle du palais où tels seigneurs du xvie siècle président en leurs cadres anciens, les missions étrangères admises au grand quartier général déjeunent. Je suis leur hôte, chaque midi. La conversation est passionnante. Attachés militaires aux ambassades, ces officiers de renom connaissent l'expérience des diplomates et la science des stratèges. Très franc, très vif, le major Tarditi, des chevau-légers italiens, marie les propos des uns et des autres avec finesse, avec habileté. Alerte, il donne la réplique au scepticisme et à l'ironie du colonel russe, type achevé du Slave jeune, pâle, blond. Sur les mystères de l'Afrique, ou l'opulence et les prodiges des Indes, le général anglais chauve, corpulent, solide émet des opinions très neuves, des souvenirs surprenants. Dans la face d'ivoire, sous les pommettes en saillie bridant ses yeux, le rire aux grandes dents du Japonais approuve. Celui-ci parle moins qu'il n'observe assidûment ces Européens, leurs idées, leurs façons ; et il se réserve. Peut-être nous juge-t-il tous idiots, cet asiatique fort sévèrement. Il semble sculpté dans un arbre par un de ses compatriotes qui, subtil, eût, de son ciseau, suivi les veines du bois, afin de conserver, dans l'homme le plus certain, toute l'évidence d'un chêne et de ses détails ligneux.

Ce prince du Soleil Levant parle moins qu'il n'observe, qu'il n'apprend nos idées, qu'il ne juge nos façons, qu'il n'écoute le commandant belge habile dans l'art de décrire ses villes et ses cathédrales, ses tableaux illustres si colorés par cette parole lente sous une moustache hérissée. Lieutenant-colonel et chef d'escadron, deux Français font figure de professeurs en uniformes, obsédés par le sérieux de leurs études. Esprits d'ailleurs, très pourvus. Leur chef, le colonel de Gondrecourt, est le gentilhomme haut, mince, le cavalier de manières parfaites et qui commande, et qui dirige, et qui sait. Grand cuirassier, le capitaine de Béarn prend des notes sur les opérations des Alpes en attendant que guérissent son bras, sa jambe trop abimés par les obus de l'Artois. Un major de l'armée anglaise, nous instruit. Froid, didactique, il est équipé, vêtu merveilleusement par le goût de Londres. Deux volontaires, des adolescents, semblent de jeunes misses travesties. Un géant Canadien se montre riche en croyances généreuses. Son éloquence hardie étonne le Serbe brun, beau garçon, d'une élégance extrême, et qui nous tient à distance.

Par ces voix, les espoirs des nations alliées s'expriment autour de la longue table bien dressée. Un ancien aide de camp de S. M. nous en fait les honneurs avec la grâce et la noblesse de la vieille Italie que nous enseigna Stendhal dans la *Chartreuse de Parme*. Copieux, simples, soigneusement cuisinés, les mets sont offerts par des ordonnances en vestes, en tabliers de toile blanche, éblouissante. Le soleil entre dans ce réfectoire un peu monastique, si clair par ses murs crépis à la chaux. Des feuillages se balancent aux deux bouts dans les croisées ouvertes sur les pinacles et les toits rouges.

Le major de l'armée britannique remet au point exact les opinions enthousiastes du Canadien. Le colonel russe, entre ses épaulettes d'or, salue pour remercier des félicitations que tous lui dédient en louant la marche victorieuse du général Brussiloff. Cette série continue de succès nous prête, parbleu, de la belle humeur. Sur la Somme aussi, les Anglais culbutent les Boches. Les Français jouent des coudes, à Verdun, sans faiblir. Les Italiens emportent le Carso, remontent dans les Alpes du Trentin après l'arrêt de l'offensive autrichienne. C'est un moment favorable pour les Alliés. On peut imaginer une victoire entière, sur tous les fronts, dans l'avenir.

Quelle que soit la durée nécessaire de cette tragédie, il faut qu'elle ne finisse point avant l'heure où les Allemagnes épuisées accepteront leur désarmement et de travailler, dans toutes leurs usines, pour indemniser la Serbie, la Belgique, l'Italie, la France, la Russie, l'Angleterre. Le lieutenant-colonel français demeure, intraitable. Sa réputation de stratégiste éminent, de professeur à l'Ecole de Guerre donne une valeur spéciale à son optimisme bourru. Certains déclarent qu'ils ne déposeront pas les armes avant que la totalité des empires germaniques ne soit occupée par les troupes de l'Entente. Je cite l'avis de M. Buneau Varilla, le directeur du *Matin*, d'ordinaire bien informé. Il estime que nous nous trouverons, un jour, certainement, en situation de refuser même le traité de paix, le chiffon de papier. Simplement nous dicterons une série de textes prescrivant, chaque trimestre, au vaincu de fournir tel travail industriel dans telles conditions. Le produit remboursera les sommes dépensées afin de reconstruire les villes en ruines, de remonter les outillages, de rebâtir les flottes de commerce, de pourvoir les familles des morts, des mutilés. Et cela pendant une très longue période, jusqu'à complète réparation de tous les dommages matériels et moraux.

A la surface de nos verres où elle mousse, la bière très froide condense de la buée.

Après le café, ces stratèges et diplomates en tenue de campagne, guêtrés, bottés, sanglés, causent encore quelques minutes, debout dans la salle de lecture. Ou bien, devant les cartes topographiques que des chevalets supportent et tendent, ils vérifient l'itinéraire des excursions en projet dans les montagnes, sur la ligne de feu; et discutent les possibilités tactiques.

Le colonel russe souhaite que les Italiens attaquent plus. Il importe de faire consommer les munitions autrichiennes par les défenseurs de Goritz et de Trieste. La mission française aimerait que les régiments du général Porro débarquâssent très nombreux en Macédoine, en Epire, en Albanie. Mais le Serbe s'inquiéterait de leur installation dans les provinces dalmates qu'il revendique. Aux instants de prudence, on décide que, d'abord, il faut vaincre, et, pour cela, consentir à ce que demandent les plus forts des Alliés, les plus indispensables au succès. Dans l'avenir, le domaine des Barbares pourra, si grand, offrir toutes sortes de compensations magnifiques à qui s'estimera lésé dans ses espoirs traditionnels par les conventions premières. Ainsi parle la sagesse. Sa logique ne lève pas toutes les objections. Se contredire d'abord n'est-ce pas l'essentiel? Ensuite on s'apprêtera mieux à vaincre l'ennemi. Après tout, la victoire payera moins peut-être que le plaisir de se partager la peau de l'ours avec subtilité, dialectique, éloquence.

VII

Nous sommes allés vers les positions qui commandent la route de Tarvis et de son col. Le capitaine de Béarn nous accompagne. Le colonel, comte Barbarich nous guide encore. Nous avons traversé l'antique ville de Cividale. En ce Foro-Giulio, les siècles survivent avec leurs histoires, romaine, lombarde, vénitienne, dans chaque église, dans chaque palais. Nous avons salué la statue de La Ristori qui se dresse entre deux pylones. Cette image de la tragédie mérite qu'on la contemple. Il semble que le fantôme de l'artiste symbolise, en cet instant, toute la douleur des mères latines donnant à la patrie la jeunesse héroïque de leurs fils élevés pour le bonheur de vivre. En son indéniable grandeur, cette œuvre signifierait bien la cruauté du noble sacrifice. Les lignes sont sévères de sa pierre grise et rosée, au milieu d'une place où défile le tumulte des artilleries et des automobiles militaires emportant vers les combats du Monte Nero, tant de jeunes guerriers, casque en tête, comme ceux de 1509 courant à la rencontre des Autrichiens.

Par cette ville de castels, de tours, d'églises, de campaniles et de palais, où persistent les vestiges de très anciennes fortifications, où des armoiries perpétuent le souvenir des familles nobles qui défendirent la cité de Paul Diacre contre les invasions, tout rappelle encore l'éternité de la lutte entre Latins et Germains. Ces murs sombres et aveugles de l'architecture romane ont jadis renvoyé l'écho des cris appelant, contre des Hongrois, la foule des citoyens aux armes. Ainsi les appellent les ordres des officiers qui, maintenant, dirigent les bataillons de bersaglieri vers la place San-Francisco, vers son église et la sveltesse de son clocher quadrangulaire, vers son aspect du xiiie siècle vénitien, vers le Ponte del Diavolo enjambant le fleuve de ses deux grandes arches hautes et minces, conçues par les ingénieurs élégants du xve. De là, chaque fils du Frioul peut adorer sa patrie. Elle est, au loin, un amphithéâtre de collines boisées. Dans l'azur, un massif bleuâtre, les surmonte, que flanque, à gauche, le mont du Matajur, à droite, le Castel di Monte. Ils encaissent le cours du fleuve dans ses berges rocheuses, bases de cent maisons fleuries. Comment les soldats ne trouveraient-ils pas ce pays digne du sacrifice qu'ils lui consentent?

Le rétable lombard de San Martino, le palais Pociani, la Madone de Santa Maria Dei Battuti,

la façade du Dôme, son baptistère, et ses trois
nefs, le sarcophage de Gisulf, le coffret d'ivoire
roman, la première copie de l'Histoire des
Longobards, composée, par Paul Diacre au Mont
Cassin, la Place de la Fontaine, n'attestent-ils
pas combien elle fut aimée, en toutes ses époques, cette petite cité du Frioul? Comme ses ducs,
son peuple, ses artistes, ses écrivains, ses évê-
ques, la comprirent! Qui n'apprécia la valeur
encore du paysage étalé devant la Via del Tem-
pio? Cet ensemble apparu est de ceux que sou-
haita notre Hubert Robert, durant son voyage
en Italie. Son pinceau eût caressé cette harmonie
de lumières franches mais douces, de belles
montagnes encadrant une cité d'architectures
linéaires roses, blanches, droites autour d'une
rivière qui s'argente en tombant de son barrage
vers un lac vert aussitôt devenu fleuve.

Les religieuses que cet horizon et ce décor
initièrent au prestige de la beauté divine créée
sous toutes les faces de la nature, remercièrent
le Seigneur par la fondation de leur monastère
en l'honneur de Santa Maria della Valle. Et Pel-
trude, reine des Lombards, dès 752, y joignit une
chapelle dédiée à sa patronne. Là, dans l'obscur
de la nef, six figures de saintes, onduleuses
comme les vierges des panathénées, et drapées
comme leurs choephores, s'exposent dans le
cintre surmontant l'autel. Témoignages d'une

14

haute intelligence esthétique, cette Agape, cette Anasthasie, cette Chionie, cette Irène, cette Thécla, cette Érasma montrent tout ce que l'art byzantin possédait encore du génie hellène au viiie siècle. C'est un efficace plaidoyer, par six gestes de pierre sculptés dans un mur, contre l'injustice de la postérité si dédaigneuse, en ses formules, pour une époque trop mal connue.

Les lieutenants et les capitaines qui, au passage dans Cividale, font rafraîchir leurs troupes, sur les berges du Natissone, pourraient-ils emporter de là une autre foi que l'amour passionné de cette terre. Les forces de la nature et les hommes y surent, ensemble, marier les splendeurs du ciel, des monts, des eaux avec l'esprit de l'art, qui fixe, pour des siècles, les mouvements de la vie, qui les perpétue.

Tels ils vont, dociles à leur devoir, en leurs uniformes de sylvains gris-verts, par les routes poussiéreuses, au flanc des monts. Nous avons remonté, le long de leurs colonnes, la vallée de la Cosiaza. Nous les aperçûmes tranquilles et résolus dans les tranchées qu'ils aménagent, dans les cavernes où ils entassent les munitions d'artillerie amenées par les convois automobiles grimpant, avec nous, par les chemins en spirale autour des pics forestiers. Les moteurs chauffent. Les virages sont difficiles au bout des promontoires qui surplombent les abîmes de droite et de gauche. Et l'on imagine les chutes de Satans précipités vers ces campagnes lointaines, ces forêts denses, ces villages minuscules, plus bas que les vapeurs voilant à demi les pentes maintenant escaladées. Très dociles des peuples de mulets bruns montent avec leurs charges d'obus, de barils, de vivres, d'outils. Sur les paliers de la montagne, leurs multitudes pâturent l'herbe ou la broussaille. Leur poil de bêtes grasses luit au soleil. Sans cesse leurs conducteurs les étrillent, les bouchonnent ou les abreuvent en des seaux de toile. L'homme et la bête ne se quittent pas, fraternels. Si notre voiture qui s'élève et l'usine roulante qui descend occupent toute la largeur du chemin, ce soldat entraîne sa mule, un peu rétive alors sous la corniche vers une saillie du terrain. Arcboutés là, dans la paroi de la falaise, l'un et l'autre, par-dessus le vide, ils attendent que les deux des véhicules bruyants, malodorants aient disparu derrière leurs nuées de poussière qui suffoquent.

Ainsi, très rapides parmi les convois et les colonnes nous avons atteint la région des gros obusiers. Ils sont cachés en des casemates épousant un creux naturel, et recouverts par une plantation de broussailles qui masquent les embrasures. Nous nous arrêtons pour faire visite à l'un, important personnage de 280. Le monstre énorme, trapu, installé sur ses plateformes, à freins, dans une enceinte de gabions et de fascines, est servi par onze pages aux figures d'enfants bruns que l'uniforme ne peut vieillir. Nous les avons vus, sur les tableaux des musées, en chausses collantes et en pourpoints étroits, assister, dans les cortèges des princes, aux miracles des saints illustres, ou bien accompagner leurs maîtres, les donateurs à genoux qui rêvèrent la Madone et son fils. Ici ces gais adolescents se hissent sur les socles de métal. Ils ouvrent et ferment la lourde culasse. La masse prodigieuse joue sur ses gonds trop aisément comme le couvercle d'une montre, et nous offre sa face intérieure de métal, mat, fourbi, gras, soigneusement poli. L'âme du canon est ainsi toute luisante et longue jusqu'à son orifice vers quoi se dardent les reflets droits. On dirait un puits que double un miroir, malgré les rayures obliques où s'encastrera la ceinture de l'obus.

En un seul jour, la pièce fut ajustée sur l'affût complexe, qu'augmentent des freins et des machines accessoires. Elle était venue dans ses camions automobiles. La voilà prête à lâcher ses oiseaux de mort, la gueule en l'air dans le feuillage qui la dissimule, et entre ses onze pages attentifs, alertes, silencieux. Une potence avec son palan permettra d'élever, à la hauteur de la culasse, le poids du projectile amené sur rails par un chariot. Sous leurs bonnets verdâtres, et cambrés en leurs pourpoints, les pages s'énorgueillissent de l'admiration témoignée à leur formidable engin. Ils écoutent les propos échangés, puis saluent notre départ si militairement, si brusquement roides, avec l'espoir d'être tenus pour des guerriers accomplis.

Plus haut, les arbres se font rares. Le terrain de cailloux et de ronces est éventé par la bise des cimes. Nous franchissons des plateaux désolés, vides. Au milieu de celui-ci une vallée se creuse où pullulent des bataillons. Ils lessivent, cuisinent, se reposent près de leurs baraquements spacieux et neufs.

Devant nous, et jusqu'au ciel, les routes en lacets s'élèvent de monts en monts. Ici les sapeurs italiens ont parfait leur chef-d'œuvre. L'aménagement de ce massif pour la guerre est fort réussi. Il faut admirer la mise en valeur militaire de tout repli, de toute crête, le choix des retraits pour les abris de bataillon, pour les magasins et les poudrières. Les emplacements de batterie ne sont pas moins savamment élus. Tout promontoire qui, là, force l'Isonzo à se courber vers l'est, fut transformé en un rempart inexpugnable, et surtout en un point d'appui capable d'abriter une masse de manœuvre, avant ic passage du fleuve, avant l'irruption soit vers Laybach à l'orient, soit vers les Alpes Carniques et le col de Tarvis au nord ; c'est-à-dire vers la route de Klagenfurth, de Léoben et de Vienne. La menace contre Laybach, par Goritz et Tolmino semble d'ici la plus probable, avec, pour directive ultérieure, la marche par la vallée de la Save, et la prise en flanc des Autrichiens installés en Serbie. Nous abandonnons l'automobile dans un parc, derrière une cime de la Drenchia. Au bout de la route qui nous a portés, qui se termine en contournant une colline de schiste entamé par les tâches des pionniers, un obus marqua sa venue. Il écrasa sur cette paroi, les feuilles de calcaire. Cet accident imprima dans la masse une sorte de rosace ornementale.

Derrière le capitaine italien qui dirige ici les travaux, nous arpentons le terrain. Il fait assez froid. Nous passons entre les fils de fer d'une défense suprême. Nous explorons un tunnel bétonné recouvert de mottes épaisses. Mille hommes y pourraient attendre, sous le bombardement, la minute d'apparaître et de pousser la contre-attaque. Nous voilà sur la hauteur. Elle domine l'abîme et sa profondeur, tout en pentes forestières, au fond duquel l'Isonzo coule. Par delà voici les contreforts étagés du Monte-Nero ; puis dans le bleu du ciel, le falaise suprême grise et rose où les Alpins s'agrippèrent avec leurs mitrailleuses pétillantes. Les Autrichiens en retraite ont glissé sur l'autre versant, le septentrional.

On se demande comment les alpins purent se hisser le long de cette muraille lisse d'aspect à cette distance de nos yeux. Chose invraisemblable.

L'officier du secteur qui nous conduit est brun, petit, vif, militaire. Sa moustache noire hérissée sous un nez aquilin, vieillit seule un corps d'adolescent. En bas de touriste, ce sylvain gris-vert grimpe et dégringole avec une rapidité diabolique, une allégresse de collégien, celle même de toute l'armée.

Par ce pays de cimes abruptes, de ravins et d'abîmes, tantôt dans les brumes ou les nuées, tantôt sous le soleil brûlant, tantôt sur la neige des sommets, tantôt sur les gazons glissants de pentes infinies, les troupes italiennes, aujourd'hui comme depuis un an, manœuvrent. Elles escaladent. Elles descendent. Elles se faufilent sur la piste du chamois. Elles s'accrochent aux aires des aigles. Elles tirent après elles leurs pièces de montagne, et les mettent en batterie sur le verglas des glaciers.

Souvent, m'a dit Son Excellence le général Porro, les bataillons ne trouvent l'accès de l'ennemi que par d'immenses tables de roches lisses, nues, sans un abri. Il faut s'agriffer, chacun opiniâtrement, le piolet au poing, un sac de terre sur les épaules. On le jette devant soi, dans le sens de la longueur, au moment de souffler, de se vautrer, pour subir, derrière cet obstacle relatif, le feu de l'adversaire dissimulé dans la corniche avec ses mitrailleuses. Durant ces minutes de halte, il convient d'inscrire vite une entaille dans la pierre, de s'y tapir, en attendant que toutes les fractions de la compagnie atteignent le même alignement, ou presque. Le tir autrichien devient-il intense? Il importe aussitôt d'agrandir l'entaille, d'en faire une niche où cacher sa tête, un sépulcre où blottir son corps, tandis que les obus éclatent, foudroient, rejaillissent en mille fragments, et pierrailles aussi mortelles.

Me voilà donc parmi ces guerriers, sveltes, bruns, étroitement sanglés, à l'heure de la nouvelle offensive contre les troupes autrichiennes. De partout elles battent en retraite, épuisées par de longs, rudes et vains efforts, étonnées par le nombre et la vigueur de nos amis, inquiétées par la victoire russe, et quelque peu démunies en faveur de leurs camarades anxieux sur les frontières de la Bukovine.

Le moment semble propice pour franchir les défenses de Tolmino. L'armée s'y dispose. Fantassins, chasseurs, bersaglieri, sapeurs, artilleurs, cavaliers même, tous sont devenus alpins depuis un an d'escalades en masse, ou en files, ou en patrouilles, ou en colonnes, vers les nuages qui trônent, comme des dieux changeants, autour des pics.

L'enthousiasme anime les soldats. Ils savent leur artillerie lourde complétée, leur multitude accrue, leurs troupes d'élite entraînées par les rudes expériences, leur énergie à point. Ils savent que 250.000 Autrichiens seulement s'opposent à leur marche.

Les Italiens ont subi ce que subissent nos troupes du front occidental, et, en outre, l'obligation fréquente de lutter, pendant leurs ascensions, contre toutes les fatigues, tous les périls de l'Alpe homicide. On me décrit les tours de force nécessaires à telles escouades pour se hâler, de nuit, en espadrilles, avec la corde et les crampons, jusqu'aux batteries autrichiennes des sommets. Ceux qui, par hasard, sont blessés aux jambes durant ces rudes ascensions, doivent se résigner à s'étendre là, sur la pierre, à voir la file de leurs camarades les quitter. On leur laisse des vivres, on les panse, on les invite à patienter.

Un jour, une nuit, deux jours, deux nuits, parfois bien plus longtemps, ces malheureux resteront là sur une saillie du roc, sans nul secours. Car il n'est pas possible de transporter un homme en civière le long de ces murailles à pic. La chute des brancardiers et des blessés bientôt les écraserait tous au fond de la crevasse. Avec des cordes, plus tard, on tentera peut-être de descendre le patient, si l'on peut le rejoindre. Héroïque, le soldat se résigne. Il demeure, en priant, dans le froid qui cingle et qui gèle, avant de tuer. Tant pis. Rien ne put énerver la bravoure de ces hommes. Vraiment, ils sont dignes du nom romain.

Nous n'avons pas toujours compris, en France, l'extrême difficulté de vaincre dans un pays où les remparts successifs de l'ennemi ont deux mille mètres d'altitude et davantage. Remparts fortifiés, pourvus de batteries, d'observatoires, de tranchées opportunes, qu'améliora tout une science pendant dix années au moins. Et cela, sur la frontière la mieux choisie, par les traités du XIXᵉ siècle, afin d'assurer à l'envahisseur des bastions dominant les plaines des fleuves, les richesses des campagnes et des villes. Avant tout, il s'agissait de conquérir ces bastions, entre l'Adige et la Brenta, puis les têtes de ponts sur l'Isonzo. L'exemple de Verdun nous apprit quelles peines cela coûte à l'assaillant.

L'Italien est soutenu par la foi de son patriotisme si manifeste à Gênes, à Rome, lorsque les foules suivaient leur poète Gabriele d'Annunzio, lorsqu'elles acclamaient cet annonciateur de la victoire, prêt à l'essor légendaire qui l'enleva, par dessus l'Adriatique et Trieste, pour un élan d'archange glorieux.

L'action du poète, déjà, réalisait au ciel, les miracles que les artistes anciens peignaient avec le vol des messagers divins apportant la palme à la douleur des martyrs. L'Italie souffrait de son désir de victoire. Il torturait ceux mêmes jadis émigrés au loin dans les Amériques, et qui revinrent trop nombreux pour les cadres, pour les équipements prévus.

Mêlés aux essors des aigles, deux millions de Latins, parfaitement munis, dressent la puissance de leurs armes sur les monts.

Les nouvelles légions de Rome vengeront tout à l'heure celles de Varus. Ce peuple, qui sut inventer le Droit, saura de même en assurer le triomphe.

Devant cette lointaine falaise, avant-poste de l'invasion italienne, les tranchées s'enfoncent au flanc de la montagne qui forme la rive droite de l'Isonzo. Ces longs corridors taillés dans le sol, et soigneusement recouverts de rondins, de mottes, s'allongent pendant plusieurs kilomètres. De larges meurtrières s'ouvrent dans la paroi. Elles laissent apercevoir, entre les arbustes qui les masquent, par delà les plantations de piquets et de fils métalliques, beaucoup de superbes paysages. Les monts qui se dressent, qui s'enclavent, qui encaissent le cours souvent invisible de l'Isonzo, présentent aux yeux leurs masses pittoresques, heureusement boisées. Aux crêtes, postes latins, ici, et autrichiens, là, des guetteurs se surveillent. Parfois ils tiraillent.

Je n'ai rien vu, sur aucun front de Belgique ou de France qui fut comparable à ces fortifications italiennes devant Tolmino. Des escaliers mènent aux tranchées du niveau inférieur. D'autres facilitent la montée ensuite aux galeries du niveau supérieur. Car le tracé s'applique aux saillants qui permirent de fonder cette longue banquette d'infanterie sur d'abruptes déclivités, de lui faire épouser la surface irrégulière du sol. En certains points les terrassiers du génie achèvent les détails de ce travail exemplaire. De bout en bout, ces tranchées paraissent aménagées comme le stand élu par un club de millionnaires pour s'exercer au tir, et y faire des cartons en pariant de grosses sommes. Le fini des boisages, des caillebotis, des parafeux, des créneaux, des caponières semble, en la grâce de leur architecture rustique, combiné pour le plaisir des yeux et le goût du net, du bien-verni que les Anglais mirent à la mode dans les constructions dédiées aux sports. Ajoutez que les points de vue alpins méritent toutes les exclamations du voyageur enchanté.

De plusieurs embrasures on aperçoit Tolmino

au pied des monts voisins, par delà le large lit de cailloux blancs où le fleuve se précipite. Détruit par un obus italien de 280, aussitôt reconstitué par les combattants des deux partis, le pont mène à la ville que personne n'occupe. Ainsi on évite en partie la destruction de cette cité gracieuse, merveilleusement située au creux de belles montagnes verdoyantes, devant les eaux rapides couleur d'émeraude entre leurs berges blanches, et face au promontoire de la chaîne qui forme l'extrême nord-ouest de la frontière italienne, cette côte que nous parcourons entre Drenchia et Clabuzzaro. La colline pointue du Castello se dresse isolée au nord-ouest, avec sa tour culminante. Elle servait alors d'observatoire aux artilleurs de l'Autriche, quand le tir italien ne les en chassait pas. Derrière tourne la route de Tarvis. Les grenadiers de Masséna y bousculèrent les dragons autrichiens, puis marchèrent sur Klagenfurth et Léoben.

La canonnade intermittente suggérait plutôt une impression de fête publique dans ce décor géologique fait de plissements que recouvrent des forêts vertes, que strie la pâleur des routes minces et des torrents à sec, que creusent les hautes vallées, que chargent les pays étagés sur les contreforts, bois, prairies, villages minuscules, ruisseaux luisants. Au fond, les cimes émergent. Elles lèvent au ciel leurs crêtes obliques, vaporeuses, indéfinies, déjà bleues comme l'azur du firmament.

Nous avons abandonné ce spectacle et la caresse de brises fraîches, et les odeurs balsamiques des sapinières, pour nous engager dans un tunnel d'accès aux batteries. Puis nous avons débouché à contre-pente dans les hameaux improvisés où gîtent les états majors de l'artillerie, du génie. Nous avons bu, dans ces salles de planches, un champagne exquis et froid en échangeant nos souhaits de victoire pour les armes latines avec de jeunes seigneurs bruns, élégants, bien sanglés dans leurs uniformes sylvestres, couleur de montagne. Nul doute qu'ils ne gardent leur chance. Elle les pousse vers le Monte Nero. Elle les rendra maîtres de Tolmino, de ses environs. Peu à peu, elle leur ouvrira une autre route vers Laybach.

Durant six mois de travail, quatorze cents ouvriers ont organisé cette montagne. Ils l'ont transformée en une forteresse sans égale peut-être. Tous les moyens mécaniques les ont aidés. Dans le secteur de l'Isonzo, trois cent cinquante machines fonctionnent pour l'achèvement des routes, pour leur réfection.

Avant le départ nous sommes retournés jusqu'à la vue du Monte Néro. En nos jumelles, la falaise suprême nous est apparue plus proche. Nous avons pensé à la somme stupéfiante de vaillances qu'il a fallu dépenser pour, sous le feu de l'ennemi, se hisser, contre ces murailles de pierres inaccessibles, aux saillies encombrées de neige et de glaçons. Sur la face de ces immenses cristaux, mille êtres humains, travestis en pierrots afin de se confondre avec la blancheur de cette neige, se sont accrochés, se sont suivis, se sont attirés, étayés, poussés, opiniâtres. En vain les balles éraflaient le roc, et lui tiraient des étincelles. Par moments la corde liant les vies de l'escouade, fléchissait avec la chute d'un blessé plaintif, d'un agonisant convulsif. Une minute la patrouille s'arrêtait, pour déboucler le corps du martyr qu'on laissait là dans le gel, en lui murmurant des consolations et de l'espoir. Ensuite les héros reprenaient leur tâche. Avec le piolet, les crampons de leurs genouillères, les clous de leurs chaussures, ils s'agrippaient aux surfaces glissantes. Ils traînaient le poids de la grappe humaine attachée à leurs ceintures. Ils serpentaient sur le ventre, sur les genoux, sur les mains, derrière la marche des guides attentifs, bien qu'il fallut s'arrêter pour le pansement d'un bras troué, d'une main rompue, d'une figure balafrée. Parfois le glaçon manquait sous le pas du chef; et toute l'escouade, glissait avec lui, avec le tapis de neige, vertigineusement, vers la nuit d'abîmes certains. Le miracle d'une intuition subite permettait que l'un des alpins fit le geste sauveur. Brusquement il arrêtait la glissade sur la pente menant à la mort. Et l'on recommençait l'ascension, malgré les poitrines poussives, les gorges en feu, les cœurs palpitants, la sueur du corps épuisé. La falaise que gravirent ces alpins au mois de juin 1915, dans les cimes du Monte Nero, fut adroitement photographiée pour la revue illustrée, *la Guerre en Italie* (vol. I). On y peut voir le terrible décor de ces drames, on peut mesurer les travaux accomplis par les Latins en cagoules blanches, se haussent là-haut, devant les attelages des chiens qui montaient le poids des mitrailleuses et des munitions vers les glaciers suprêmes. Jamais la douleur et la volonté humaines ne furent obstinées autant pour sacrifier leurs vies afin de vaincre au nom de la justice et de l'honneur.

Et cependant sur toute l'Europe, que de bravoures se sont révélées ! Le capitaine de Béarn si gracieux par sa douceur, son intelligence fine et calme, et que voici marchant avec nous, a connu les moments du pire supplice en Artois. S'il traîne un peu la jambe, si, de la main gauche, il serre la vôtre, c'est qu'un obus a frappé, de ses éclats, ce superbe cuirassier blond et droit dans son costume bleu d'horizon. Rebelle à toute inaction il avait abandonné la cavalerie pour combattre dans les tranchées avec les fantassins. Un jour de tir intense, il n'entendit pas le projectile arriver dans sa direction. Une lueur vive foudroya l'air près de lui qui s'affaissa douloureux, criblé, parmi les fumées suffocantes, dans un souffle brûlant.

Le plus difficile, quand il eut pansé tant bien que mal le bras rompu, ce fut de gagner un poste de secours. Mille volcans surgissaient de la plaine. Et il fallait, sûr de sa chance, parcourir cet espace pilé, ici et là flamboyant. Chaque pas suscitait une douleur fort vive. Il fallait, autant que possible, éviter les trous, s'écarter des places où les Allemands semblaient plutôt adresser, dans cette minute, leurs porte-morts. Près d'une heure, en traînant sa souffrance, l'officier se dirigea dans cet enfer. Il boîtait. Il choppait contre toutes les mottes. Des fantômes noirs et sulfureux bondissaient autour de lui avec les éclairs jaillis des percutants. Il allait vers un boyau qu'il savait être proche; mais les explosions l'étourdissaient. La perte de sang avait affaibli le chevalier. Et la torture de la marche épuisait le meilleur de son énergie. Il pensa tomber, rester là, se résigner à la mort. Mais l'espoir légitime de guérir ses fractures, de revoir la douce vie des siens, et, plus encore, le devoir évident de recouvrer la force de ses membres, afin de lutter à nouveau pour la victoire de nos drapeaux, toutes ces idées le firent se redresser. Il persévéra sur cette plaine en feu, dans les poussières aveuglantes, sous la pluie de terreau et de pierrailles.

« Je veux parvenir dans l'abri, je veux que mes blessures guérissent ; je veux revenir sur le front et combattre bientôt plus ardemment. C'est mon devoir. C'est mon devoir ! » se répétait-il quand il sentait fléchir sa jambe lacérée. Du moins c'est ainsi qu'on m'a conté sa confidence ; car lui-même ne nous a rien dit, ou presque, de son supplice dont il ne tolérait pas qu'on voulût s'occuper.

Enfin, ce jour de calvaire, il atteignit le boyau où il comptait être recueilli par des brancardiers, par un médecin sans doute. Il se laissa choir au bord. Malheur : personne n'était là. Dans l'effroyable roulement des explosions, de leurs tonnerres successifs et mêlés, quels appels pouvaient être entendus ? D'abord il importait de ne pas demeurer au milieu des catastrophes qui bouleversaient la terre. Elles arrachaient les cris des « *liaisons* » décapités, éventrés, amputés, au milieu de leur course par la plaine. Le capitaine décida de tomber au creux du boyau. Malheur ! Cet étroit couloir était profond de deux mètres, ses parois lisses. Nul espoir de s'accrocher avec un seul bras valide, une seule jambe saine. Il n'y avait qu'à se jeter de cette hauteur sur le caillebotis. Mais il convenait de prendre garde à ne point arriver en bas sur le bras rompu, sur la jambe lacérée, et de ne pas aggraver les blessures par le choc. Le capitaine prit des dispositions. Il se vautra, rampa, puis se laissa couler en s'agriffant, de sa bonne main, à une motte. Elle céda; et ce fut justement sur les douleurs horribles de son bras cassé, de sa jambe abîmée, que tout le poids du corps s'écroula, les écrasant.

La torture fut entière. Le capitaine demeura là très longtemps à souffrir. Les explosions écrètaient le talus. Elles recouvraient de débris le martyr que la fièvre embrasa. Il fut relevé plus tard, par une équipe de brancardiers enfin survenue, lorsqu'il avait renoncé à l'espoir de vivre, et se laissait ainsi inhumer vivant par la foudre ennemie.

Le capitaine de Béarn n'a rien gardé de triste. Il dit sa foi dans la victoire indubitable des Latins. Par moments il grimace lorsque sa jambe heurte, en montant, en descendant, une saillie de la voiture. Avec science il admire les travaux du génie italien. Nous l'écoutons qui nous enseigne. Il décrit les batailles de l'Artois. Nous l'avons ramené, sans presque rien voir du paysage alpestre tant nous captive la conversation. Le colonel-comte Barbarich, évoque les grandes luttes des Latins contre l'Autriche de 1848 à 1866, afin d'établir l'unité puissante de l'Italie.

Au seuil de la charmante et claire villa que la mission française habite, nous avons déposé le capitaine. Déjà les ordonnances se précipitaient à sa rencontre, par le jardin fleuri derrière les grilles d'argent. Nous voici revenus dans Udine pleine de vie sous les arcades, sur les places où le marché du matin a laissé des groupes encore bavards à la fin de l'après-midi. Pourtant les belles maraîchères aux fichus rouges et aux lourds bandeaux noirs ont replié leurs parasols, remporté leurs corbillons, leurs sacs vides. Elles ont emmené leurs galants bien rasés, très souples dans leurs culottes de toile, leurs espadrilles, leurs chemises à fleurs, sous leurs chapeaux de paille vers l'oreille. Se souvenant d'eux le jet d'eau roucoule et s'épanche, dans la vasque.

VI

La force, qui, depuis neuf siècles, prépare la
résurrection de la grandeur romaine, naquit,
avec les princes de Savoie, dans une contrée
d'alpes sublimes, de forêts profondes et d'eaux
violentes. Comme celles-ci, l'opiniâtre volonté
de la race, par les efforts successifs de ses
Humbert et de ses Amédée, a pénétré les plus
épaisses montagnes, miné les plus massifs des
obstacles, afin de parvenir dans les vallées du
Piémont, dans les plaines de la Lombardie
pour, de là, répandre sa puissance sur les mers
de Sicile, de Naples, de Venise, sur la campagne de Rome, avant de reconstituer, tout à
l'heure, le principal de l'empire latin.

Instruite par le mystère des bois hérissant les
pentes, par la lumière des cimes et par le
tumulte impétueux des torrents, cette race souveraine n'a rien omis des vertus qu'emploient la
vigueur des bûcherons, l'audace des montagnards, la patience des pêcheurs : son peuple.
Le XIXe siècle les a vus triompher avec Victor-
Emmanuel, Garibaldi, Cavour. L'Autriche fut

rejetée dans les cols du Trentin, et par delà
l'Isonzo. Venise fut reçue avec les promesses
de son histoire qui domina l'Adriatique. Rome,
enfin fut prise. Rome, où les papes ne surent pas
fonder, malgré tant de secours spirituels et tem-
porels, le règne de l'Eglise Internationale. Rome,
où Bonaparte ne sut pas maintenir sa chance;
mais où Victor-Emmanuel III, si le décident le
Sénat et la Nation, pourrait sans doute, en leur
nom, coiffer, un jour, le laurier des Césars.
Voilà ce qui fut étonnant et neuf, le siècle dernier, entre toutes choses.

Aujourd'hui, dans les forêts alpestres, de
l'Adige à la Brenta, du Boite à l'Isonzo, pullulent, semblables, par leur vêture, aux arbres et
aux gazons, les régiments de l'Italie victorieuse.
On dirait que chaque soldat vient d'être engendré
par le sapin dont il porte la couleur, par le pré
sur lequel il surgit. Chacun a la teinte de la
tranchée où il dort, du feuillage où il guette, de
la terre où il s'enfouit entre les explosions. Par
le ton de ses uniformes, l'armée semble indis-
tincte du pays qu'elle reconquiert sur les usur-
pateurs.

Pareil à ces soldats gris-vert, faunes ou sylvains des églogues latines, il en est un, couvert
du même uniforme alpestre, et qui, silencieux,
dans quelque chaumière de village bombardé,
très souvent, les jumelles aux yeux, médite, avec

une fierté plus ample encore, sur la résurrection de Rome.

En lui survivent les intelligences qui furent si robustes depuis Humbert-aux-Blanches-Mains et l'an mille, pour constituer la force de leur destin.

J'eus l'honneur d'être admis auprès de Sa Majesté dans une villa modeste du Frioul. L'état major du roi-soldat y cantonnait au cœur d'un jardin touffu. Des officiers me reçurent. Par un escalier de bois verni, je montai derrière mon guide. Sur un palier sombre et méticuleusement ciré, une petite porte s'ouvrit, après que l'aide de camp y eut légèrement frappé. Moins d'une seconde j'hésitai à reconnaître le roi dans ce soldat qui me tendait la main, avançait lui-même une chaise, m'invitait à m'asseoir devant sa table de travail, étroite et point encombrée. C'était là toute la simplicité traditionnelle dans l'histoire de la maison de Savoie.

Victor-Emmanuel III n'a rien omis des prestiges intellectuels que ses aïeux lui léguèrent.

Le menton, haut et droit, témoigne de leur volonté patiente, tenace. Les yeux clairs, au regard direct, semblent vous traverser, vous, votre parole, votre intention, puis ils se voilent un peu comme pour aider la réflexion dans l'ombre des paupières, à l'écart. Regards d'un esprit qui a pris coutume de pénétrer les apparences, de chercher au delà le vrai des gens et de leurs discours. Ainsi, le rayon perce l'obscur des bois denses et révèle leur vie secrète. Le sourire est bref, sous une petite moustache hérissée. La face à pans rudes, comme sculptée dans le cœur d'un chêne ancien, s'anime pourtant d'une tendresse tout italienne quand la parole s'assouplit, émue par nos héroïsmes de Verdun, de la Marne, par ceux des troupes royales se sacrifiant sur les cimes ardues, sur les roches blanches et ensanglantées du Zovetto. « Ne manquez pas d'aller voir le Zovetto », m'a dit le roi.

Là, je devais comprendre mieux, en effet, ce qu'il faut de divin à l'homme pour consentir de pareilles douleurs et de pareilles morts dans l'air foudroyé de toutes parts.

Ce que les soldats subirent, le roi, leur pareil et leur frère, en le contant, le souffre à son tour, dirait-on. Il est le visage survivant de cette douleur immense aux mille figures contractées par l'effort de vaincre et par la torture de périr.

Ces dangers, S. M. Victor-Emmanuel III, volontiers, les affronte lui-même. Tels matins de brume, il aime se glisser, avoue-t-il, parmi les explosions, de roc en broussaille, jusqu'à la corniche surplombant les tranchées autrichiennes, et, là, se coucher, puis, lentement, de la tête, dépasser le bord suprême, regarder, au fond du ravin, comment l'ennemi organise la résistance qu'il faut anéantir. Un geste inopportun, cinq cailloux qui s'ébouleraient, une vigilance soudain plus anxieuse des sentinelles en leurs postes d'écoute tout voisins, et l'observateur recevrait, presque à bout portant, les coups de fusil destinés à ces sortes d'audaces. Car le roi se trouve près des Autrichiens au point d'entendre leurs conversations, au point de discerner les moindres gestes, au point d'examiner les détails qu'il convient d'apprendre.

— Non. Il n'y a pas tant de danger. Ils me distinguent mal, dans ma capote de soldat, les matins de brouillard..., me répond le souverain en souriant un peu sous la petite moustache hérissée; tandis que, de la main, il se caresse le front lisse et haut, logis d'idées robustes.

Victor-Emmanuel les émit, diverses et passionnantes, dans cette chambre où il travaille, entre son lit de camp et son nécessaire de campagne, devant la petite table que recouvre à demi un rectangle de buvard étroit, maculé par les traces d'une écriture rapide. Aux fenêtres s'épanouit le jardin touffu de cette villa, bonne pour la halte du guerrier.

Que l'héroïsme présent l'emporte sur les exploits illustres de l'antiquité, l'emporte partout en nombre et en valeur, et que ce soit le plus beau des spectacles offerts aux esprits des élites; que les vaillances elles-mêmes de l'ennemi soient dignes d'estime en dépit de forfaits détruisant les architectures célèbres, répétant les supplices, les cruautés, les crimes des époques barbares; que les vertus italiennes pendant cette prodigieuse tragédie aient vraiment mérité leur gloire : voilà le discours simple, pathétique du soldat gris-vert, assis derrière sa petite table, parmi les parfums enivrants de l'Italie, de ses jardins.

Trois quarts d'heure la conversation évoqua ces beaux émois de la pensée pendant la tragédie où nous vivons le cœur étreint, la volonté tendue, l'âme saisie par cette incomparable synthèse des forces économiques, politiques et guerrières qui s'accroît d'heure en heure, qui semble engager peu à peu toutes les nations du globe dans la même lutte entre le respect du Droit et l'appétit de Domination.

Ici l'héritier de l'empire romain prescrit, en accord avec les volontés parlementaires, à quarante millions de citoyens les efforts heureux dont les résultats font tressaillir aujourd'hui le bronze ou le marbre des statues orgueilleuses, de César, de Trajan, de Marc Aurèle, des fantômes laurés debout dans tous les musées de Rome.

Personne autant que S. M. Victor-Emmanuel III ne sait, par le menu comme par l'ensemble, l'histoire de la Méditerranée, de ses patries grecques et latines, de leurs familles patriciennes, de leurs trésors antiques, de leurs monnaies à l'effigie des monarques, des princes et des podestats. A cette heure, une telle intelligence voit ressurgir, en sa mémoire, les figures de ceux qui forgèrent la grandeur des empires latins, qui les défendirent contre les invasions germaniques, et de ceux qui, peu à peu, substituèrent à la force morcelée, divisée des Guelfes, une force jeune, prête à rétablir l'unité romaine, la force résumée dans sa personne franche de roi-soldat.

Sa clairvoyance est indéniable. Au mois de juillet 1916 il redoutait l'infortune de la Roumanie stratégiquement isolée. Il me fit observer que le clergé hongrois avait obtenu beaucoup, pour le prestige autrichien, en Transylvanie, et que les populations attendaient moins de Bucarest que de Bude et de Vienne. D'ailleurs la force des Austro-Allemands était capable de très puissantes réactions militaires. A mots couverts s'énonçait la prophétie des évènements réels. Dix mois à l'avance le souverain prévoyait.

La science du roi, pour les choses de la guerre, n'a jamais failli.

Car il fut jadis un capitaine sévère et assidu qui donnait l'alerte aux casernes avant les sonneries de la diane. Il a, par son exemple, instruit ces bons officiers si capables de vaincre les barons de l'Autriche et les junkers des Allemagnes. La qualité des troupes italiennes ne fut jamais louable autant. Elles doivent à la volonté de leur souverain cette excellence aujourd'hui triomphante sur le Carso et devant Gorizia, sur la route de Laybach à l'est, sur la route de Trieste au sud, sur la route de Rovereto et de Trente au nord.

Pour ce prince d'une mentalité vigoureuse, très pourvue, et sentant au cœur battre le sang des aïeux, quelle émotion de la pensée celle qui le possède dans une petite chambre ouverte aux odeurs de la patrie reconquise, quand il écrit, là, selon l'espoir même de Trajan, les idées créatrices dont il étanchera l'encre sur le petit rectangle de ce buvard maculé; très simplement.

Le chauffeur qui dirige notre voiture sur la route d'Udine à Vicence, construisait, avant la guerre, des villas. Mobilisé il s'enrôla parmi les mécaniciens. Il apprit le métier sur l'autodrome militaire. Le voilà qui nous conduit avec maîtrise et à grande allure. Les paysages filent. Il s'éclipsent à droite, à gauche de l'avenue droite et large, blanche, incluse entre les rideaux d'arbres légers où de jolies maisons transparaissent, disparaissent. Le cri rauque de notre trompe rejette vers les bas-côtés ces troupeaux de bœufs gras, luisants, aux cornes faites pour les lyres des Orphée. L'air vif frappe nos visages. De cinquante, à soixante, à soixante dix kilomètres notre vitesse s'accroît. De petites pierres flagellent nos joues, frappent aux verres de nos lunettes. Nous savourons les cerises d'Udine, délicieuses, noires, qui remplissent l'être de volupté. Une explosion nous surprend tandis que la voiture dévie brusquement à droite. Je nous vois en pièces tous quatre, dans le fossé profond, herbu, sous le torpedo culbuté, puisqu'une chambre à air vient d'éclater à la roue d'arrière, puisque nous sommes chargés de valises assez lourdes, puisque nous courions à près de quatre-vingts.

Vigoureux et rapide, le chauffeur, d'un coup de volant, a rectifié la déviation de notre vol, il ramène l'élan du carrosse dans l'axe de la route. Il ne lui permet plus la moindre oblique durant la centaine de mètres qu'il couvre encore par l'effet de la vitesse acquise. C'est un tour de force remarquable. Nous louons de son sang-froid ce petit homme noiraud, trapu, tout rasé qui saute à bas du siège. Son camarade parle français. Italien de Tunis, il y travaillait quand la guerre l'appela. Nous causons, tandis qu'il pose le cric sous l'essieu, lève le char, et déboulonne le pneu crevé.

Ce sont deux types intéressants de réservistes latins. Energiques, vifs, ils s'empressent. Point de grognements ni de malédictions. Des passants se sont arrêtés qui les secondent. Finir cette besogne promptement et bien : voilà ce que se proposent, ces deux soldats, ces trois paysans, ce cycliste à lorgnon. En quelques minutes tout est fini. A peine avons-nous eu le temps de nous dégourdir, faisant quelques pas. Déjà nous reprenons notre vol fantastique dans la clarté du matin, sur cette avenue poudreuse, que piétinent les bouviers et leurs vaches, que

sillonnent les carrioles bondissantes des maraîchères, et qu'encombrent les tribus de moutons aux laines brunes, aux museaux noirs.

Chacun s'écarte et fait place à notre essor.
Pour l'automobile militaire toutes les facilités,
tous les égards. Le capitaine Weillschott qui
m'accompagne, un Milanais très fin, très lettré,
me démontre cette docilité merveilleuse de la
population. Elle a compris ses devoirs de
guerre, et les remplit au mieux, passionnément.
En ce Frioul particulariste qui, tolérant l'unité
italienne, a jalousement gardé sa vie propre,
ses caractères intacts, qui, parfois même, sut les
défendre avec furie, tous sont attentifs à ne
pas retarder un instant, et le plus minime, ce
vol d'une voiture militaire. Il en sera de même
sur tous les chemins. Dans les rues de Trévise,
il ne semble pas nécessaire de ralentir. A peine
entrés dans la ville de Pâris-Bordone, nous en
sortons, ayant reconnu ses rues tortes, effleuré
ses arcades, entrevu ses palais, sa cathédrale,
étonné ses buveurs au seuil des cafés, traversé
son marché multicolore et populeux, franchi les
bastions verdoyants de ses remparts sur le
pont fortifié.

D'une traite nous avons couru jusqu'à Vicence.
Nous saluons, dans le matin, encore, les majestueux édifices du Palladio, leurs larges cours
éclairées par l'or du soleil latin.

Un officier nous installe en l'un d'eux. Nous montons avec respect ses larges escaliers de dalles. Nous écoutons nos pas retentir sur les mosaïques des salles en marbre. Dans les chambres, des fresques mythologiques, présentent les déesses et les héros du style classique, selon les couleurs franches et l'agréable emphase de quelque Guido Reni. Décor à souhait pour un Venitien de Casanova.

J'ai retrouvé au quartier général de Vicence, le général Albricci fort aimable, haut et mince, d'une élégance parfaite. Je l'avais vu à Paris, dans l'entourage du général Porro. Il m'a présenté le jeune marquis de Soragna, gentilhomme du Milanais. Cet officier va nous conduire sur la ligne de feu, dans les Alpes du Trentin. Notre philosophie, notre littérature, nos arts lui sont familiers en leurs détails. L'alliance spirituelle est conclue comme l'alliance politique. Evidemment il y a, dans les cerveaux italiens, plus de subtilité, d'ironie et de méfiance que dans les nôtres. Les petits-fils de Machiavel nous observent. Ils mesurent nos possibilités. Ils quantifient les pouvoirs de notre intelligence et de notre vigueur nationales. Ils sont diplomates. Ils jaugent et ils pèsent. On ressent très vite cette impression d'être examiné, voire étudié. Nous devons nous réjouir d'autant plus si nous sommes parvenus à conquérir les sympathies entières de nos frères italiens. Si longtemps leur opinion nous crut enclins à démolir, en faveur du pape, leur unité laborieusement obtenue. Si longtemps leur élite nous pensait hostile en Afrique et ailleurs. Si longtemps elle se rappela le duc d'Anjou, Louis XII, Charles VIII, François Ier, ces incursions d'héritiers avides dans le patrimoine latin. Si longtemps leur aristocratie ne pardonna point à nos généraux de la Révolution trop de victoires sur les princes des Deux Siciles, ni la domination du Prince Eugène, ni le titre décerné au roi de Rome, dans son berceau. N'étaient-ce point là d'ailleurs, les preuves d'une fraternité encombrante et avide quelque peu?

Les libéraux mêmes qui fêtèrent Bonaparte et Championnet, eussent préféré voir Murat céder son trône de Naples à leur république, et la grande duchesse Elisa Bacchiocchi remettre en leurs mains ces provinces d'Etrurie. Nous ne pensons pas suffisamment à ce qu'il faut oublier, en Italie, de notre parentage. Il fut empiétant et cupide autrefois, pendant des siècles.

Notre certitude intime de ne plus prétendre à rien par delà les Alpes, nous empêche de comprendre les méfiances légitimes demeurées au cœur des Italiens, et que manifesta Crispi. Avant l'alliance permanente de la fraternité latine, ceux qu'influence l'histoire, redoutaient, un second siège de Rome, comme en 1848, une

autre occupation d'Ancone, les chassepots
même de Mantana. Quand s'agrandit la force
de la nouvelle Italie, ces craintes se dissipèrent.
Puis le fâcheux malentendu sur le droit de
visite à bord du paquebot *Carthage*, pendant la
guerre de Tripolitaine, ressuscita toutes ces
appréhensions qui venaient de mourir. Aujour-
d'hui, la fraternité se consolide. La hantise du
passé obsède moins, de moins en moins, l'esprit
des élites, du peuple italien. Il sied de leur être
reconnaissant, et de comprendre qu'avec tous
ces souvenirs dans la mémoire ils eurent quelque
mérite, en mai 1915, à se rappeler uniquement
Solférino.

C'est en toute franchise qu'ils le voulurent. Sa
Majesté Victor-Emmanuel, S. E. le général
Cadorna, S. E. le général Porro, donnent au
Français qu'ils reçoivent cette impression ; et le
plus nettement. A nous de leur inspirer confiance
pour le futur. L'avenir de notre alliance latine
est encore à préparer. Nulle promesse n'échappe
aux personnalités éminentes de l'Italie. Cette
promesse, il nous appartient de l'obtenir.

Je méditais cette précision en me rendant
chez S. Exc. le Général Cadorna, dans la
campagne de Vicence, comme j'y avais été fort
courtoisement convié. A l'heure du thé, la voiture qui nous emmenait s'arrêta devant le perron

d'un beau jardin. Il enveloppe une maison gracieuse tout enguirlandée de fleurs et de pampres. Par ses nombreuses fenêtres et ses portes vitrées, les odeurs des parterres entrent dans les salles. Ce fut dans ces parfums de sa patrie que je vis apparaître le vainqueur des Germains.

Sous les cheveux raidement taillés, cimier d'argent, le front haut et bombé de S. Exc. le général Cadorna semble propre à soutenir la visière d'un casque antique. Très actif, le visage donne, par ses mouvements, une valeur entière aux idées que, sous la moustache grise, exprime rapidement la parole. Lui-même a l'apparence de la franchise hardie. La carrure, l'ampleur de sa poitrine signifient bien une vigueur de soldat, de légionnaire porte-cuirasse. On pense, de plus, en l'écoutant, aux patriciens du iie siècle, grands chasseurs au soleil, grands lecteurs pendant la pluie, et qui vivaient sur leurs domaines, le corps robuste, l'esprit pourvu. Il veut le juste et l'exact. Des phrases, il semble se méfier. Il les entend, l'air malicieux, et prouve aussitôt qu'il n'ignore pas l'art d'en construire. Soucieux d'équité, il rend d'abord hommage à la constance de l'ennemi. Le général Cadorna loue même l'organisation de cette résistance dans la retraite qui semble être le fort des Autrichiens. D'alpe en alpe, ils se retirent,

en effet, progressivement; mais non sans avoir
aménagé des séries d'obstacles très difficiles,
inattendus, qu'ils opposent à tout nouvel élan
des Italiens, pour habiles que nos alliés se
montrent à s'emparer des cimes et à dominer
les pays; car, soumise aux feux des batteries
lourdes, la vallée compte peu dans la guerre de
montagnes.

Le général Cadorna m'a dit l'admiration qu'il
professe à l'égard de nos armées. Il fut les
visiter sous le feu. Et, comme je lui demandais
de m'indiquer aussi les *défauts* qu'il eût pu
surprendre, il me déclara qu'il n'existait pas de
défauts dans la perfection. C'est là sans doute
une politesse dont il faut apprécier surtout la
forme; mais elle paraît encourageante de par
ces termes mêmes, émis en une telle bouche.

En juin 1917 n'a-t-il pas dit qu'il recommen-
cerait l'offensive si la nôtre gardait dans son
action les douze divisions allemandes reprise
aux Alpes du Trentin? Ainsi se prouve sa confiance en nos troupes pour dominer la stratégie
des Allemands.

Les travaux de guerre entrepris par notre
industrie lui semblent atteindre un résultat qui
fait le plus grand honneur au génie de nos métallurgistes, de nos chimistes, de nos électriciens.

Pendant que le général parle de ses troupes,
l'âme de la nation qu'il guide à la victoire me

paraît soudain vivre en lui. Il est son caractère, le héros formé par ses élites, l'intelligence éduquée par ses écoles, par le spectacle de ses arts, par le sens de ses traditions italiennes et romaines, latines. De cette villa, cachée au cœur d'un jardin, les murs disparaissent. L'odeur suave de la végétation épanouie dans la chaleur pénètre le salon où nous prenons le thé. Je respire le parfum de cette patrie claire et plantureuse, de ses mûriers, de ses maïs, de ses blés qui promettent une copieuse récolte. En écoutant, je revois un train courir plein de soldats vert-gris, bien hâlés sous le bonnet à visière de cuir, ceux dont le général exalte les vertus. Ils reviennent de Vicence sauvée, afin de se rendre vers Monfalcone et Gorizia, vers les routes de Trieste et de Laybach, les routes du triomphe. Et, dans toutes les gares, ils saluent, de leurs acclamations, les compagnies de chasseurs qui s'embarquent aussi pour le même but, l'alpenstock à la main, le fusil en bandoulière, très crânes sous le chapeau à la plume oblique. Ainsi, je me rappelle tous ceux que je rencontrai sur ma route, les nouveaux mobilisés, attendant la minute du départ dans leurs wagons. Avant l'uniforme et l'armement, c'était une force déjà par les mines hardies, par les jarrets nerveux, par la résolution ferme sculptée sur ces visages de bouviers ou de laboureurs.

Les succès acquis, depuis un an, sous les ordres du général Cadorna leur valaient cette âme souveraine de leurs destins.

Ventres creux, jambes tendues, figures de cuivre ou de bronze, commes celles de leurs musées, ces gens de guerre qui passaient en foule dans leurs trains successifs, avec leurs mules aux baies des wagons-écuries, avec leurs caissons, leurs voitures, leurs canons sur les trucks, obéissaient à leur confiance dans cet homme de génie, à leur amour pour une patrie splendide que règlent, alignent les cyprès noirs, les peupliers frissonnants, les campaniles blancs et roses, témoins de l'histoire la plus riche en exploits latins.

Les cités de la Vénétie, du Frioul leur rappelaient, comme à nous, des arts illustres, la puissance des doges, tant de luttes pour la conservation de ces villes et de leurs trésors que voulurent, avec leur éternelle opiniâtreté, Visigoths, Lombards, Allemands, Autrichiens, Turcs même. Jamais, en aucun lieu du monde, plus de sang ne coula, pour la passion de la liberté. Aujourd'hui, la colère enfièvre autant les yeux et ces millions de cœurs qui battent derrière leur peau sèche, et ce général au front bombé qui me confie, avec émotion, ses espoirs de lauriers pour ses drapeaux.

Son Excellence Cadorna réprime difficilement

cette ardeur. Il énumère les chances de l'emporter, de contraindre l'ennemi à la paix définitive, stable. Ce sera difficile et long; mais sa défaite est certaine, si nous persévérons sans faiblesse, dans l'espace et dans le temps. Le général le démontre. Il dicte aux événements la loi de l'intelligence.

Nous dissertons sur le moyen de faire avancer les réserves, malgré le tir de barrage, lors d'une victoire locale, pour remplacer ou renforcer les troupes d'assaut près de l'épuisement, et maintenir le succès. Problème ardu. Le général estime qu'il faut multiplier les accès couverts, creuser des boyaux plus nombreux, organiser des places d'armes souterraines. Il parle en chef commandant aux plus vigoureux, aux plus patients terrassiers du monde. Devant Tolmino et la route de Laybach, sur le mont Novegno, devant le val Posina, ils construisirent des systèmes de redoutes, des chemins de montagne fort étonnants, sur les pentes abruptes; et cela de telle sorte que des chaînes alpestres tout entières sont devenues d'immenses forteresses inexpugnables d'un côté, mais aisément accessibles de l'autre, jusqu'aux cimes glacées, pour les convois automobiles du ravitaillement.

Je mesure le paroxysme d'énergie qu'il fallut à ce peuple et à ses chefs dans le moment d'improviser, en pleine guerre, ces œuvres de titans, et de venir planter sur les pics, au fond des cratères mêmes creusés par les 305 de l'adversaire, telles batteries formidables dont les feux accélérèrent la retraite ennemie, de crête en crête, par delà des abîmes qui renferment des provinces au fond de leurs vallées.

Cet homme solide et large a conçu tout cela. Il a réalisé tout cela. Sa pensée anime les idées fertiles dans le cerveau des artilleurs, des sapeurs juchés sur les pentes et sur les cimes des Alpes, dans le cerveau des capitaines, marchant à la tête de leurs troupes, par les chemins de la Vénétie et du Frioul, ou s'agenouillant avec leurs soldats dans les longs terriers établis contre la route de Trieste.

Ces officiers, ces soldats, ce sont les idées, les actes du gentilhomme simple et fort, fils de guerriers célèbres, et dont le front semble fait pour porter le casque antique des héros méditerranéens.

Le général Cadorna m'a reconduit jusqu'à ma voiture, sur le perron du beau jardin qui nous environne de ses bocages, qui nous parfume de ses odeurs chaleureuses. Toute la force de l'Italie émane de cette terre, de cet homme solide, droit comme le Colleone l'est toujours à Venise, sur son cheval de bronze, devant le portail des San Giovanni e Paolo.

XI

Délégué par l'état-major de Vicence, le lieutenant di Soragna doit nous guider sur les positions des Sept communes. C'est un jeune homme
calme. Ses longs cils recouvrent la paix de
regards entièrement noirs. Une lèvre très rouge
brille en son visage mat. Peu de choses semblent émouvoir cet esprit bien meublé, et qui
n'ignore pas la réelle mesure de leurs valeurs.
D'abord il nous a menés vers une charmante
auberge sise au mont Berico, dans la banlieue
de Vicence. En dînant sur la terrasse fleurie,
on domine l'ensemble de la ville, puis la plaine
étendue, vers les Alpes qu'empourpre le soleil
au déclin. Il se couche à notre gauche. Il
cerne, de sa lumière, les crêtes vaporeuses des
monts.

En ces monts, jusque et avant le massif de la
Pria Fora, les Autrichiens, durant leur offensive, ont hissé leurs avant-postes. Bien que les
chefs connussent l'état pitoyable de leurs effectifs diminués à demi par les excellentes
manœuvres de la retraite italienne qui sut les

obliger à la suivre dans les passes où l'artillerie du général Cadorna les massacrait à loisir, c'est de là que fut lancée la proclamation fameuse autant que ridicule. Les vins, les fruits et les femmes de la Vénétie étaient offerts aux soldats des Habsbourg en récompense d'un suprême effort. Ils ne purent le donner. Entre Vicence et Padoue s'assemblait une formidable armée, qui eût accueilli victorieusement les troupes lasses, dépourvues, trop peu nombreuses des Barbares, à l'heure où l'offensive russe attirait vers les Carpathes toutes les réserves et toutes les munitions des ministres viennois. Sur ces montagnes bleues, cernées d'or, la marche de l'ennemi s'arrêta en vue presque de l'architecturale cité que le génie du Palladio fit sublime. Les magnifiques édifices, les rues de palais successifs n'eurent point à subir le contact de la brutalité germanique.

Et nous aimons, en ce soir de juillet, le crépuscule bleu, tranché, là-haut, par des rayons pourpres qui traversent les cols, qui rougissent les cimes et les pays de leur altitude, sans toucher en bas, la plaine immense, grise, en son recueillement, où, peu à peu, la ville du Palladio scintille, puis s'illumine.

Le lieutenant de Soragna voulut ainsi nous faire chérir la splendeur de la Vénétie, pendant que nous parlions de la guerre, de nos

espoirs latins, de nos histoires nationales qui
vont poursuivant leurs destinées, sous l'impul-
sion des idées grecques et romaines, mères de
toute la civilisation. Nous avons essayé de nous
comprendre bien, de nous unir plus étroitement par nos intelligences. A ce Milanais, j'ai,
de mon mieux, expliqué la France toujours
gallo-romaine, avec ses appétits de justice si fou-
gueux pendant le drame politique de « l'Affaire
Dreyfus ». Car, d'après les souvenirs persistants
de ce drame, les voisins, comme les étrangers,
se complaisent encore à nous juger. Il me faut
démontrer la bonne foi des deux partis, l'un
tout féru de garanties promises aux Droits de
l'Homme par nos grands aïeux de l'Encyclo-
pédie, l'autre très fidèle à croyance en la valeur
du dogme, de l'autorité, de l'ordre établi selon
les doctrines de jadis, et l'esprit d'un Joseph de
Maistre. Ainsi les peuples modernes cherchent
leur vérité. Elle semble reposer sur une notion
de la mesure qui permet à l'élite de conserver
intactes les principales forces de la tradition
tout en accueillant les initiatives des nova-
teurs. Grâce à cette intelligence des deux énergies capitales, celle des Stuarts et celle des
Cromwells, l'Angleterre s'attribue cette solidité,
cette unité formidables. Vertus qui l'aidèrent,
à transformer trois millions d'ouvriers, de
paysans, de marchands, d'industriels et d'avo-

cats, pris dans les cinq parties du monde, en trois millions de soldats vainqueurs des Allemands, depuis 1915, sur les fronts de la Flandre, de l'Artois et de la Picardie. Car tous les citoyens de l'empire britannique, Anglo-Saxons, Ecossais, Canadiens, Irlandais, Hindous, Australiens, Egyptiens, Afrikanders possèdent une dévotion pour cette équité spirituelle devant les idées d'autrefois, devant celles plus récemment apparues.

Moins pondérée semble notre élite méditerranéenne. S'ils s'éprennent de justice absolue, s'ils dressent cette entéléchie devant celle de l'autorité ancienne, aussitôt nos hommes de gauche poussent le raisonnement jusqu'à la foi la plus aveugle en leur illusion, jusqu'à la folie. Ils s'imaginent que l'humanité tout entière désarme, qu'elle renonce à la brutalité de la guerre, qu'il la faut convaincre de se résoudre aux procédures de l'arbitrage international en cessant de préparer la défense de la nation. Cela devant une Allemagne ironique, et qui multiplie progressivement la totalité de ses forces, et qui déclare, pendant les deux conférences de La Haye, son intention de recourir à l'*ultima ratio regum*, dès la prochaine complication des rivalités historiques ou économiques.

Cette insuffisante préparation pour la lutte, **cette naïve confiance dans l'efficacité des théories** humanitaires, voilà ce qui, de nous, écarte encore nombre d'Italiens. Cela leur conseille de ne pas s'engager sans réserve, avec nos destinées. Qu'avant 1914, Jaurès ait pu convaincre notre Parlement de ne pas armer le plus, après la terrible leçon de 1870, et l'erreur si coûteuse de Jules Favre, c'est là, semble-t-il pour ces petits-fils des Césars, une raison de ne confier qu'avec prudence leur sort à la fraternité latine de nos drapeaux et de nos intelligences.

Cette sagesse très instruite par nos fautes, je l'avais déjà pressentie durant l'audience du Roi Victor Emmanuel. J'avais peu à peu deviné ce scrupule d'un souverain constitutionnel, trop sincèrement dévoué à la gloire et aux intérêts de son peuple, pour les lier par un assentiment, même vague et verbal, au sort de tous les Latins.

Et cette juste défiance, je la retrouvais à travers les paroles du capitaine, du lieutenant, si favorables qu'elles fussent à notre patrie et au génie de notre nation compris entièrement par deux esprits d'élite, sachant à fond notre littérature et notre vie mentale, les aimant avec évidence. L'un plus mûr sceptique, moderniste et positif. L'autre plus jeune attaché aux leçons du vieux temps, aux legs intellectuels d'une famille noble, gardant les armoiries et le nom d'une ville émilienne.

Nous avons quitté Vicence, le lendemain matin, de bonne heure dans le soleil. Il dorait les statues debout contre les façades roses des palais, et les trophées de pierre en ligne sur les balustrades élégantes de leurs faîtes. Notre automobile découverte, où s'empilent nos manteaux, nos sacoches et nos appareils photographiques traverse doucement la ville, de carrefour en carrefour. Les carabiniers y dirigent les évolutions des véhicules avec une autorité point méconnue. Après quelques emplettes sous les arcades, nous avons passé la porte ancienne, longé les tramways, effleuré les chariots des villageois, dégagé enfin notre vitesse. Elle s'élance par la route poussiéreuse. Déjà les convois militaires y trottinent dans une buée roussâtre, à l'inverse des bœufs et des moutons, des cyclistes, des maraîchères portant, sur leurs têtes, des mannes pleines de légumes et de fruits.

— Euhgg-Rüer... crie à peu près la sirène de notre voiture.

Et cet avertissement rauque, suffit pour que les cortèges militaires dévient vers la haie poudreuse, pour que s'y rangent les paysannes et les bouviers, pour que s'arrêtent, en faisant le salut militaire, des soldats surpris par ce vol d'officiers soudains.

A ..., nous nous arrêtons devant un château des Colleoni. Là siège le commandant du

...ᵉ corps. Rouges et blancs, des merlons en forme de glands flanquent les embrasures au sommet de la muraille défensive, percée de meurtrières. Les bâtiments du xvᵉ siècle encadrent la cour de leurs façades plaisantes, de leur apparence fragile. Une tourelle crénelée s'élance dans l'azur. Paul Véronèse peignit à la fresque l'intérieur des salles où des soldats écrivent et empilent les dossiers sous les yeux de personnages décoratifs. L'édifice offre ces murs minces et ces aspects un peu frêles, propres aux châteaux du xvᵉ et du xvıᵉ siècles italiens. Que cela nous paraît différent de nos donjons massifs, de nos murailles contenant, dans leur épaisseur, des oubliettes. Ici, voilà pour une race de guerre comme les Colleoni, cette villa légère et fardée, que les canons de la Renaissance eux-mêmes eussent abattue sans guère de peine, dès les premières salves. Le besoin plus fort d'accorder le castel avec la grâce du paysage ne permit pas d'y construire lourdement, quoique le voisinage des Alpes eût pu suggérer le goût de l'imposant et de l'immuable aux architectes.

Nous courons maintenant par la plaine, vers le massif du mont Summano. Là s'étagent des prairies verdoyantes, et des bocages bleus, et des villages blancs. Cela dans la profondeur du ciel encombré par les monts. A mesure que nous approchons, ils se différencient. Nous

distinguons le col séparant le Summano du
mont Sunio. Entre eux l'Astico précipite ses
eaux torrentueuses sur un lit très large de cailloux. Bientôt nous commençons l'escalade.
Notre automobile a pris son essor. Par la
route, elle s'élève comme un oiseau criard. Tandis
que s'enfonce la plaine. Tout à l'heure elle ne
sera plus que le fond de l'abîme sous la corniche
à pic dont notre élan suit le bord.

Caltrano, Cogollo, bourgs aux maisons grises
ou rosées que la foule des soldats remplit. Elle
étrille ses mules. Elle savonne ses figures brunes
et riantes. Elle lace ses guêtres. Elle fourbit
ses armes. Elle pousse à la roue des voitures
régimentaires. Elle selle des chevaux. Elle avale
des soupes. Elle se harnache. Elle s'efface et se
bouscule à l'arrivée des auto-camions transportant les obus des batteries hautes. Toute l'armée
des gris-verts s'éveille sur les pentes des monts
Cengio, dans les hameaux, les villages et les
bourgs qui regardent le massif du Summano et
ses cimes rocheuses, qui surplombent la vallée
de l'Astico, ses prés verts, ses campaniles roses,
ses petites cités claires, ses champs dorés. Nous
louvoyons en montant parmi les troupeaux de
mules bâtées, au poil lumineux, aux croupes
grasses.

Sur la saillie marquée par le nombre 40,
nous nous arrêtons. La vue, de là, saisit tout

un panorama grandiose de l'Alpe. Des états
majors font halte. Les cartes se déploient au
milieu des groupes élégants.

En bas, Arsiero que les Italiens ont repris à
l'offensive autrichienne, s'étale gris et blanc
sous des toits roses, au milieu de la vallée profonde mais assez large, encaissée par les deux
hautes chaînes face à face du Cengio et du
Summano, et bosselée par des collines verdoyantes. Les murs de quelques fermes réflé-
chissent la clarté du matin.

L'Alpe se développe ici, sublime et variée
depuis le lit de cailloux blancs par lequel
s'épanche l'Astico entre ses beaux villages jusqu'aux flancs boisés de ces monts, jusqu'à ces
rocs dentus qui mordent le bleu du ciel.

Décor prodigieux que ne cessent pas de
contempler, — tout en évitant de frôler maintes
colonnes en marche, de serrer trop les convois
poudreux, et d'exciter les chevaux rétifs, — ces
deux soldats juchés en tandem sur leur motocyclette stridente.

Les jumelles se fixent devant les regards,
sous les visières bien vernies. D'aimables capitaines m'indiquent les points de la bataille;
principalement à notre gauche, ces deux cimes
jumelles de pierre blanchâtre, dont l'une percée
à jour par une énorme baie : la Pria Forà. Ce
fut la dernière prise des Autrichiens au bout de

leur offensive. De là, leurs observateurs dominaient tout le val, la série des crêtes qui, devant
nous, s'élève du mont Summano à la Pria Forà ;
et, par de là, dans un ouest masqué, le massif
du Pasubio. Seule la crête occidentale nous
apparaît, lointaine et bleue. Elle dépasse les sommets rocheux de la chaîne voisine, contre la base
forestière de laquelle Arsiero, Velo d'Astico,
érigent leurs clochers, leurs toitures, étendent
leurs rues au bord de la rivière.

Dans les combats livrés pour la reprise de
cette région une seule brigade compta 750 des
siens tués. On retrouva les bombardiers autrichiens morts dans leurs postures de pointeurs,
de tire-feux, de chargeurs, autour de leurs
pièces, dans les tranchées.

Nous sommes repartis, laissant avec peine, le
spectacle de cette large vallée, des chaînes verdoyantes qui la limitent à l'ouest et à l'est, des
roches grises et roses qui, surgies à mi-flanc
de la montagne touffue, se hissent à travers
les forêts, pour couvrir, de leurs échines monstrueuses, les hauteurs, et mordre, de leurs
gueules, l'azur éblouissant du ciel. Nous continuons à gravir les falaises du Cengio. Il y a des
tentes dans les bocages poussés entre les rocs.
Sous les feuillages illuminés par l'ardeur du
soleil, des camps pittoresques se révèlent, que
Salvator Rosa eût passionnément fixés dans le

cadre d'un tableau romantique. Des soldats
joyeux assis sur des sapins abattus, épluchent
leurs légumes, ou récurent leurs gamelles.
D'autres écrivent à leurs amantes. D'autres se
versent, en plaisantant le vin de leurs tonnelets.
D'autres grimpent le long des terres abruptes,
entre les blocs mousseux, et tirent les mulets
paisibles sous de lourdes charges. En corps de
chemise, en culottes et en guêtres, un ténor
lance un ut de poitrine digne des bravos que les
chasseurs enthousiasmés lui décernent.

Nous montons de palier en palier jusqu'au
mont Barco. Enfin nous mettons pied à terre
avant une rampe de calcaire, qui mène à un
chaos de monstrueux cailloux blancs parmi
lesquels des arbres grêles végètent. Le vent
les balance avec leurs feuillages sur les abris
des observateurs. Ils campent là. Le capitaine
achève de se laver les coudes en plein air au-
dessus d'une cuvette que le rocher supporte. Il
nous montre le chemin du poste. Nous sautil-
lons de pierre en pierre. Nous buttons. Nous
bronchons. Nous dégringolons à la suite de
notre guide. Il nous indique, à terre, les éclats
des obus autrichiens qui leur arrivent; puis un
beau cratère de 305. De bouquets d'arbres en
bouquets d'arbres, s'échelonnent les postes de
téléphonistes, des topographes enfouis parmi
des rocs, sous des branches et des mottes qu'on

entassa. Plusieurs lieutenants nous ont rejoints.
Les parfums de leur toilette à peine finie
embaument l'air doré. Il faut se dissimuler aux
vues de l'ennemi en des sortes de couloirs masqués par les roches, derrière des buissons. Il
faut hâter le pas dans les endroits découverts,
et se diviser. Nous nous retrouvons au seuil
d'une cabane masquée par un hêtre, et que les
branches recouvrent, entourent. Nous entrons.

En cette étroite guérite de planches, plusieurs officiers se tiennent fort serrés, les uns
derrière la table où s'étalent des cartes, les
autres à la fenêtre ouverte sur les espaces, qui
tonnent, et, de ci, de là, s'enfument. Chaînes d'or
aux poignets, sous les manchettes molles de la
suprême élégance, et les cheveux peignés en
arrière, comme la mode l'exige, ces jeunes artilleurs désignent les positions avec les lueurs de
leurs ongles parfaitement polis. Leur intelligence prompte, claire, leur savoir complet, révèlent quelle élégance d'esprit accompagne l'élégance de leur vêture. Ces fils de la nouvelle Italie
sont des gentilshommes sans défaut, sveltes en
leurs uniformes neufs, en leurs molletières brillantes. Au bout d'une chaîne en vermeil, agrafée
dans la ceinture, le portemine du lieutenant
pointe, dans la carte, les lieux qu'il nomme sur
les flancs des montagnes. La jumelle passe de
mains fines en mains fines, jusqu'à mes yeux.

Les doigts aux bagues armoriées me soulignent, avec grâce le cours de l'Aspa encaissé entre ses rives, donc invisible du poste ; mais de l'est à l'ouest, le ruisseau protège les tranchées italiennes, avant de se joindre, sur la gauche de l'observatoire, au cours nord-sud, ici, de l'Astico.

Les batteries de nos alliés visent le mont Interrotto, dans le nord-est. C'est une pente de terre roussâtre surmontée de longues bâtisses. Elles fument après les explosions. Depuis la petite ville en ruines de Roana, sise au pied du mont, et au-delà d'Asiago que des obus autrichiens pilent, les fantassins tentent de gravir cette pente, en rampant, en se creusant des abris provisoires. Tâche pénible et lente. Les mitrailleuses de l'ennemi raclent, de leur tir dense, ce terrain d'approche.

Là, par centaines, par milliers, des hommes, avec les figures mêmes de leurs aïeux qu'ont peintes Giotto, Mantegna, Tintoretto, le Titien, Tiepolo, se crispent, haletants au fond de trous que la mort sans cesse effleure.

Attendue par ces êtres palpitants, héroïques et résignés, elle les frôle de ses gestes. Balles invisibles dans l'air qui sonne, miaule, vibre, et murmure à leur passage enfui. Balles invisibles dans le sol qu'elles labourent, dont elles lèvent la poussière. Cette herbe brutalement arrachée ; cette fleur brusquement envolée, cette pierre soudain éclatée, ce roc rudement écaillé, ce sont les gestes de la Faucheuse autour de pauvres lazzaroni napolitains. Ils se blottissent en leurs terriers provisoires. Et leurs genoux, leurs pieds, leurs mains tâchent d'approfondir une fosse qui deviendrait plus sûre. Les têtes vénitiennes et lombardes rentrent en les épaules, sous les casques bleus qui tintent et se bossèlent, éraflés. Des yeux malins lisent, dans les yeux inquiets du voisin, la même crainte, puis le même courage apparu bientôt sur les deux sourires de Pasquini goguenards, et qui se lancent des lazzi réconfortants. Le pifferaro des rues de Capri exhorte le maëstro d'une chapelle florentine qu'épouvantent les convulsions suprêmes du fourrière perforé de l'épaule aux reins. Le moribond rue de ses lourds souliers, dans un cliquetis d'armes et de quart, sous les musettes pleines, rebondissantes. Et toute la ligne peine ainsi. Chacun songe à la femme et aux bambins laissés au loin, sous la treille d'une terrasse aux piliers blanchis, devant quelques maisons roses regardant, au soleil, les cîmes des monts Apennins, ou l'émeraude infinie de l'Adriatique et le vol de ses voiles rousses. Cette ligne de soldats latins opiniâtre pour regagner le sol de leur patrie, elle souffre là dans ce vague sillon soupçonné à travers nos jumelles, par nos regards attentifs, selon ce que conte le

guerrier. Il fut hier, avec eux, avec leurs agonies mornes ou criantes, leurs vaillances rageuses, leurs ardeurs de jeunes athlètes assidus
pour ressaisir les lauriers des légions romaines,
sans trop redouter la même balafre qui marque
de sang subit la face du voisin, ni la même frac-
ture qui met dans la main gauche le bras droit,
du clairon blême grimaçant et invoquant la
Madone, ni la même fin qui tord, dans son
buisson, le « tenente » aux bottines hautes, bien
lacées sur les jambes en culottes étroites, mais
terreuses. Ses mains gantées griffent la pierre.
Il vomit par saccades les caillots de ses bronches.

Naguère il était comme ceux de l'observatoire, un élégant cavalier aux mains faites, aux
écussons d'or chiffré pendillant sous la gourmette
du poignet, au mouchoir de soie parfumée, aux
idées nobles et savantes, promptes à sortir d'une
bouche rasée, comme les abeilles d'une ruche
virgilienne, en brillant.

Ces artilleurs me démontrent les problèmes
tactiques de la guerre qui tonne entre les hauteurs nues de l'Interrotto, à l'est, et les crêtes
du Spitz Tonezza dans l'ouest. Vers celles-ci, se
succèdent, étagés sur les plans du terrain, plusieurs villages, leurs régions agricoles pasto-
rales et forestières, depuis la maison rouge sise
au bas de notre colline-piedestal jusqu'aux pans
de neige sur les hauts versants du Mosciagh, de

l'Erio et du Campolongo. Suite de chaînes sévères aux sommets abrupts, aux pentes ravinées.

Les Autrichiens les occupent ainsi qu'un rempart derrière lequel ils gardent, en partie, le territoire des Sept Communes.

Nous nous attardons devant ce théâtre de bataille. Les trajectoires des obus italiens passent à notre droite pour aller s'enfouir et rebondir, volcans, près des longues batisses de l'Interrotto, bastion qui flanque la gauche des Barbares. Ces bâtiments sont des casernes italiennes tombées aux mains de l'ennemi, lors de l'offensive, et où il ne peut guère se maintenir. Mais la peine semble pareille, ici, comme en France, pour atteindre une ligne de tranchées, détruire quelques champs de jalons et de fils métalliques, écraser quelques redoutes couvrant les mitrailleuses dont le tir rayonne au loin, et fauche impitoyablement les vagues de soldats audacieux.

Et cependant la divine lumière s'épanche du ciel italien vers ce paysage alpestre. Elle éclaire les cimes de roches grises et roses, les bois de sapins hérissant les pentes, les forêts bleuâtres des plateaux, les terres rousses des versants arides, les cailloux blancs des ravins où les eaux torrentueuses du printemps se sont précipitées, les villages aux toits écarlates, les ténèbres même

qui s'élèvent des explosions, avant de monter,
de se dissoudre parmi la limpidité de l'air.

Dans la cabane, sous les feuilles de longues
branches qui la recouvrent et la masquent,
la fraîcheur de l'espace nous évente un peu.

Les monts tonnent en vain. Inutilement les
échos des orages roulent au loin dans les abîmes
et les vallées. On cherche les troupeaux et les
pâtres. On prêterait l'oreille aux sons de vrai-
semblables pipeaux. Tant la nature se prélasse
dans ce matin d'été.

N'était cette absence des villageois et du
bétail dans les prairies, n'étaient ces bruits
éoliens des trajectoires, à droite, n'était là bas
cette région fumeuse et grondante, qu'on peut
ne pas voir, si l'on se détourne, tout est une
paisible magnificence de la création. On croit
au regard des Forces Inconnues qui pensèrent
les mondes, et qui, les ayant suscités, les contemplent du centre de l'univers, de là où le
calcul des vitesses astronomiques ne permet pas
à l'imagination même de parvenir.

Dehors, nous causons ainsi, en goûtant le
Marsala et en croquant les massepains que, très
correctement, l'ordonnance apporta, sur un plateau de laque, dans le plein air. Nous buvons à la
gloire des Latins, à la résurrection de Rome impé-
riale et toute puissante derrière les enseignes de
ses légions, derrière les faisceaux de ses licteurs.

Car à l'ouest du Rhin, comme au sud du Danube, comme au nord de l'Afrique, les élites méditerranéennes qui, par l'esprit de Rome, d'Athènes, d'Ephèse, de Memphis et de Carthage, ont civilisé les races et mis les terres en valeur, doivent rétablir, sur les pays où se développa le génie antique, une hégémonie durable, une force étendue, mère de nouvelles idées créatrices pour l'aise de l'humanité tout entière.

Emus de ces larges espoirs, nous repassâmes entre les bouquets d'arbres grêles nous dissimulant aux vues de l'ennemi. Nous choppâmes contre les mêmes blocs. Nous dégringolâmes dans les mêmes sentes pierreuses. Nous prîmes congé de ces gentilshommes accueillants. Comme je m'étonnais de leur âge, le lieutenant de Soragna me dit que l'état-major italien procède au rajeunissement des cadres, sans faiblesse; et de bas en haut. Il n'a pas comme le nôtre, pour la sénilité, cet engouement qui rappelle de l'intérieur tels colonels affaiblis et sans renom, qui leur met les étoiles à la manche et la branche d'or au képi, tandis que des officiers supérieurs, ayant démontré l'efficace de leur intelligence, depuis trois ans, sur les champs de bataille, doivent recevoir, de ces barbons, les ordres dictés par les doctrines désuètes en contradiction positive avec les faits de cette guerre.

Nous avons quitté la pointe du mont Barco, ses pelouses aux roches blanches, le long de ses chemins aménagés dans le calcaire en morceaux. Nous avons retrouvé l'automobile à l'abri. Nous sommes redescendus par la route commode que le génie a construite, durant la guerre, afin de transporter les batteries lourdes à 1.400 mètres d'altitude. Ces tours de force si rapidement accomplis, et partout dans les Alpes, indiquent l'excellence de l'organisation générale.

Elle est indubitable dans cette contrée qui comprend, entre le massif du Cengio et le massif du Magnaboschi, le passage du Val Canaglia où l'on s'est fort battu en juin 1916.

Il convient de s'arrêter sur une crête du Mont Zovetto. La lutte y fut plus tragique le 15 et le 16 de ce mois-là. C'est un long chaos de rocs blancs, et de broussailles qu'un chemin divise en deux terrasses, l'une inférieure, l'autre supérieure et en retrait. Dans ces éboulis, les Autrichiens avaient installé le 22e régiment de landwehr avec des mitrailleuses derrière des chevaux de frise et des fils barbelés. Ainsi le passage devait être interdit à l'ardeur italienne, regagnant trop vite son terrain.

Ces chevaux de frise mobiles, qu'on peut avancer ou reculer, portent les cadres de grands filets métalliques épais, doubles, élevés à quel-

ques centimètres de terre, pour que les engins
spéciaux des sapeurs italiens ne puissent entamer les mailles de fer, s'ils tombent au bas du
réseau en dégageant leurs effluves mystérieuses
et destructrices. Derrière ces lacs mal déchirés
par la préparation de l'artillerie, quatre mille
Autrichiens attendaient, blottis dans les interstice des rocs blancs.

Le décor est aussi tragique maintenant. De la
Cima di Campolongo les batteries germaniques
envoient toujours leurs 150 sur les collines verdâtres et roussâtres du voisinage. Elles s'étendent en ondulations parallèles qui là, se masquent, et là se découvrent les unes, les autres.
Des pays différents, beaucoup plus élevés dans
le loin, se succèdent ainsi jusqu'aux chaînes
bleuâtres de l'horizon, jusqu'à la Cima Dodici.
Devant le mont Zingarella, relativement assez
proche, devant les forêts des pentes et l'imposante sévérité de ce panorama, les explosions
lancent au ciel si pur, vingt fantômes de ténèbres énormes. Ils déploient leurs linceuls de
fumées dans tout l'espace.

De même et davantage, par centaines, par
milliers, ces fantômes jaillissaient-ils de terre
pendant les journées des 15 et 16 juin. En bas
les Italiens bondirent de leurs tranchées sur la
première terrasse, à travers les chevaux de frise
que démantibulaient les pétards des sapeurs

parvenus à plat ventre, en laissant les deux tiers de leurs camarades se tordre en arrière dans les convulsions de la mort. Pierre à pierre, et par vagues successives, neuf mille Italiens conquirent l'obstacle inférieur, malgré le tir de barrage qui les broyait, malgré les grenades qui les défiguraient, les éventraient. Puis il fallut, se glissant comme des reptiles, entre les blocs, souffrant, expirant, passer le chemin sous les foudres que dardaient les meurtrières des cent fortins établis entre les roches de la terrasse supérieure. Tous les cailloux furent ensanglantés. Tous les creux furent comblés par des agonies hurlantes et palpitantes. En des luttes cruelles, les combattants s'étreignirent. La même grenade décapitait deux adversaires tombés l'un sur l'autre. La terrible massue des Autrichiens, pourvue de rivets en saillie, écrasait les crânes dans les casques. Le fer, les os, la cervelle retombaient en morceaux saigneux et mêlés sur les corps s'effondrant.

Les éclats des bombes et des torpilles ont écorcé, rompu tous les arbustes. L'air déplacé par les explosions arracha les ramilles, et dispersa leurs feuilles. Les moribonds se sont débarrassés de leurs conserves. Les boîtes furent ouvertes et vidées par les survivants qui les jetèrent. Ainsi des tonnelets de bois qui remplacent les bidons dans l'armée italienne, et

que les blessés arrachèrent de leurs épaules,
pour se dévêtir plus vite, voir leurs blessures
béantes, et retenir, avec leurs doigts rouges, les
intestins sortis des plaies.

Qu'on imagine ces milliers d'hommes aux
prises sur trois kilomètres, ces foules aveuglées
par la rage et ruées dans le soleil de juin. Elles
se poignardent, s'égorgent, crient pour leurs
bras déchirés, leurs jambes cassées, leurs panses
étripées, leurs mains amputées. Cependant qu'à
chaque seconde un obus plonge dans cette
multitude, décapite, écrase une escouade, en
rejaillit, volcan qui flamboie, qui emporte les
membres avec leurs omoplates ou leurs torses,
avec leurs iliaques ou leurs échines, leurs lambeaux de tuniques et de pantalons, leurs pluies
de sang et de chairs, de cervelles, retombant
sur les visages, sur les dos des guerriers en
lutte. Dans ce très long chaos de roches blanches et de broussailles, le couteau saignait
partout les gorges qui râlaient. Des poignes
étranglaient les insultes suprêmes dans les
larynx. Et cela dura tout un jour, toute une
nuit, tout un jour encore. On se retrouvait à
l'aube dans le carnage continué à tâtons.

L'odeur amère des cadavres violait aussi les
narines et les bouches quand nous fûmes là.
De grosses mouches bleues se levaient à notre
approche des soldats pourrissant au fond des

trous qu'on avait en hâte, comblés de terre, de chlore. Leurs essaims s'envolaient des chaussures terreuses et rabougries, des capotes roidies par les plaques de sang violâtre, des linges tachés, de la caisse à grenades où quelque bombardier avait du perdre sa main tranchée par un éclat.

Ce qui fut souffert sur le Zovetto semble dépasser toutes les horreurs. Représentez-vous ces vingt mille Latins et Teutons arcboutés contre cette crête de rocs, et s'y tuant quarante heures, sans reprendre haleine, au soleil, sous les astres de la nuit, au soleil encore. Voyez ces foules militaires s'étreignant, se logeant des coups fourrés dans le corps, se mordant, s'étouffant, se déchirant; cela dans les cataclysmes du double tir que les artilleurs des deux partis dirigeaient contre leurs ennemis, afin de les anéantir par masses criantes, écrasées. Entre l'azur et le roc, voyez toutes les rages napolitaines et hongroises qui se crevaient les yeux ; toutes les colères calabraises et tyroliennes qui se transperçaient ; toutes les terreurs lombardes et moraves qui s'assommaient au hasard selon leurs délires; toutes les faces styriennes ou toscanes qui recevaient la chair éclatée du voisin, ou la cervelle déboîtée, ou le jet de sang d'une aorte subitement ouverte ; tous ceux dont la soif racornissait la langue, pendant qu'ils terrassaient

les goths vigoureux; tous ceux dont la faim
ravageait les entrailles pendant qu'ils ripos-
taient de leurs places à des assauts sans répit;
tous ceux qui sentaient la mort les affaiblir dans
la flaque de leur sang répandu, et l'univers
s'évanouir devant leurs yeux chavirés. Ils ont
souffert bien pis que le Dante ne l'imagina
lorsqu'il évoquait Virgile en ses Enfers hideux.

Les cadavres latins et autrichiens recouvraient
ces roches blanches de leurs amas confondus
dans les crispations ultimes de la haine et de la
mort. Six mille héros gris-vert ont succombé là
dans leur vêture couleur de l'alpe nationale qu'ils
voulurent rendre à la patrie avant de périr
entravés par les lacs de fer, criblés par la
mitraille, ou bien déchiquetés par les explosions.

Le capitaine d'état-major qui nous guide ici,
a combattu sur ces lieux mêmes. Cet homme
ardent, corpulent, au visage sombre et grave, a
dirigé la fougue des compagnies, des bataillons
sur les deux terrasses. Il marque les endroits où
les épisodes furent les plus terrifiants. Robuste,
trapu, on l'évoque facilement prêt à tomber
l'Autrichien opiniâtre qui ne voulut pas céder sa
place entre les rocs, derrière son engin de tranchée. Le capitaine nomme tous les points. Il
gravit. Il escalade. Il descend. Il dégringole.
Il reparaît. Les sourcils noirs et touffus rendent plus fiers les regards de son intelligence

complétant le sens des paroles brèves, nettes.

Elles peuplent de maintes évocations ce paysage roussâtre qui s'entasse dans le ciel, cimes, et cimes, plateau sur plateau, avec ses régions forestières, ses contrées de pâtures, ses villages en ruines. Les échos des catastrophes se répercutent de l'orient à l'occident au fond des vallées. Ils y grondent longuement. Ils y perpétuent un orage sourd. De nouveau les coups de l'artillerie, sont assénés, dans l'air. Puis cela tonne. Cela roule. Cela se perd entre deux monts. Cela renaît à l'issue du défilé. Cela marmonne de colline en colline, de vallon en vallon.

Nous achevons d'explorer la crête du Zovetto, en trébuchant sur les débris d'armes, d'outils, d'uniformes, de boîtes à conserves, caisses à grenades, fils de fer emmêlés, rouillés, chevaux de frise bousculés, ou détraqués, parmi les roches, les blocs, les buissons et les cailloux. Nous retrouvons, à la gauche de la position autrichienne, plusieurs casemates encore solides. Les défenseurs y furent embrochés sur leurs mitrailleuses.

En juillet la ligne italienne avait déjà poussé beaucoup plus avant ses travaux d'approche. Elle menaçait, par le flanc est, les redoutes du Mont Interrotto que, du sud, bombardaient les batteries du Cengio, tandis qu'au nord, par la vallée de la Brenta, progressaient les Latins de

Grigno, ayant leurs tranchés dans le Val Sugana, sous la gare d'Ospedaletto, dans les bourgs d'Agnedo et de Strigno. De là leurs feux disputent à l'ennemi toute la région de Borgo.

L'automobile nous emmène à... Invités à déjeuner par le général de division Ravazza, nous montons par un escalier de vieux bois, dans une salle bien crépie sous un plafond de solives apparentes. Autour d'une longue table le général et l'état-major nous font place. Les ordonnances nous apportent l'omelette, les escalopes de veau, l'eau fraîche et pure de la montagne. Le vrai repas de guerre au bruit du canon. Il ne semble que plus spirituel. Le capitaine qui nous a guidés sur le Zovetto, discute la longueur de la lutte et les exigences à manifester après la victoire des Latins. Les convives, depuis le vieux colonel à moustaches blanches jusqu'aux lieutenants imberbes, dissertent passionnément. Convient-il de prolonger la tragédie européenne jusqu'à la dispersion des armées germaniques, jusqu'à l'occupation totale de leurs empires par les peuples de l'Entente, afin d'imposer le désarmement effectif, et, dans les usines, un travail intense des Allemands, des Autrichiens, pour le dédommagement des patries envahies, ruinées, saccagées? Ou bien vaut-il mieux consentir une paix plus prochaine, en laissant aux tudesques la faculté d'établir le Mittel-Europa, de s'y tasser une nouvelle richesse entre Hambourg et Bagdad, puis de recommencer leur tentative de conquête, un jour, avec des armées plus nombreuses, des ressources infinies? Chose que l'Internationale ouvrière ne permettra plus, insinuent, avec le capitaine d'état major, d'autres officiers de réserve. Nous en doutons. Qu'a donc empêché l'Internationale en 1914, malgré les promesses, les discours, les déclarations de ses congrès antérieurs et solennels? Il n'y a même point une internationale des prolétariats neutres qui se soit constituée, en trois ans de conflit, pour essayer une intervention verbale.

Discussion captivante. Toutes les doctrines de l'Italie moderne surgissent autour de cette table rustique, tandis que nous savourons la crème d'un fromage local et délicieux. Le général, les colonels expriment des opinions modérées où la finesse de Machiavel s'insinue. Il y a des commandants barbons voués à l'enthousiasme patriotique de Carducci. Leurs paroles semblent les échos de ses poèmes illustres. Des lieutenants futuristes comme Marinetti croient à une latinité neuve, constructrice de ports et de flottes marchandes, d'usines exportatrices, de finances cosmopolites, et courageuse pour réaliser l'ensemble de pareils vœux, en versant, oui, tant qu'il le faudra, le sang de ses poitrines sur des champs de bataille successifs. Des socialistes comptent qu'une fois cette guerre terminée, la honte de tels massacres, de tels ravages, transformera l'humanité presqu'aussitôt, et que l'ère de fraternité s'ouvrira certainement. D'après eux il suffit d'achever la lutte de telle sorte que ni la caste militaire ni les Prussiens ne puissent se prévaloir d'un triomphe, ne puissent gêner ainsi l'action des prolétariats germaniques, des intellectuels européens et américains.

Le tonnerre étourdissant d'une explosion ébranle l'auberge au milieu de ces propos. Il a fait craquer les solives du plafond, et se fendiller le plâtre des murailles, et trembler les vitres épaisses dans leurs châssis. C'est un 305 voisin qui expédie son obus aux soldats de l'Autriche. Il sied de voir le tir de ce monstre. Repoussant les tasses à café, vidant les verres de liqueur; tous se lèvent. L'état-major est debout en ses uniformes et ses guêtres, les étoiles au col, aux manches. Vieux gentilshommes élégants, selon le style de l'ancienne cour napolitaine. Légionnaires aux épaules larges et au torse musculeux selon le souvenir de Rome antique. Sveltes adolescents aux beaux visages de femmes brunes, comme les peignirent André del Sarto, Raphaël, Mantegna. Les époques diverses de l'histoire latine transparaissent dans cette élite de vingt guerriers rebouclant leurs ceinturons, endossant leurs bandoulières à jumelles et à cadres topographiques. Les éperons cliquètent. Les mains lissent les mèches noires contre les tempes, avant de coiffer le képi gris-vert à l'écusson ailé.

Dehors, après une descente tumultueuse par l'escalier de bois, nous retrouvons l'air vif, en ce fond de vallée. Défilent des troupes casquées avec pelles, pioches, fusils, tentes, et traînant des brouettes, tirant des mulets sous le bât de charge. Des lazzis s'échangent. Les pentes boisées s'élèvent roidement vers la course des nuages qu'elles limitent de leurs futaies denses et feuillues.

Massif lisse, accroupi sur le rond de sa plateforme, le 305 vise le zénith de son fût en deux parties, celle énorme, renforcée de la chambre à charge; celle, plus mince et longue de son tube. Sur la petite voie de fer, le chariot bas, glisse, venu de la casemate. Il colporte l'obus et la gargousse pleine de poudre, grosse comme un sac de charbon. La culasse s'ouvre. Le disque d'acier lumineux tourne. Il montre l'âme miroitante du canon, ses reflets allant vers le cercle de ciel que la bouche entoure.

Vingt soldats s'empressent autour du léviathan. Ils manient des leviers. Ils attirent le chariot. Ils manœuvrent la grue qui saisit, hisse le poids du projectile et l'approche de la culasse. Un

instant, c'est une vie d'usine qui s'agite là, sur
cette plate-forme ronde, près du servo-moteur.
L'obus est introduit dans la chambre de charge
qu'il obstrue. Le gros sac à son tour, s'y tasse.
On a refermé la culasse, rabattu des manettes,
tourné une roue d'acier. Un ordre est crié. Les
artilleurs partent au pas de gymnastique. Ils
vont se poster à l'écart dans les bocages. Le
tire-feu se place derrière son rempart, vingt
mètres en arrière, la corde au poing. Chacun a
mis ses doigts dans les oreilles. Lentement le
monstre lève son col entre les branches qui le
cachent. Un répète les chiffres de l'angle prescrit,
annoncé. Tout se fixe. On attend que la mort
jaillisse, qu'elle vole par-delà l'espace, jusque
sur les redoutes du mont Interrotto pour y
écraser des vies tudesques au fond de leurs
terriers entre leurs pièces meurtrières. Cent
soldats verts-gris dans les buissons verts attendent, en se bouchant l'ouïe ; car parfois l'air violemment refoulé cause des troubles cérébraux,
après avoir fêlé des tympans.

L'artilleur a brusquement tendu sa corde. La
terre émue vous secoue les jambes. La mort
s'envole. L'être vibre des talons au crâne, tandis
que les branches cassées retombent et aussi le
sac lancé, maintenant flasque et vide, après son
jet dans le ciel. Le tonnerre ébranle l'univers.
Les soldats courent. Déjà ils ont sauté sur la

plate-forme, ouvert la culasse fumante. Et les voilà très actifs en cette usine d'explosions. A quinze kilomètres d'ici, des barbares agonisent ensevelis peut-être sous les décombres de leurs abris.

Le vol de la mort a châtié.

Après nous être mutuellement photographiés, en souvenir de notre rencontre, nous prenons congé les uns des autres. L'automobile prend son essor vers le Kaberlaba, à l'est du Zovetto. Nous pénétrons le mystère des forêts remplies de sylvains au bivouac, de convois et de batteries en marche ou bien au repos. On dirait d'un décor fastueux. De mystiques rayons traversent la futaie. Ils éclairent des casques, des figures, un faisceau, quelques scènes pittoresques autour des marmites feutrées qui conservent bouillonnantes la soupe et les pâtes venues sur le bât des mules. L'organisation italienne partout semble excellente ainsi, et digne du nom romain, de la tradition que les Marius, les Scipion, les César, ont instaurée durant leurs guerres.

Un capitaine alerte, la barbe grisonnante, a jailli du buisson. Ce sosie des portraits qui furent peints d'après César Borgia, salue le lieutenant di Soragna et le capitaine Weilschott. Un autre officier, celui-là du type romain, solide et trapu, se joint à la liesse du groupe. Depuis

le début de la campagne, ces amis ne s'étaient
pas retrouvés. Ils se content leurs aventures
avec bonne humeur. Ils s'animent. Les gestes
latins, gracieux et nombreux, secondent les récits,
dessinent les sites dans l'air, miment les actions
et les émotions passées. Nous emmenons l'un
de ces guerriers, celui du type romain. Il va
nous conduire jusqu'à l'observatoire.

Bientôt nous arrivons dans un carrefour de la
forêt, par une traverse que labourèrent les char-
rois d'artillerie et les chutes d'obus. Des arbres
abattus dans tous les sens encombrent. De leurs
troncs cassés les échardes se hérissent. Le
bombardement a saccagé ce bois. Nous mettons
pied à terre, et nous engageons à la file, par
une sente fraîche, dans les broussailles. Il convient de dissimuler son passage, car nous
marchons dans les vues de l'ennemi. Les trajectoires des obus italiens sifflent à notre droite.
Et par là, dans le nord-est, les explosions autrichiennes, à deux kilomètres en avant, démo-
lissent Asiago, ses manufactures de chapeaux
de paille, ses jolies maisons évacuées par leurs
sept mille habitants. Nous contournons les
larges cratères qu'ont forés de corpulentes marmites, des « gros-noirs » remarquables évidemment. De bouquets d'arbres en bouquets d'arbres,
nous gagnons la crête du Kaberlaba. Voici tout
un panorama de guerre.

Devant nous, les pentes brunes de l'Interrotto se relèvent, au-delà du thalweg, dans une lumière terne maintenant obnubilée. A notre droite, Asiago s'écroule. A notre gauche des batteries, en arrière du Barco, tonnent coup sur coup. A notre droite celles de la forêt accompagnent violemment. Nous voyons les fantômes de ténèbres rousses et flamboyantes apparaître puis se diluer lentement sur les terrains de l'Interrotto pour frayer passage aux bonds de l'infanterie vers les casernes que l'ennemi occupe, à mi-flanc, sous le cataclysme continu. Ce tableau se développe à nos yeux entre les branches tombantes du gros châtaignier qui nous masque. Il importe de ne pas être aperçus, car cet observatoire, précieux pour le tir de nos amis, cesserait d'être tenable si les télescopes viennois du mont Erio le remarquaient. On n'a pu construire, ni creuser aucun abri, aucune niche artificielle, afin de ne pas éveiller le soupçon des guetteurs.

Là-bas, en ce pays montant de terres rousses, où les explosions flamboient et fument, des hommes mêlés au sol, blottis dans les trous, clapis dans les sillons, allongés derrière les touffes et les pierres, affrontent la mort, les uns afin de gravir et de reconquérir le sol de leur patrie, les autres afin de conserver ce plateau, ces bâtiments, ces éboulis sans cesse écrasés par de nouvelles salves. Nul n'est visible. Et cependant, là, sous toute l'ampleur de nos regards, des foules enfouies rampent, s'approchent, s'arrêtent, repartent, laissant leurs blessés gémir, leurs agonisants se tordre dans l'épilepsie suprême. Nul n'est visible sur l'étendue brunâtre de ce versant que les branches voisines de nous encadrent, que leurs ramilles et leurs feuilles entourent, limitent, comme en un tableau bien composé du Japon. Voici la bataille moderne; ces pays déserts en face, où sautent à chaque seconde les hauts fantômes qui s'élèvent, gonflent, deviennent nuées, se diluent, se dissipent contre la montagne, là-bas dans le nord, à droite dans l'est, et jusque dans cette forêt au sud, dont la lisière borde le pré où nous demeurons assis derrière un gros arbre, le dernier avant la descente dans la vallée d'Asiago. Et cela dure ainsi des heures, tout le jour, le soir, la nuit, demain, un an, plus. Des civières, cependant, colportent par ces boyaux, ces ravins, ces chemins creux, la torture des blessés. Les automobiles les secoueront, de cahots en cahots, vers les ambulances encombrées de douleurs criantes sous les doigts des médecins, vers les gares de triages et les trains de l'intérieur. Rome souffrante, militante s'évertue toute ici, dans ces territoires roussâtres de la chaîne, avec son âme de l'ère antique.

Devant Asiago, la ligne de feu qui sépare les adversaires d'ouest en est depuis l'Adige, remonte là vers le nord, directement, après un coude enveloppant le massif de l'Interrotto. Elle tranche le sol pour franchir la Brenta entre Borgo et Strigno, puis escalade les sommets des Alpes Carniques. La lutte est donc ardente et assidue en ce point de Sept Communes, devant leur capitale. Les Italiens prétendent submerger l'Interrotto, sous leurs attaques. Les Autrichiens veulent redescendre dans Asiago, puis remonter sur la crête de Kaberlaba qu'ils occupèrent au moment de leur offensive, et d'où nous examinons une heure de la bataille sans trêve. Depuis un an, elle se prolonge jusqu'en cet été de 1917.

Nous avons contemplé les ruines et les incendies d'Arsiero fumant dans nos jumelles, et le désastre de cette jolie cité, de son peuple qui fabriqua les chapeaux de paille d'Italie pour nos Pamélas du Second Empire. Sans nous écarter de la piste étroite, nous avons rejoint la voiture; et, par les bois, couru près de la ville. Là des carabinieri nous ont arrêtés. La chute abondante des obus cassait trop d'arbres, enfumait trop de bocages, empoisonnait trop l'air. Il a fallu tourner sur la route de Breganze.

De plateaux en plateaux, nous sommes redescendus. C'est un chemin aux vues splendides.

Soudain, la plaine apparut. Parallèlement y coulent la Brenta et l'Astico, rivières de clarté dans la province, qu'emmurent les monts lointains, et que le crépuscule obscurcissait.

Étendue grandiose illuminée, par la blancheur de ses villages, par l'éclat de ses eaux courantes.

X

Un beau matin brille encore. Nous courons sur
le chemin du mont Novegno. De Vicence à
Schio la route s'allonge, droite et blanche, entre
les cultures et les arbres. Nous croisons des
troupes de mulets; des Alpins en colonne, si
tyroliens d'aspect avec leur feutre, leur plume
oblique, leurs molletières et leurs cannes de
touristes. Les soldats montrent des figures
d'adolescents vifs. Ils chantent gravement. Un
soliste est écouté par la compagnie au repos.
Tous se sont tus. Ils apprécient la voix qui
monte, triomphe, s'atténue, s'apaise, roucoule,
s'attendrit, murmure.

Dans Schio, cité de filatures, les soldats encore
abondent. Ils rient aux bandes d'ouvrières bien
coiffées. Ils se groupent devant les tavernes. Ils
donnent leurs tonnelets à remplir; car la journée
sera chaude dans la montagne qu'il faut gravir.
Beaucoup sortent de la cathédrale où l'on a dit
la messe. Les chauffeurs cherchent de l'essence
et se renseignent. Il y a des permissionnaires

qui se tassent dans le tramway à vapeur. Notre voiture, par des rues détournées, échappe à la foule militaire. A peine dehors, nous chauffons déjà sur les contreforts de la montagne. A gauche apparaît le fort du mont Enna juché sur la corniche de sommet, au-dessous de laquelle le terrain abrupt et raviné semble, de loin, une chute de sables brillants. A droite le flanc ouest du Summano nous cache la vallée de l'Astico. Et l'ascension commence par une route militaire en lacets, peu large, avec des virages étroits dont les contours surplombent les abîmes. Nous montons vers la masse verdoyante du mont Novegno.

Des rencontres fâcheuses surviennent lorsqu'un gros camion de guerre, un camion-atelier d'artillerie par exemple, se précipite d'en haut sur le tournant où notre torpédo s'élève en quatrième vitesse. Les mécaniciens doivent user de toute leur science pour s'éviter juste, reculer, déborder hors de la piste, et en saillie parfois sur le précipice, jusqu'au point où la roue pose. A vrai dire tout se passe sans incident, grâce à l'extrême habileté de notre chauffeur-architecte, de son aide, le Tunisien qui parle français. Nous montons. Nous montons en voyant le paysage s'abaisser loin de nous, avec ses monts, ses bois, ses bourgs, ses cités, ses fleuves. A mesure qu'il s'enfonce, l'épaisseur accrue de l'air se bleute. Cela devient un décor du Vinci pour ses vierges au sourire d'intelligence, pour ses anges aux mines narquoises. L'espace a la réalité que le maître sut choisir.

Ces races italiques sont étonnantes. De bivouac en bivouac, nous rencontrons des soldats pionniers qui terrassent avec la vigueur légendaire du Piémont, puis des soldats cuisiniers qui font, avec un art odorant, mijoter les succulences des menus napolitains, et, tout le long de la route, des soldats muletiers qui mènent des bêtes grasses, lustrées, bouchonnées, étrillées comme pour un concours d'élevage. Dans les prairies déclives, aux flancs du mont, ces palefreniers excellents soignent leurs bêtes sans négligence. Jamais je ne vis ensemble tant d'animaux parfaits, tenus selon les meilleurs principes.

Les pentes se font plus roides encore. On a l'impression que la voiture va subitement reculer, rouler en arrière. Au fond des abîmes le paysage s'écrase. Les monts s'aplatissent. Les bois deviennent broussailles. Nous montons. L'air fraîchit. La végétation a disparu. La pierre, en tous lieux, crève l'humus et ses plaques d'herbes où des chevaux pâturent. Des paliers inférieurs aux cimes, les fils tendus de la « teleferica » supportent les petites roues creuses du portecharge qui grimpe avec la nacelle remplie de munitions ou de vivres, selon le mouvement imprimé par la machine du poste. Parfois un canon même est, de cette façon, hissé sur les pics. Des auto-camions aux roues pleines gravissent lourdement avec les magasins agencés sur leurs cadres. Nous traversons des plateaux dénudés, ou fleuris de ronces. En plusieurs excavations, des batteries s'installent. Des artilleurs camouflent leurs pièces. D'autres les peignent d'écarlate, puis de noir, afin de soustraire le métal à l'oxydation. Paraissent les ruines d'une bergerie en moellons bombardée par les Autrichiens. Cratères considérables. Les 305 ont troué les alentours. Il est prudent de quitter ici le torpedo.

Nous voilà donc gravissant les éboulis de cailloux, dans le froid vif, aidés par nos cannes à pointes de fer. Au détour de la sente, nous reconnaissons en bas, sur un sommet inférieur, le fort dont nous longeâmes les murs. L'aspect géométrique de son plan est tout évident à cette distance. Il s'étale à la pointe d'un roc debout, isolé. Nous le dominons de beaucoup. A la jumelle nous distinguons les soldats minuscules qui circulent dans les cours. Un oiseau de proie vole entre eux et nous. Il plane comme s'il épiait l'instant de fondre sur leurs vies. Nous montons encore. Tous les paysages se sont abattus autour de notre pic. Je pense à Jésus sur la montagne où Satan lui voulut offrir les royaumes de la terre.

Royaumes souhaitables certes que cette plaine de Vénétie, que cette Schio et ses filatures prospères, que cette Vicence aux palais esthétiques, que ces régions alpestres riches en vergers fructueux, en forêts denses, en paturages couverts de troupeaux. Nous gravissons un monticule encore.

Une plateforme bétonnée le coiffe qui porte une grosse pièce d'artillerie en sa housse. Nous descendons quelques degrés à gauche sans garde-fous. Nous marchons sur une étroite corniche de calcaire. Elle surplombe de mille mètres à pic, l'espace. Elle mène à l'entrée d'une caverne. De là sort un capitaine d'artillerie, robuste en son uniforme, et tout rasé. Nous échangeons nos saluts. Il vit là depuis des semaines avec les servants de la grosse pièce. Il a pu la placer en ce point, lorsque les 305 de l'Autriche eurent suffisamment creusé la roche, et préparé, de la sorte, une alvéole au canon qui, maintenant, riposte. Ne pas trop s'attarder à découvert. Les longues vues du mont Seluggio en face, et au nord, ont vite repéré la présence d'un groupe. Un projectile alors s'abat.

A la file nous suivons le capitaine sur la corniche latérale. Nous nous insinuons entre deux pierres. Nous escaladons et dégringolons. Le vertige ne serait pas opportun ici. Nous posons un pied devant l'autre, maintenant, contre un rocher, sur une langue de grès qui mesure vingt centimètres de large. En dessous mille mètres de vide, l'espace ; et, très au fond, la topographie d'une vallée imprécise. Enfin, une escalade encore ; et nous sautons dans un creux parmi des blocs. C'est l'observatoire du Novegno. Un toit de branches et de cailloux recouvre le gîte du télescope, des cartes, de l'épure sur trépied montrant les directions du tir et les chiffres des distances.

Dans le loin, au nord, sur les massifs du Seluggio et du Cimone les tranchées autrichiennes soulèvent des bourrelets de terre rouge.

Plus près, à notre droite, et en avant, la double cime dentue de la Pria Fora, sa roche trouée, sertissant de l'azur. Entre ces deux points, le panorama des Alpes se compose. Splendeur de la création, harmonie de ciel pur, de cimes roses et grises, de prairies claires, de pentes forestières, de vallées sombres, de villages blancs, de crêtes en lumière ; cela sur des plans divers, étagés.

Au-dessous du Seluggio, que précède le piton vert de Calgari, bastion avancé, plusieurs maisons crépies brillent, là-bas, intensément. Invisible, la Posina coule au pied de ce magnifique amphithéâtre, de l'est à l'ouest, selon une courbe que se disputèrent, que se disputent les armées latines et germaniques. Pas un de ces monts qui n'ait été l'enjeu de sanglantes parties entre Alpins et Tyroliens. Parties exigeant, presque toutes, cinq actions parallèles, puisqu'il faut conquérir le promontoire central, occuper la vallée de gauche, la vallée de droite, et les deux crêtes qui les flanquent, d'où le tir y commande. D'invraisemblables exploits furent accomplis par des files d'alpins tirant leurs mitrailleuses dans les roches, ne lachant pas la longue corde qui les lie, s'agrippant, par le piolet, aux saillies de la pierre, se vautrant au passage des balles et des obus, occupant les cratères forés dans le roc par les 210 et les 305, pour les aménager en observatoires, postes et redoutes. Ainsi les Autrichiens s'étaient, en dépit de tous les guetteurs, élevés mystérieusement jusqu'à l'échine de la Pria Fora, oblique dans le ciel. De là les yeux inspectent le val de la Posina, le massif du Novegno, tout le val de l'Astico, et le massif du Cengio. Dirigée par les observateurs de la Pria Fora, leur artillerie saccagea l'ensemble du pays. Du monte Brazone, très proche, mais au sud-est, les feux italiens arrêtaient, là-haut, la progression de l'adversaire. Le 30 mai 1916, deux compagnies, quatre cents hommes, reçurent l'ordre de résister jusqu'à la fin pour arrêter l'offensive ennemie le plus longtemps. La fin n'est pas survenue. Ces quatre cents héros ont découragé par leur résistance tous les efforts de l'adversaire.

L'orographie de cet espace enseigne aux yeux quelle œuvre de titans, les Italiens, chaque jour, entreprennent. Partout il leur faut gravir des pentes abruptes, ramper contre les parois à pic, tandis que les Autrichiens descendent facilement de plateau en plateau par les amples déclivités des versants sud. Sur la côte verdoyante qui s'incline, à notre gauche, du Seluggio vers le val Posina, et qu'une route en lacets désigne, nos alliés tentent, comme sur l'Interrotto, de monter peu à peu; mais les feux dirigés par les observateurs du Seluggio écrasent les tranchées, déciment les vagues d'infanterie, brisent les canons. La tâche est rude. Il importe néanmoins de prendre à revers la masse triangulaire du mont qui barre le chemin vers cette contrée du Campomolon et du Spitz-Tonezza où nos jumelles discernent des maisonnettes rouges, où l'invasion germanique opprime des montagnards latins. Que de luttes encore feront hurler les agonisants convulsifs sur cette terre faite pour les apparitions des saintes dans la majesté radieuse de la nature.

A regret nous quittâmes le spectacle merveilleux de ce décor. Nous sautâmes hors de l'observatoire, ce trou enfoncé par un 305 dans l'épaisseur des rocs. Nous suivîmes, un pied devant l'autre, l'étroite corniche de la cime surplombant le vide et l'espace, avant de retrouver la caverne des artilleurs, de regarder encore, sur le sommet inférieur, le plan de la forteresse et le fourmillement de ses soldats. Nous avons appris des canonniers que l'ennemi lance à l'ordinaire, trois projectiles, puis cesse, un quart d'heure, tout envoi, obligatoirement, sans doute, pour une remise en place indispensable des appareils de pointage, ou pour la vérification du tir. Pendant ce quart d'heure, les Italiens se précipitent hors de la caverne, chargent, et, à leur tour, expédient la mort, cinq ou six fois. Puis, dès la treizième minute, ils prêtent l'oreille au son du départ ennemi. L'ayant perçu, rapidement ils s'abritent. Les deux partis se lapident, alternativement, de cette manière. Ils menacent leurs existences. Ils tâchent de détruire leurs pièces et leurs plateformes.

Cette espèce d'entente amuse le capitaine. Son visage de romain bien rasé se dilate pour rire. Il regrette l'impossibilité de recevoir des visites féminines à cette altitude. Cinq semaines il demeure là dans la batterie, à la pointe du mont sous la menace des 305. Il nous guide sur les paliers inférieurs. Maintes casemates y servent de magasins, et plusieurs grottes d'arsenaux. Très intelligemment, les sapeurs ont, à la

dynamite, ouvert quelques entrepôts de munitions dans le cœur du terrain, ménagé des
rampes pour y accéder, et en les traçant hors
des vues ennemies. Chaque colline recèle, dans
ses flancs, des réserves de gargousses et d'obus.
Chaque crête protège le chemin d'un poste, d'un
magasin, d'un bureau, d'un télégraphe. On
cultive des edelweiss sur trois parterres improvisés. En un souterrain, le capitaine a son logis.
De spirituelles caricatures le tapissent, agréa-
blement dessinées par la bonne humeur de
l'hôte. Ce sont là des pasquinades opportunes,
et qui dérideraient le plus morose. La guerre
ici n'a pas aboli non plus la verve de la malice
latine, de son scepticisme aimablement philo-
sophique.

Cette guerre dans les Alpes du Tyrol fut
prophétisée toute par la légende qui nous a dit
les Titans à l'assaut de l'Olympe et de ses dieux
porte-foudre. Si les troupes du général Cadorna,
pour les atteindre, ne peuvent entasser le Pélion
sur l'Ossa, elles sculptent, au moins, dans le
roc de leurs flancs, avec la mine et le pic, des
routes en lacets que la meilleure science calcule.
Par celles du mont Novegno, d'invraisemblables
monstres grimpent. Tracteurs d'artillerie lourde,
autos-camions de ravitaillement, usines roulantes, casernes mobiles, arsenaux ambulants
roulent, à la file, de palier en palier. Ces

machines ont abandonné la région des cultures, où marchent les colonnes, pour celle des bois où cantonnent les brigades. Branlantes, les voitures ont tourné dans les virages étroits qui surplombent les abîmes. Elles ont laissé la région des pâturages où l'on rassemble les mulets, pour celle des sapinières où les bataillons aménagent leurs bivouacs, pour la région des prairies où les explosions des obus ennemis lancent au ciel leurs fantômes de ténèbres rousses, pour celle des roches éparses et nues contre le ciel bleu.

Là, des pièces enterrées presque envoient à huit ou dix kilomètres leurs obus catastrophiques sur les chaînes d'en face, sur le Seluggio. Verdoyantes ou bleuâtres, ces chaînes fument. Elles tonnent. L'écho des explosions, dans les couloirs que font les vallées, se répercute, en grondant, atténué tantôt, et tantôt accru, comme si des orages fuyaient, revenaient à des distances variables.

Fortement couverte au nord, par le Novegno, par les monts voisins, immenses et prodigieuses forteresses, qui lui assurent la solidité du centre, l'armée latine a pu reprendre sa marche vers le nord-ouest, vers Rovereto, vers Trente.

Nous descendons par la route militaire qui limite, au midi, le Val Posina. Nous avons couru vers l'ouest, et contourné, par le sud, la base du mont Alba.

Plus au nord, dans le col de Xomo, vainement labouré, défoncé, déboisé par les projectiles des Autrichiens, on se rend compte de l'incapacité à laquelle se trouvent réduites leurs batteries du mont Majo, installées le 15 juin, d'ailleurs mises à mal déjà par le tir italien. On aperçoit le val Posina entre les flancs du mont Majo, couverts de forêts tonnantes, et flamboyantes, et ceux de la Pria Fora où tant de soldats autrichiens moururent frappés à la tête par le tir exact des Alpins. Au fond, la ville grise et bleuâtre de Posina transparaît dans les vapeurs. Derrière elle, les altitudes dernières du Cimone s'érigent au loin. Nous examinons ce théâtre grandiose de la lutte, en un bois sauvage bouleversé par les obus. La batterie des Cyprès détruit les campements et les ravitaillements sur la route du Pasubio. Alpins et bersaglieri ont pu se réinstaller sur le Pasubio, sur la Coni Zugna. Ils tiennent les deux routes de Rovereto : la Vallarsa, et la vallée de l'Adige.

Le massif de la Coni Zugna qui s'allonge du sud-est au nord-ouest, entre ces deux vallées, est, au total, entre les mains de nos alliés. Après avoir livré, sur un plateau de gazon, à mi-pente de son versant oriental, une bataille furieuse où périrent en foule les soldats des deux peuples, des régiments italiens occupent, dans la Vallarsa (le val brûlé), Piano, Chiesa, Raossi emporté maison par maison. Les soldats grisvert du roi Victor Emmanuel campent dans les fermes qu'incendièrent les Autrichiens à l'heure du départ, comme s'ils avaient, pour toujours, renoncé à leur puissance dans ce pays.

Avant de nous y rendre, nous avons déjeuné au bord d'une haute cascade, qui tombe dans un gouffre, à côté du chemin. Non loin de là, quelques pièces de 280 cachées dans les bocages crachaient leurs flammes longues, et retentissaient. Nous avons continué par Piano delle Fugazze, Albergo Dolomiti avant de nous introduire dans la Vallarsa entre le Pasubio et le Coni Zugna.

Maintenant, au nord, sur les sommets du Pasubio, du mont Corno, du mont Spil, les alpins s'insinuent par les ravines. Ils se hissent par les lits des torrents, par les éboulis de pierres. Les cataclysmes des éclatements n'arrêtent plus leur ascension méthodique, ni celle de leurs mulets, intelligents sous le faix de la mitrailleuse, des caissons, des outils que les hommes finiront, là-haut, par tirer à bras, par emporter sur l'épaule. Ils montent. Ils gravissent. Ils escaladent. Ils s'accrochent aux aspérités. Ils grimpent en tiraillant, en se vautrant, en gagnant davantage, en restant parfois des semaines terrés face à l'ennemi, qui les accable de ses grenades. Ainsi les Titans latins font l'assaut de leur Olympe.

J'ai trouvé leur chef dans une humble maison d'Anghebeni. Une maison de vieilles pierres noirâtres, d'escaliers en planches et de cloisons en plâtre. Les nécessaires de toilette et les paniers de vaisselle, confort mobile des officiers du lieu, s'ouvrent sur les chaises rustiques, sur la table de planches. C'est dans la pauvreté du lieu, quelque luxe.

Des tranchées où s'abritent ses combattants, du mont Spil qu'il attaque, le colonel Buongiovanni était descendu, ce jour d'accalmie, afin de mettre en ordre les papiers administratifs de la brigade. C'est un esprit vif et cultivé dans un corps robuste, en uniforme sylvestre et en bas de touriste. Vers 1914, il fut attaché militaire de l'ambassade italienne à Berlin. Il assista passionnément aux débuts de l'immense tragédie. Il croit que les Allemands espéraient tout obtenir par la seule menace de leur mobilisation, sans avoir à ouvrir le feu. C'est pourquoi maintenant ils répètent volontiers qu'ils ne voulurent pas la guerre, qu'ils y furent contraints par la Russie interdisant de châtier les Serbes. Le colonel nous emmena sur un raidillon caillouteux, que nous gravîmes lentement, au pas du montagnard. Le colonel-brigadier me vanta l'endurance, la sublime résignation de ses hommes, sans dissimuler qu'à certains moments, leur nervosité les empêche de supporter les tirs de barrage trop denses, trop efficaces, si l'horreur de massacre se prolonge.

Je comprenais mieux en soufflant la tâche très dure des soldats. Le colonel nous dit combien sont tués par les freischützen, ces virtuoses tyroliens de la carabine. L'état major d'Innsbrück les enrôle moyennant une haute paye. Il leur confie les fusils de précision que surmonte une lunette d'approche afin de viser nettement, à grande distance. Cachés dans les arbres, dans les roches, où ils parvinrent, et souvent fort près de la ligne italienne, ces gens manquent rarement leur homme. Il convient de ne pas se montrer à découvert. Nous rentrons un peu sous bois, au lieu de considérer longuement, du haut d'un roc nu, le dessin merveilleux du Vallarsa. Il consolerait de toute peine, le paysage de cette vallée profonde, rétrécie au sud-ouest par les pentes de la Coni Zugna, au nord-ouest, par les pentes boisées du Pasubio. Tout en bas, ruisseau d'émeraude, dans son lit de cailloux blancs, le Leno coule entre les ruines incendiées, noircies, des fermes et des villages. « Pourquoi tout brûler? » demande le colonel-brigadier. « Pourquoi vouloir tant de misères en ce lieu qui leur appartenait hier? Ailleurs, ils brûlent même les villages du sol italien en leur possession de l'instant, afin que leurs clochers ne servent pas de repères connus à nos pointeurs. »

Nous gravissons la côte entre les arbustes que le soleil de juillet illumine. Des chargeurs avec leurs cartouches de cuivre brillent à terre, et aussi les fourreaux de cuir arrachés, les baïonnettes faussées, les fusils cassés, les fiasques en morceaux, les chiffons de couleur, les vestes sanglantes, les outils jetés là par la troupe en délire au moment de l'assaut sur ce terrain abrupt que la mitraille râclait. Nous montons. Les oiseaux s'envolent. Les papillons se lèvent par essaims. Le colonel vante l'élan des Italiens derrière leurs baïonnettes tendues, ou le jet de leurs grenades promptes. Ils ont tout pris là-haut sur le mont Corno (1.800 mètres), et, plus avant, sur le mont Spil (1.700 mètres), dans ces futaies qui soutiennent le ciel pur.

A droite, au nord, le colonel signale la région qui allait être, à la fin de 1916, attaquée si violemment et si vainement par les Autrichiens (1). Ce Pasubio est le point d'appui de la résistance italienne, la forteresse inexpugnable maintenant.

A notre gauche, et sur la rive gauche du Leno, une colline de terre rose se dresse biscornue

____

(1) Même dans l'été de 1917.

que les soldats, pour l'orgueil de leur chef, conquirent. C'est Mattassone, l'avant-poste.

Trois kilomètres plus loin, un bastion naturel, masse haute de calcaire et de gazon sur la rive droite, barre aussi la Vallarsa. Les Autrichiens occupent Pozzachio. Ils l'ont évidé. Ils l'ont percé d'embrasures. Cela, par moments, fulgure, tonne et flamboie. Les obus italiens éclatent sur les assises crayeuses du bastion.

Face à face, dans le fond de l'abîme verdoyant qu'est la Vallarsa, entre ses deux massifs hérissés de bois, Mattassone et Pozzachio s'insultent, se défient, se lapident et se foudroient, tout le jour.

La route de Trente, par Rovereto, l'objectif national, comme disent les Italiens, est donc à deux branches, séparées, jusqu'à cette ville-ci, par le massif de la Coni Zugna qui s'allonge du sud au nord, entre la Vallarsa, à l'est, la vallée de l'Adige, à l'ouest. La rivière et le fleuve confluent non loin de Rovereto au pied de la Zugna Torta, contrefort septentrional de la chaîne. Par ces deux vallées, les Italiens s'avancent, parallèlement. Ils reprennent les points qu'ils avaient perdus lors de l'offensive autrichienne.

Ces deux voies sont protégées, à l'orient, par les solides positions d'artillerie que les états-majors installèrent sur telle cime du mont Novegno, du système orographique dominant le val Posina.

Si l'on veut passer sur la route directe de Rovereto et de Trente, il faut partir de Vérone, remonter le cours de l'Adige, par les défilés de monts tortueux qui l'enclavent. Près des cimes, plusieurs forts sont tapis. La Cluse de Vérone est bien défendue (*chiusa di Verona*). On se découvre devant le monument de la bataille de Rivoli. Les Autrichiens ont enlevé la statue de Bonaparte. Dans cette région de falaises rocheuses et pâles, Lasalle est arrivé avec trois escadrons pour ouvrir la route aux bataillons de Brune, Rampon et Leclerc, à leurs cinq canons, qui roulaient sur la neige de janvier 1797. Au pas de charge, les colonnes pénétrèrent dans le cirque d'Alpes entourant Rivoli et son plateau où les divisions des Impériaux avançaient par masses denses, se couvraient d'éclairs pétillants, et criaient « Tod ! Tod ! »

L'artillerie prit place sur la crête de Camporengo. Tous les assauts de l'ennemi se brisèrent là. Joubert rédigeait ses ordres dans l'église de Rivoli à la lueur d'un cierge, lorsque Bonaparte arriva de Vérone. Le nombre autrichien amené dans cette étroite cuvette alpestre allait combattre avec un front réduit à la mesure du petit front républicain par le génie du chef corse. Masséna gagna son titre de duc, tandis que ses troupes chantant le « *Ça Ira* », et « *On va leur percer le flanc, rataplan* » massacraient les colonnes profondes, tuaient 1250 Impériaux, en blessaient 2126, en capturaient 7.000 avec deux drapeaux et cinq canons. L'Italie du nord demeurait aux apôtres de la Révolution libératrice.

Les victoires décisives coûtaient moins de vies, et de peines qu'aujourd'hui.

A cette bataille assista, d'en haut, la Madona di Corona. But de maints pèlerinages encore, elle apparaît en son édifice religieux, blanche face de pierre incrustée dans la crête de la chaîne ; sujet de dévotion pour les colonnes de chasseurs en marche, le long de l'Adige. Il coule bruyamment parmi ses bancs de cailloux. La vallée s'élargit, riche en cultures, parsemée de villes claires et de châteaux roses, bien que les chaînes qui la limitent s'érigent plus abruptes dans l'azur, bastions blancs, gris ou verts, baignant au fleuve leurs assises.

Quand on a franchi la frontière ancienne entre Ossenigo et Borghetto, villages pareils, rues étroites, aspects purement italiens, on pénètre en terre reconquise, sous l'écusson neuf *Regno d'Italia*, au vernis frais, vert, blanc, rouge. Heureux d'être les vainqueurs, sur le sol usurpé par l'Autriche, chevau-légers, bersaglieri, alpini, carabinieri, chasseurs, artilleurs parcourent fièrement les chemins, en troupes, avec leurs équipages de guerre et leurs batteries, devant l'admiration des paysannes étonnées.

Ces soldats appartiennent à la division qui défendit brillamment l'aile gauche des positions latines lors de l'offensive autrichienne, et lui céda fort peu de terrain. On conte l'exploit d'artilleurs occupant le haut d'une falaise. Ils descendirent, contre la paroi, un canon retenu par une chaîne sur la corniche. Un homme suspendu de même, chargeait et tirait, exterminant le bataillon autrichien tassé entre le pied de cette falaise et le fleuve.

Avec ses maisons aux toits avancés, ses balcons joliment fleuris, ses rues étroites, ombreuses, ses fontaines jaillissantes, ses vieilles maisons contemporaines de Charles-Quint, qui dormit en l'une où je savourai la polenta du mess, Ala est une très charmante cité des Alpes. Dans l'azur voltigent les proclamations que sèment les invisibles avions de François-Joseph. D'élégants officiers circulent, s'empressent, verts et gris, bottés, sanglés. L'un monte dans notre automobile ; et nous voilà sur la route plus ou moins périlleuse, au grand soleil d'été, par la rive droite de l'Adige, que domine, sur la rive gauche, la Coni Zugna, sévère dans sa vêture de forêts. Ce massif nous sépare du Vallarsa, l'autre route de Rovereto et de Trente. Nous courons à la hauteur de Chiesa et de Raossi, que nous visitions, hier. Tout à l'heure, quand nous devrons, dans Villetta bombardée, à demi-brûlée, quitter l'automobile trop visible pour les observateurs ennemis de la Zugna Torta, nous nous trouverons presque au niveau de Mattassone, cette colline biscornue, où les bataillons du Vallarsa ont leurs avant-postes.

Les difficultés de cette guerre, dans les Alpes,

sont ici tout évidentes. Pour avancer vers Rovereto, il a fallu s'emparer des deux vallées y conduisant, et, pour tenir ces deux vallées, s'établir sur les crêtes du Pasubio, du Corno, du Spil, à l'est, sur celles de la Coni Zugna, au centre, sur les contreforts orientaux de la chaîne du Baldo, à l'ouest. Parallèlement, ce quintuple effort dut s'accomplir au prix de risques terribles. Il eût été inutile si la possession antérieure et solide du mont Novegno, du massif de la Pria Fora n'eût interdit toute action d'arrière et de flanc aux canonniers de l'Autriche. Par ailleurs, le dernier contrefort de la Coni Zugna, la Zugna Torta, qui demeure en leurs mains, empêche depuis plus d'une année, l'élan sur Rovereto.

Devant nous qui montons prudemment le long des haies, des murs, à l'abri des treilles bien feuillues, cette Zugna Torta s'incline du ciel à l'Adige. Amas de terres et pierres rougeâtres, où l'adversaire s'est enfoui, d'où il nous lorgne, en hésitant à nous envoyer quelque obus impératif.

Le tir a fort endommagé les gracieuses et hautes maisons de Chizzola, déserte entièrement, que nous traversons, celles de Serravalle, sur l'autre rive. *Strada sotto fuoco nemico,* annonce la pancarte des sapeurs. Nous montons quand même dans la merveille de ce paysage d'été. Nous escaladons une côte rude, très à découvert :

« Songez-vous qu'à travers son télescope un Autrichien nous regarde, et calcule l'intérêt militaire qu'il y aurait à nous adresser un fusant ou un percutant bon pour nous mettre en pièces ? » me dit mon voisin. Il exprime ainsi la crainte intime de chacun, car nous venons d'admirer la corpulence d'un 420 boche non éclaté dans les broussailles. Cela ne nous empêche pas, au reste, d'aspirer l'odeur forte et suave des vergers, ni de sourire à la courbe du fleuve, à la pureté du ciel, ni de rire bientôt à la plaisanterie des soldats clapis dans leur trou, sous des branches et des sacs à terre, les cartouches étalées, le fusil au poing, la bouche pleine de leurs tartines. Nous sommes parvenus au but. Le capitaine, notre guide, a essuyé son monocle, et l'a replacé dans l'arcade sourcilière. Il nous montre, à nos pieds, Marco, une jolie cité, qui semble déserte, et dont les obus n'ont pas abîmé l'apparence aimable.

Eboulis aride et sombre, voilà les *Slavini di Marco* que, dans son *Enfer*, chanta le Dante hôte des seigneurs régissant alors les destins de cette contrée. Plus loin, deux petites cités blanches encore se dressent sur la vallée bien élargie dans le cirque des monts violâtres. Allongé contre leur base, flanqué de ses usines, Rovereto, là-bas, s'éclaire dans une vapeur diffuse. A l'œil nu, je puis compter les fenêtres des fabriques et d'autres édifices. L'air est si limpide.

J'ai donc salué cette porte du Trentin où, pour quelque temps, heurte l'artillerie de Rome, de nouveau, tandis que, de Mattassone, les canons italiens aussi battent les bastions de l'Autriche, dans le Vallarsa. Par delà cette ville blanche et rosée, les rives de l'Adige font le chemin jusqu'à Trente, que souhaitent quarante millions de cœurs latins, comme la couronne due à leur courage, et à l'antique génie de la Méditerranée. Une barrière encore s'oppose : le rempart du Biaena, solide et qui cache une partie du ciel. A notre gauche les batteries italiennes tirent régulièrement. Au-dessus de nos têtes les shrapnells autrichiens entourent, de leurs flocons, dans le bleu de l'air, un aviateur qui plane, et qui voit la route de la gloire si voulue.

XII

L'itinéraire que nous devons suivre, ce ven-
dredi, propose une course au nord, en remontant
la vallée de la Brenta vers Borgo, jusqu'aux
lignes italiennes et le territoire reconquis au-
dessus du Novegno, du Seluggio, du Spitz
Tonezza.

De Vicence, l'automobile, en une seule traite
atteint le château pourpre de Marostica, son mur
aux créneaux dentelés qui couronne la colline et
la fortifie. La haute tour s'élance au ciel. Elle
culmine sur le bourg, la plaine. Elle a vu les
brigades jacobines de Bonaparte vaincre les
vieux régiments d'Alvinzi. Maintenant les tracteurs automobiles introduisent sous l'arche de la
porte ancienne, ces pièces lourdes, allant vers
les sommets. Ce qui ne laisse pas d'ébahir les
quatre mille gens de la cité pittoresque, faite
pour un peintre de la Renaissance voulant
placer, derrière le Bon Samaritain du premier
plan, une ville éloignée, entière sur une colline
du fond, avant une chaîne de montagnes bleues
et un ciel de lumière ardente.

Par une route droite, entre des arbrisseaux poudreux, dépassant un équipage de pont, d'autres convois militaires, nous avons gagné la Brenta, franchi l'eau couleur de jade claire, en son lit de cailloux, et pénétré dans Bassano. L'agréable ville. Sur la Place du Marché aux façades illustrées de fresques encore vivantes, malgré leur décoloration, la Renaissance italienne persiste. Les souvenirs des siècles antérieurs hantent ces rues populeuses, pleines de paysans vénitiens, de propos tumultueux, d'estafettes et de chevau-légers. Il y a des réunions d'orateurs dans toutes les boutiques, papeteries, boulangeries, librairies. Autour des journaux qu'on déploie les patriotes discutent. Les fourriers marchandent, pour leurs compagnies, les mottes de beurre et les paniers d'œufs. Toute la vie semble hors des maisons, peintes, abritées par leurs toits saillants. Devant les perrons, les voisins se querellent comme au temps où ils prenaient parti contre les Hohenstaufen; ou pour.

Dans les rues et les places, les bataillons gris-verts défilent allègrement derrière la sonnerie des trompettes. Ils s'engagent sur le pont largement couvert, aux balustres élégants; chef-d'œuvre de l'architecture du bois. Pont reconstruit sur l'ordre de Bonaparte après qu'il l'eût fait sauter pour obéir à des nécessités tac-

tiques, en combattant les Autrichiens de Wur-
mser, au mois de septembre 1796. Leur défaite
se paracheva près d'ici, Augereau et Masséna
les ayant déjà manœuvrés dans le pays de
Rovereto. Alors naquit la gloire de la République Cisalpine.

Nous sortons de la cité avec une série de
charettes emportant du foin comprimé en cubes
pour les fringales de la cavalerie. Les attelages
sont pittoresques. Au garrot, le cheval porte,
sur le collier, un ornement pareil au fer de proue
qui précède l'avant de la gondole.

Ainsi la marque de Venise ennoblit les bêtes,
les chariots et la charge. Rose, crénelée, la
tour quadrangulaire qui se dresse au milieu
de cette contrée romantique, fut, sans doute,
un repaire des Ezzelino de Romano, ces chevaliers allemands venus, au xiii° siècle, imposer la
suprématie des Hohenstaufen dans la Vénétie.
Leur férocité révolta les peuples de Vicence, de
Padoue, de Mantoue. Ils finirent par s'allier
avec le Pape, pour l'anéantissement de ces ban-
dits excommuniés, puis exterminés, en 1260,
avec toute leur faction gibeline. Dans la banlieue
de Bassano, le domaine de ces cruels junkers
s'appelle encore, Romano d'Ezzelino. En foulant ces terres, les régiments italiens de 1916,
qui se rendent à la ligne de feu, continuent la
tâche des justiciers guelfes, leurs aïeux, ennemis

des seigneurs-bourreaux envoyés par les kaisers Othon IV et Frédéric II.

Depuis Marius et les Teutons, depuis Varus et Arminius, Latins et Germains n'ont guère cessé la lutte pour la possession de cette splendide patrie. Sous le kolback en la housse grise que perce le pompon écarlate, ces chevau-légers, leurs petites montures trottinant et soulevant la poussière, continuent, au xx⁰ siècle, la guerre même des Romains écrite par Tite-Live et Tacite. A califourchon sur les chabraques en peaux de bique ces cavaliers raisonnent ainsi que ceux des légions rejoignant leur « *Magister equitum* », afin de préserver, selon ses ordres, cette vallée de la Brenta.

Le fleuve coule rapide, et divisé, entre les monts verdoyants, sur un large lit de cailloux.

A mesure que nous montons au nord, ces monts, ces rocs enclavent plus étroitement les eaux torrentueuses. De la berge à l'azur du ciel s'érigent de formidables bastions. Droits et pansus, créés par les évolutions géologiques, ils défendent, de leurs masses successives, l'entrée de l'Italie contre les foules du Septentrion toujours lasses de leurs frimas et de leurs brouillards, toujours prêtes à envahir les terres du soleil, les terres enrichies par la civilisation de la Méditerranée. Au pied de ces immenses rocs, sur la rive si peu large, des maisons assistent au passage des ondes bruyantes. En des terrasses étagées, maintenues par des murailles, les habitants ont planté du tabac. Ils soignent les grandes feuilles précieuses où miroitent, en tombant, les rayons de l'astre. Sur la rive gauche, la route épouse les courbes répétées du fleuve. La trompe du chauffeur avertit les files de mulets que des Alpins chevauchent, et les troupeaux de mulets que des fantassins mènent par le bridon. Sous bâches, des canons lourds voyagent en automobiles, ainsi que leurs accessoires, leurs ateliers de réparations, leurs obus. Tout cela remonte le cours de la Brenta, cavaliers, artilleurs, fusilliers, les uns après les autres, même les dragons aux cimiers hauts, concaves, et armés de la lance. Leur trot suscite des nues de poussière. Elles voilent presque les falaises ventrues. Au sommet, des bois les coiffent qui paraissent un simple gazon aux yeux d'en bas.

Solagna, Campolongo, San Nazario sont devenus des casernes combles. Auprès du puits ou de la pompe, se pressent les escouades avec leurs seaux. Les petites filles s'amusent parmi tant de jolis bruns en bonnets de police, en corps de chemise, en molletières serrées.

La vallée s'ouvre un peu vers Cismon. L'affluent de ce nom y conflue avec la Brenta. Le paysage se resserre ensuite. Il s'élargit de nouveau entre les monts qui, sur cette frontière du Tyrol, formaient naguère les remparts de l'Italie : à l'est-nord-est, la Colle dei Barchi; à l'ouest-sud, les contreforts du mont Forcellona. La porte forée par la Brenta s'ouvre à deux kilomètres de Tezze où la douane autrichienne veillait sur les marchandises arrivant par la voie ferrée qui s'allonge jusqu'à Trente.

Les Italiens ont bondi hors de leur territoire. Ils ont repris aux Germains cette gracieuse partie du Val Sugana. Les villas sous la treille, et tout enguirlandées, accueillent délicieusement le regard du visiteur.

Les crêtes des montagnes boisées, bleuâtres ont quatorze cent mètres sur les deux rives. A Grigno l'état-major campe dans les jardins, les plus séduisants. Ils entourent des maisons de poétes. Ce ne sont que vergers pour les nymphes de Botticelli, que bocages pour les Roméos et les Juliettes. Des rues blanches, entre des murs ensoleillés qu'ombragent les arbres des parc intérieurs, mènent aux bureaux des commanderies. Dans ces parcs et ces bois, les sylvains de l'armée latine préparent les attaques.

Sur leurs collets jaunes, blancs, orangé, amarante, des têtes brunes et graves pensent. Elles calculent. Elle organisent. Elles dirigent les batteries vers les cimes. Elles y envoient le ravitaillement sur les bats des quinze cents mulets qui peuplent les places et les berges de la Brenta tumultueuse, qui piétinent dans les abreuvoirs d'eaux vives. Un élégant, un solide capitaine d'état-major, se joint à nous. L'automobile nous emporte à six par ces bocages, ces jardins superposés remplis de jeunes soldats, entre ces maisons riantes, simples, toutes fleuries, puis sur les bords du fleuve impétueux et glauque, argenté en ses remous que côtoient les troupes successives. Quitter Grigno vous attriste. On y voudrait rajeunir après le breuvage de quelque Jouvence, et vivre là, de rêves en poèmes, y contempler les danses de nymphes allègres, de faunes délurés.

Autre est le réel.

Nous courons sur une route habituellement bombardée. Des haies artificielles, de faux buissons, des guirlandes transversales, au-dessus de nos têtes, masquent l'essor du carrosse que viseraient les pointeurs autrichiens du Civaron. Peu de gens s'y risquent. Le chemin est presque désert. Seuls deux soldats casqués suivent le contre-bas, en frolant les branches fanées du rideau.

La voiture s'arrête à l'écart. Il convient de descendre, puis de gravir à pied, en s'espaçant, une sente pierreuse, dans la broussaille, pour gagner le centre de la brigade qui projette d'ici, vers Borgo, ses patrouilles. La côte est rude. Des nuages subits assombrissent le pays. Ils chargent les montagnes. Ils enlaidissent cette brousse desséchée par les soleils de juin. Nous nous arrêtons pour regarder la perspective des Alpes et, au fond, le clocher de Borgo, ses maisons amassées dans le Val Sugana que resserrent les contreforts du Salubio, ceux de la Cima Undici descendus les uns du nord, les autres du sud. Borgo se trouve sur une ligne droite, qui, tracée sur la carte, du sud au nord, partirait du Zovetto, traverserait les environs de Roana, le massif du Mont Interrotto, celui du Zingarella, ceux de la Cima Dodici, et de la Cima Undici, le cours de la Brenta.

De Vicence, nous avons donc abordé les principaux théâtres de la poussée italienne contre la frontière du Tyrol, d'orient en occident. Nous avons suivi l'action par le sud, en Vallarsa, sur le Pasubio et la Coni Zugna, devant Rovereto. Nous avons approché du Trentin, sur le front méridional, par la vallée de l'Adige et celle du Leno; sur le front oriental par la vallée de l'Astico, et par celle de la Brenta.

D'ici, les batteries latines tirent vers Borgo clapi dans le Val Sugana entre les bases des deux chaînes qui bloquent le fleuve. Les tranchées des adversaires sont à cent mètres les unes des autres. Cette petite maison rose, comprise dans la position de la brigade, et qui en forme le saillant, semble la seule face de vie humaine, devant Borgo, parmi le silence et le désert de cette broussaille, entre ces montagnes forestières que les nuages bas encombrent de leurs panses noirâtres, lourdes, si lugubres.

Plus loin, dans l'ouest, sur la ligne de Trente, à vingt-cinq kilomètres de Borgo, près des lacs Caldonazzo et Levico, les Autrichiens ont concentré leurs divisions qu'ils pensent, de là, transporter facilement vers les trois objectifs de leur centre, de leur droite et de leur gauche.

La pluie tout à coup abattue nous a contraints de gagner le baraquement dissimulé en un pli du terrain. Bâtisse démontable. Les soldats finissent d'ajuster les portes et les cloisons séparant les cellules des officiers qui nous offrent d'un excellent vermouth. Un lieutenant d'artillerie me conte qu'avec deux pièces légères, et une vingtaine d'hommes, lors de l'offensive autrichienne, il dut, abrité dans une caverne, garder, en montagne, un étroit passage. L'ennemi envoya trois mille obus sur ce point, sans obtenir l'abandon de la place; car ils n'atteignirent personne. Afin de ne pas échauffer leurs canons, les Italiens ne tiraient qu'au moment où de l'infanterie s'approchait en masse. Ils dispersaient les patrouilles et les tirailleurs à coups de fusil, d'en haut, tranquillement. Jamais l'adversaire ne put franchir le défilé.

Celui qui me raconte cet exploit semble une grave demoiselle déguisée en lieutenant. Il explique la facilité relative d'une telle défense dans un pays de rocs abrupts, où le chemin d'attaque souvent est unique, étroit, dominé. Très peu de gens résolus peuvent interdire l'accès à toute une division. Par ici, les Autrichiens n'ont presque rien repris de la conquête latine. Et, cependant pour leur offensive, ils avaient réuni trente-six bouches de 305, quatre ou cinq de 420. En vérité, fort peu de projectiles touchent le but de manière efficace.

Sous la capote de ce jeune héros, obligeamment prêtée, je puis, malgré l'averse regagner la voiture. Elle nous rapproche un peu d'Ospedaletto, de la station en ruines, de la tranchée qui garde la voie ferrée. Bientôt la prudence oblige à laisser le véhicule, et à marcher le long des haies masquantes, ainsi que font les escouades rencontrées. Une promenade encore par la broussaille humide : et nous descendons en un fossé pourvu de ses caillebotis. Le fossé se creuse, monte. Il s'incline selon les mouvements des terrains. Il devient une tranchée profonde, très étroite, comme il sied pour que les gerbes des explosions jaillies sur les bords passent au-dessus, sans rien y jeter de leurs éclats. Nous nous suivons à la file. Nous descendons par des escaliers d'argile. Nous grimpons par des pentes glissantes, que l'averse inonde. Nous nous insinuons en des parties couvertes, obscures, encombrées de dormeurs. Ils restent vêtus, armés. Leurs fusils sont appuyés contre la paroi que des meurtrières ouvrent. Elles dévoilent le paysage de pluie, de brumes enveloppant les monts violâtres. De buissons très mouillés, de fils de fer emmêlés, *reticolati*, l'eau découle. Des guetteurs sont immobiles derrière les embrasures. Nous marchons courbés sous les rondins et les rails du plafond bas.

Longtemps nous allons, le long des soldats étendus dans leurs toiles à tente, et qui se reposent. Peut-être rêvent-ils de Tarente au soleil, de ses ateliers dans les rues populeuses, de ses lessives pavoisant les quartiers. Ou de Naples, de sa Chiaja noire, criarde, pleine de chèvres broutant les ordures, et de fripiers étalant leurs nippes. Ou d'un golfe bleu, de ses îles azurées, de ses barques blanches aux voiles roses. Ou de Milan somptueuse, moderne, et ancienne, imposante avec ses églises, ses jardins aux statues célèbres, ses cafés pleins de gestes et de propos rapides, ses crieurs de journaux, ses nombreuses élégantes. Ou d'une marmaille hâlée, joueuse dans un bocage aux citrons d'or. Ou d'une bèche exhumant, un dieu de pierre verdie sous le pied de la vigne en fleurs.

Ces images de la vie latine illuminent, sans doute, les mémoires de ces guerriers engourdis par la fatigue de veiller en leur galerie souterraine. Silencieux, immobiles, ils reposent. Quelques groupes assis boivent, mangent sans parler, avant de partir en patrouille. La tranchée regorge de monde. Des sous-officiers notent et distribuent. Nous marchons toujours, à l'abri des obus que les batteries autrichiennes du Civaron envoient d'habitude.

Ils ont entièrement défoncé la gare d'Ospedaletto. La toiture pend, lamentable mélange de poutres cassées, de chevrons abattus, de lattes et de ferrailles disjointes. Un pan de mur s'est éboulé avec ses briques en morceaux jusque sur les rails. Nous sommes au pied de la Cima Laste toute embrumée par les nuages qui se résolvent en pluie maintenant plus fine.

Comme je m'attardais à découvert pour prendre quelques notes malgré les batteries autrichiennes des monts qui détruisent cette gare d'Ospedaletto, les officiers me prévinrent du péril encouru si l'on demeurait là plus d'un instant : « A la place même où vous êtes, un sous-lieutenant fut tué avant-hier ».

Je voulus m'analyser durant la crainte qu'un tel avertissement provoquait. Aussi persistai-je·

à écrire. Au lieu de l'émoi que j'attendais, je ne ressentis que peu d'inquiétude. Je pus achever mon petit travail sans guère de trouble, sans que mon cœur battît trop vite, sans que mon front devint humide. Je me trouve d'ordinaire moins calme, à l'intérieur, dans ces moments-là.

Mais succomber, parmi des Latins, au bord d'un fossé latin, d'un *vallum*, cela dissipait presque les répugnances de l'instinct corporel devant le risque. Il me plut de prolonger un peu la sensation. Je me crus en harmonie avec ma foi et mes espérances, avec celles de mes aïeux, encyclopédistes et gallo-romains. Eux, comme moi, nous étions les gestes provisoires, la voix éphémère de l'idée latine, dont la durée seule importe à l'évolution des peuples et de la planète. Sur cette frontière alpestre de la civilisation méditerranéenne, j'eus conscience entièrement de ne pouvoir disparaître puisqu'elle survivrait avec l'essentiel de moi-même, mes désirs les plus ardents, mon savoir le mieux entretenu. Le principal de mon être persisterait autant que la force des Méditerranéens, et l'expansion de leur génie dans le monde. La mort ne changeait rien de cela, ou peu.

Elle n'intimide aucun des héros l'affrontant sous les étendards de leurs patries, s'ils songent à l'immortalité de la tradition qu'ils signifient, à l'avenir des espérances qu'ils aiment, religieuses, nationales, scientifiques, esthétiques ; trésor spirituel des ancêtres et de la descendance.

La guerre, ses hasards nous valent ainsi des leçons merveilleuses. Ils nous enseignent à négliger un peu plus notre individu. Nous apprenons que la vie n'est pas la nôtre mais celle des idées, qui constituent le principal de l'élan commun, qui nous furent antérieures de longtemps, qui nous seront postérieures très longtemps. Nos croyances, nos passions, nos espoirs de Latins voilà ce qui devient capital en nous, sous les foudres de la guerre. Chairs, os, nerfs et sang, cela n'a de valeur que comme mécanismes d'expression pour la foi ancienne, présente et future qui nous anime, pour la politique dont nous sommes les zélateurs, pour l'art que nous recherchons dans les formes de la nature, des êtres eux-mêmes et de leurs œuvres plastiques.

Très peu de cela meurt avec notre corps, s'éteint avec notre regard, s'arrête avec les battements de nos artères. Puisque les forces essentielles de notre individu lui survivent, que laissons-nous en le perdant ? Peu de chose. Un étui. Une gaine usée, cassée, que telle autre remplacera. Nos idées survivent qui trouveront d'autres mannequins pour leur éloquence et leur gesticulation.

Ce jour de visite au Val Sugana, j'observai mes compagnons, une heure plus tard, à la sortie d'autres tranchées, sur une route dangereuse, aussi. Elle va d'Ospédaletto au Val d'Agnedo et à Castelnuovo. Nous marchions sur la gauche de la chaussée, le long de haies basses, à travers la pluie battante. Nous avions quitté la falaise qui porte, à la corniche, une maison blanche et un castel ébréchés par le tir ennemi. Il arrivait de notre gauche, des Alpes plus menaçantes dans leurs nuages sinistres et violâtres. Par les broussailles, les vergers, les champs déserts et arrosés de pluie, qui recouvrent la plaine, depuis la rive de la Brenta, souvent des patrouilles autrichiennes s'insinuent sorties de leurs tranchées de Castelnuovo. Nous étions avertis.

Un lieutenant de cavalerie à grosse moustache noire, connaissant la topographie de la première ligne, ses usages nous guidait. Mon capitaine milanais sceptique et sifflotant, respirait l'air à pleins poumons. Engoncé dans sa capote d'uniforme, le lieutenant di Soragna décortiquait un épi pour en croquer les grains, pour estimer la valeur de la culture en ce pays. Le capitaine d'état-major qui nous accompagnait depuis Grigno, étudiait militairement le point tactique.

A distance l'un de l'autre, d'après l'ordre

prescrit, nous avancions, sans autre crainte, au pas de promenade.

Nous avions accompli la moitié du trajet. « Clap! » Un coup de fusil claqua sur notre gauche dans les vergers ou dans les boquetaux.

« Tiens! tiens! » fis-je. Et, comme toujours, en semblable circonstance, je m'évoquai tombant étourdi, la tempe douloureuse, tandis que le décor s'éclipserait dans une nuit subite, pour mon inconscience soudaine et absolue. Cela donné a l'instinct de la peur, je me représentai, comme toujours, qu'il faut six cents projectiles tirés pour un homme atteint, qu'il y a cinq blessés pour un tué parmi les hors de combat, que ma chance de mourir apparaissait entre cent de survivre. L'émoi de mes artères cessa. Presqu'aussitôt j'éprouvai, comme toujours, un certain orgueil à courir ma chance. Une sorte de fierté me cambra. « Clap! » dit encore l'ennemi dans les boquetaux. « Ça y est! » pensai-je. L'air fut traversé par un sifflement qui s'éperdit, sournois, lointain. Je souris de ma crainte.

Le temps écoulé entre les deux coups de feu, nous signifiait que méticuleusement, savamment, on nous ajustait.

« Hé, hé! » pensai-je, narquois pour moi-même. Ces tireurs spéciaux, des freischützen tyroliens sans doute que l'état major autrichien recrute à grands frais en raison de leur adresse, nous choisissaient comme cibles mobiles. Ils s'étaient, la nuit, glissés de buisson en buisson vers la route.

File indienne, séparés chacun de l'autre par quelque cent mètres environ nous continuâmes. Le cavalier qui, très en avant, dirigeait la promenade nous obligea, de son geste impératif, à nous courber davantage. Cela rendit l'excursion pénible, sous la pluie chargeant nos manteaux caoutchoutés, pour le personnage un peu corpulent que je suis devenu. Le malaise de marcher vite, de transpirer, de haleter me parut plus ennuyeux que la crainte de mourir. Afin de respirer mieux et de souffler, je me surpris à relever la tête, le buste. Je préférai le péril à ma gêne physique. Et tant que je m'arrêtai derrière un buisson assez haut. Je me redressai. J'exhalai mon haleine trop contenue.

Dans le bois j'entendis les coups de feu se répéter, sans précipitation, à d'assez larges intervalles. Ils indiquaient le soin des freischützen pour viser le mieux, nos ombres « Clap... Clap... Clap... » annonçaient tour à tour leurs carabines, en claquant tandis qu'au-dessus de nous l'air sifflait, puis murmurait. Je me prévis atteint, l'épaule brisée, le ventre perforé, ou la mâchoire fracassée. Sur quel endroit de cette route jaune et humide m'affaisserais-je, la face dans le gravier bien uni par l'écoulement des eaux? Puis l'émotion se dissipa. Mon cœur ne palpitait guère. Mes nerfs se calmaient parfaitement. Je le regrettai. L'aventure perdit de son caractère. Probablement nul de nous ne serait touché par ces tyroliens experts, mais, à cette heure, maladroits. « Clap ! »

Personne ne sembla broncher, devant ni derrière moi. Là-bas, l'officier de cavalerie, frôlait en courant, très courbé, le mur limite du verger, cette longue ligne de pierres superposées dont la hauteur n'égalait pas un mètre. Je l'admirai souple et rapide, ce sylvain gris-vert. « Clap ! »

Le jeu se prolongea monotone. De me penser atteint, douloureux, ou mort je me lassai. J'avais repris la marche. Je m'intéressais mieux au paysage, aux maisons abandonnées, aux jardins déserts et incultes. J'eus alors le loisir de m'analyser pendant que, de point en point, les petits cris de l'air, et les craquements successifs des carabines autrichiennes maintenaient mes sens en éveil dans un état de vague anxiété. J'observai qu'elle ne m'empêchait pas d'apprécier, en ses détails, une fleur rose, ni la grâce d'une treille sur un verger fructueux, ni la souplesse faunesque du lieutenant qui, devant moi courait, presque ventre à terre, le long de la haie, et du mur très bas, en nous prodiguant les signes, ni la marche sûre et ferme du capitaine milanais qui, diminuant sa haute taille, me suivait, ni le parfum de la pluie fraîche et des branches humides, du gravier sur le chemin inondé. Sans oublier le péril, j'invoquai l'existence probable des villageois contraints de fuir ces maisons dont les obus avaient trop fracassé les toitures, arraché les persiennes, ouvert les façades sur les briques encombrant le plancher de chambres à tapisseries vertes et rouges. Où ces pauvres gens trouvaient-ils asile? Les fils étaient-ils au front tous? Combien de veuves la guerre avait-elle faites qui reviendraient dans ces demeures, avec leurs orphelins seulement? Je tâchai de comprendre leur âme italienne, pieuse sans doute, assez âpre au gain. J'étendis mes réflexions à la longeur de la lutte, à la stratégie du général Cadorna, du général Joffre, tout en attendant après un coup de fusil, celui qui suivrait, — le plus mauvais pour moi peut-être. Le silence, parmi ces jardins abandonnés, ces logis déserts, cette route vide me plut. Je cherchai la prose convenable qui traduirait mon impression. Les bruits de l'averse, des feuilles qui s'égouttaient, et les détonations sourdes, espacées des fusils autrichiens, vivaient seuls dans cette heure, avec mon malaise de piéton voûté, ruisselant, moins attentif à la menace des balles qu'à l'ennui de me sentir poussif.

Cinq minutes, à l'abri d'un buisson qui cachait

ma personne, je m'arrêtai encore, pour reprendre haleine, malgré la mimique négative et lointaine du lieutenant. Il persévéra dans sa hâte. J'avais trop besoin de redresser mon corps, de m'essuyer le visage, de régler ma respiration. Donc à l'assurance d'esquiver le péril improbable je préférais le bien-être provisoire de la halte. Le capitaine milanais s'arrêta de même, derrière moi, et à longue distance. Il s'assit sur une pierre. Nous jouîmes de ce repos tranquillement. Nous étions résignés aux aventures fatales mais incertaines. D'ailleurs les freischützen ne nous distinguaient plus sur la route. Ils cessèrent le tir plusieurs minutes. Et ce fut exquis de se prélasser dans le silence de la campagne, au chant de la pluie.

Quand nous repartîmes, leur maladresse recommença de se prouver. Mais nous arrivâmes à l'église d'Agnedo sans autre mal. Son épaisseur nous garantît contre le tir, et sa nef contre la pluie.

Nous fûmes rejoints par les quatre autres officiers. Nous devisâmes paisiblement sur la maladresse des tyroliens. Je me désaltérai à ma gourde. Je me défis de mon manteau alourdi par l'eau du ciel. L'averse parut finir.

Délassés, rafraîchis, nous traversâmes le bourg sans vie, aux demeures béantes et abandonnées, aux persiennes ouvertes sur le vide. Il nous amusa de lire l'enseigne : *Latteria sociale di Vall, Agnedo*. Cette épithète « sociale » appliquée à une laiterie coopérative de montagne, nous suggérait toute la préoccupation politique des citoyens que la guerre avait, contre tous leurs espoirs, contre toutes leurs certitudes mêmes, chassés d'ici, de ces jardins et de ces charmilles, de ces maisons avenantes. Illusion, l'entente universelle des socialistes qui devait interdire la guerre aux gouvernements ! Je me récitai la phrase de Jaurès déclamée à Montmartre dans une réunion publique, le 4 mai 1914 : « *Il y a en Allemagne quatre millions de socialistes qui se lèveraient comme un seul homme pour exécuter le Kaiser s'il déclarait la guerre !* »

Comment ce professeur intelligent avait-il pu manquer à ce point de clairvoyance, après tous les dénis loyaux de Bebel, dans les congrès, après toutes les franches ironies de Marschall de Bieberstein, à la seconde conférence de la Haye. Que reste-t-il de la chimère ? Cette façade labourée par les balles, ces toits enfoncés par les obus, et, de Nieuport à Altkirch, de Rovereto à Monfalcone, à Monastir, à Serrès, à Belgrade, à Focsani, à Brody, à Riga une zone de villes-ruinées, de cimetières remplis, de champs mêlés à la putréfaction des armées mortes, une zone de pays où s'enterrent vivants les bataillons avant de périr écrasés par les explosions innombrables, depuis trois années, dans l'air qui tremble et sur la terre qui tonne.

Latteria sociale di Vall l'Agnedo. Faute de lait, les petits des Teutons socialistes meurent en nombre dans toutes les villes des Allemagnes. Qu'est-ce que de nos espoirs même quand ils semblent logiques, universels? Qu'est-ce que de notre sagesse, même quand elle s'affirme violente et internationale?

Cependant nous gagnons l'avant-poste de Villa d'Ivano, en longeant, à la file, les murs et les haies, la lisière d'un bois humide. Ainsi nous joignons une sorte de digue épaisse et haute en moëllons bleuâtres. Contre cela, sous des appentis provisoires, beaucoup de soldats gris-verts se pelotonnent. Sur une échelle de branches, un guetteur grimpa. Il examine, par-dessus ce rempart, les boquetaux, les vergers, la broussaille, les maisons et les champs par où l'ennemi se peut glisser. En bas, les officiers écrivent en une sorte de hangar. Ils nous accueillent avec toute la courtoisie des Italiens. Ils nous offrent des boissons fraîches et même des chaises. C'est un repos bien heureux, après cette marche dans la chaleur de juillet sous le caoutchouc du lourd manteau que battait la pluie.

Nous avons pris place dans le hangar. Un soldat parti pour quérir de l'eau est salué par les balles des Autrichiens au moment où il passe devant une brèche. Et ses camarades le houspillent de leurs lazzis, comme si quelques farceurs de carnaval lui jetaient leurs confetti. Lui-même rit en galopant hors d'atteinte. Tant la coutume de la guerre a fait ces héros méprisants du danger. Tous semblaient là, tranquilles, tous, bien qu'ils ne pussent guère s'écarter de leur digue, les projectiles passant au-dessus pour, fréquemment, trouer la prairie adjacente, immédiate. Collés à cette muraille, les soldats italiens jasaient, buvotaient, sommeillaient, calmes. Plusieurs de leurs camarades pourtant, continuaient, sous les bosses des tombes voisines, à dormir plus profondément, dans cette prairie, jusqu'au bois, et jusqu'au loin, dans la clairière, où se développe la perspective de la colline et de son castel.

Apparemment ces hommes sentent que le principal de leur être, l'honneur de l'Italie, et du génie latin, se perpétuera, même si quelque mauvaise chance les étend morts à côté de leurs morts, sous l'humus mouillé. Rien ne périrait de leur vie principale, cet orgueil de la nation qui veut redevenir intégrale. Car ôtez de notre esprit les passions politiques et religieuses, le goût pour la perpétuité de l'espèce, l'amour et l'appétit, le sens des arts, restera-t-il une chose digne d'être nommée? Or tout ce qui nous passionne, tout se prolonge hors de nous, sans fin, et, par là, nous perpétue.

Le commandant du lieu, grand garçon tranquille, ses lieutenants affables nous expliquent la valeur de ce point. Derrière leur poste, du castel qu'ils conquirent on a des vues par delà Borgo, sur toute la vallée de la Brenta. Les Autrichiens avaient puissamment fortifié la place. Nous apercevons encore les tranchées, leurs embrasures autour de la villa, de son belvédère, juchés si haut, après deux hameaux blancs sur des côtes montantes couvertes de cultures et d'arbres en bouquets touffus.

Agréable décor encadré par les branches d'un acacia proche de nous, et qui s'enfonce, dans l'orient, jusqu'aux profils bleuâtres de la Cima d'Asta, du Mont Coppolo, de la Cima Laste. C'est un très bel aspect de la patrie latine reconquise.

A travers potagers et vergers nous sommes revenus sur nos pas, avec les mêmes précautions cette fois inutiles. Nul freischütz ne nous a visés. Nous avons pu déjeuner à l'aise dans un bourg évacué. Seul un détachement de dragons occupait les maisons, les fermes, l'auberge et l'épicerie. Notre automobile était là nous apportant la corbeille aux vivres achetés dans Vicence. Avec nos couverts et nos gobelets de campagne tirés de leurs étuis, nous avons fait honneur aux sardines, à la mortadelle, aux fruits, à l'eau minérale.

La pluie ayant cessé, il n'y a que du silence dans cette cité déserte. Pas une poule ne picore dans les courtils. Pas un chat ne s'étire sur un seuil. Les dragons eux-mêmes demeurent immobiles et muets dans leurs corps de garde. Il semble qu'on ne veuille, par le moindre bruit, attirer sur ces rues, tortes, sur ces toits rougeâtres, sur ces jardins en friche, l'attention des observateurs ennemis, puis la foudre de leurs canons braqués dans les crêtes et les nuages du Castelnuovo.

A toute vitesse notre voiture nous a ramenés sur la rive gauche de la Brenta, par la route masquée de buissons artificiels, de guirlandes sèches. Une claironnade précédant l'essor d'une automobile, soudain, annonça l'apparition de Sa Majesté Victor Emmanuel. Soldat rigide, sous le képi, il a passé dans une nue poudreuse en répondant à notre salut militaire. « Le roi ! » avertirent, autour de moi, les officiers. Ce fut une sorte de murmure pieux, impressionnant. La dévotion que valent à ce prince sa bravoure et son assiduité durant les travaux de la guerre est unanime. Entendre parler de la personne royale à voix basse, religieusement, par les soldats, par les officiers, par vos amis, par le peuple, par les fonctionnaires, par les marchands, c'est comprendre l'état d'âme qui, jadis, dans cette Italie même, se créait devant un Saint-François d'Assise et les miracles de son indulgente générosité.

Le roi Victor Emmanuel possède ce prestige du saint, tel que le peignirent les Luini, les Raphaël, les Fra Angelico. Tandis que mes compagnons murmuraient : « Le roi! » je crus voir une fine auréole autour de la figure guerrière, qui s'en allait, roide et pâle, vers le feu sur le char volant des prophètes.

Victor Emmanuel déjà vit en son atmosphère de légende. Que ce fut le général Cadorna dans ses discours vigoureux et clairs, pleins de génie, ou le général Porro si complètement lettré en ses conversations excellentes, ou les chefs de corps, de brigades, rencontrés sur la ligne de feu, ou l'érudit colonel-comte Barbarich, l'héritier spirituel de la tradition romaine, ou le capitaine milanais Weillschott, épicurien et sceptique, ou le lieutenant valeureux, l'écrivain célèbre Ugo Ojetti, dont les connaissances universelles enchantent l'esprit, que ce fût le lieutenant de Soragna, si froidement impartial en ses arbitrages parmi les valeurs des idées capitales. que ce fussent eux, ou leurs pareils, fils évidents des glorieux condottieri, Sforza, Colleoni, des princes discutant avec Laurent de Médicis, des humanistes assemblés à Venise par les

Alde Manuce, des seigneurs en verve amusés
par leur Arétin, des curieux avides séduits par
La Mirandole et son érudition, des politiques
habiles fidèles aux instructions de Machiavel,
que ce fût le dernier des pauvres soldats conduisant sa mule dans un sentier rocheux de la
cime, et songeant à sa vie de pâtre sur les
pentes neigeuses, — quiconque a nommé le Roi
l'a fait, avec cette manière de dévotion expri-
mée par les maîtres de la peinture ancienne
évocateurs de saints et dessinateurs d'auréoles.
L'éternité des caractères et des esprits, la per-
manence des idées à travers les époques, la
survivance du monde ancien, latin, romain,
florentin et vénitien dans ce temps de cataclysmes scientifiques, de télégraphie sans fil,
d'avions à vitesses de bolides, de lois économiques à répercussions indéfinies autour de la
planète industrielle et bancaire, cette persis-
tance du passé dans les figures vivantes, vous
procure, sur les monts de la guerre italienne,
une émotion de pensée toute mystique.

Depuis les premières invasions barbares, le
morcellement de la péninsule latine entre vingt
républiques ou duchés soumis aux maîtres de
Byzance, de l'Espagne et de la Germanie, avait
rendu l'idée du monarque moins importante que
l'idée du saint. Ambroise, Thomas d'Aquin,
François d'Assise furent, pour les peuples ita-

liques, des figures grandioses, et tout autrement que les monarques des Deux Siciles, l'empereur venu repentant à Canossa, ou le roi de France battu dans le Milanais.

Le sentiment populaire n'a trouvé que dans les manières de sa dévotion ancienne à l'égard du saint l'allure qui seyait à son admiration du roi Victor-Emmanuel rigoureux envers soi comme un ascète de légende, érudit comme un bénédictin, empressé vers le peuple souffrant dans les catastrophes de Messine, comme un thaumaturge de l'hagiographie. Trop de tableaux, de statues et d'églises, trop de patrons, en leurs niches, ont conseillé au peuple sa façon de respecter le souverain ainsi que furent vénérés, par la religion italienne de vingt siècles, les ascètes, les moines glorieux, les pieux chevaliers, ceux dont une auréole indique, sur les tableaux des grands maîtres, la mission surhumaine.

XIII

La ville du Palladio s'est, à nos yeux, évanouie. Nous ne nous y reposerons plus, après nos courses de guerre dans les alpes du Trentin, le soir, devant les sorbets délicieux du café, en contemplant ce miracle de l'art qu'est au clair de lune l'angle de la Basilica. Angle fait de deux statues viriles et fines, debout dans le bleu, sur le coin d'une balustrade que supportent l'architrave, les chapiteaux, les colonnes jumelles de l'étage aux belles arcades, puis l'architrave encore les chapiteaux et les colonnes jumelles se dressant sur les dalles de la place. La pureté des lignes, leurs proportions, leurs valeurs, respectives, composent un type exemplaire pour toute esthétique.

Les deux paliers de l'édifice, l'ionien et le dorien, leurs arcades superposées, leurs cintres successifs, arrondis chacun sur la sveltesse des quatre colonnettes en vis-à-vis par deux, la longueur de la façade harmonieuse, aérée, diverse et une; tout, en ce chef-d'œuvre, vous invite à l'agrément de la paix contemplative dans le repos.

Quels soirs après les tumultes de la guerre, et l'horreur des évocations tragiques, sur cette Piazza del Signori, pleine de murmures agréables dans la pénombre obligatoire pour ne point attirer la malice des aviateurs autrichiens. Qui ne regretterait les flaneries dans cette ville de palais vénitiens, de façades élégantes et sobres que couronnent si noblement leurs balustres, leurs pots à feu, leurs trophées de pierre, leurs amours massifs, et qui vous révèlent, à travers leurs grilles, des perspectives imposantes, marmoréennes, des cours bien dallées, des jardins où s'avancent, sur des perrons majestueux, les statues de la fable hellène et latine.

Le génie du Palladio inspire tant le sens de la paix par l'apparence durable de ces bâtiments, par le calme de leurs visages en pierre rosâtre et dorée, par l'évocation des siècles antiques et de leurs idées survivantes, éternelles, ainsi qu'elles se manifestent dans les deux colonnades ornant le palais Chiericati ; musée plein d'images saintes et de legs romains. La perfection vous obsède, tantôt rectiligne et nue comme dans l'attitude du Palazzo Porto-Barbarano ; tantôt parée de ces joyaux que sont les fenêtres gothiques du xve et le portail ouverts dans le Palazzo da Schio, par exemple ; tantôt complexe et vivante

comme dans le décor permanent du Théâtre
Olympique où finit si fâcheusement l'illusion de
Titto Bassi, le héros d'Henri de Régnier ; tantôt
vigoureuse et fière comme dans la Loggia Ber-
narda, solidement trapue.

Il nous a fallu fuir ces rues de silence, de
beauté, riches en suggestions historiques et
littéraires, ces places populeuses, ces avenues
où se croisent tant de chevaliers gris-verts et de
jolies Vénitiennes en blancs costumes d'été.

Nous les retrouvons d'ailleurs, sous les
arcades ombreuses d'Udine, après avoir traversé les couleurs de Vérone, où nous laissâmes,
le lieutenant de Soragna, et salué les Scaliger
dans leur manteau de briques préservatrices
contre les obus des Vandales, contre les explosions destructives.

Dans Udine les cerises noires et succulentes,
nous ont énivrés. Sous l'Abraham qui, prêt à
sacrifier son fils, selon un mouvement de tragédie décorative, occupe le plafond de la galerie
traversant le palais de l'archevêque, nous avons
discuté encore. Les dîners avec les officiers des
missions étrangères, dans la vieille demeure,
furent tout animés par les commentaires et les
espoirs que suscitait l'offensive heureuse du
général Broussiloff en Volhynie, en Galicie.
Serbes, Belges, Italiens, Russes, Français, lieutenants, capitaines, majors, colonels et le général

anglais lui-même ne doutaient pas que les Allemagnes ne fussent totalement soumises, à la longue, ni que les peuples tchèques, polonais, jougo-slaves ne fussent affranchis après la rupture définitive du jong autrichien.

Quant à la durée de la guerre, si les avis étaient toujours partagés, on ne lui donnait pour terme acceptable que la défaite absolue des Barbares. Je fus même surpris d'entendre la réalité de l'exécration unanime se manifester par ces bouches d'officiers diplomates. Nos Français ne me semblèrent pas les moins offensifs, bien que le colonel de Gondrecourt conservât toute la mesure. Le bel et grand Canadien promettait l'effort du monde entier pour l'abolition du militarisme et de la tyrannie germaniques. Les Italiens, plus malicieux, montraient quelque scepticisme de sages. Ils appréhendaient, alors, que les états-majors ennemis ne violassent la neutralité helvétique afin d'envahir la Lombardie ou le Piémont par les voies du Tessin, au débouché desquelles les sapeurs du général Cadorna renforçaient, de toutes manières les positions d'arrêt.

Rentrant par les places et les rues vides, sous les arcades sans flaneurs, qu'éclairaient vaguement les lueurs fort atténuées, bleuies, des réverbères électriques, notre causerie troublait un peu le silence d'Udine au repos en ses songes du temps vénitien.

Nous allâmes vers la bataille dans les Dolomites. Sur une route presque droite notre automobile nous a menés, d'un seul vol, dans la lumière d'un superbe après-midi vers Gemona. D'abord nous laissons à gauche le pays où l'archiduc Charles battit en retraite sur Udine après le passage du Tagliamento à Venzone par les troupes de Masséna, le 16 mars 1797. Bonaparte voulait parvenir à Vienne par Gemona, le col de Tarvis, Villach, Klagenfurth et le Semmering. Le 18 mars, les Français se concentrèrent sur la rive gauche du fleuve. Ils remontèrent son cours, précédés par les reconnaissances des chasseurs.

La ville est telle que les vieux maîtres en peignirent beaucoup au fond de leurs panneaux où jouent la Sainte Vierge, Jésus et Saint Jean-Baptiste. Et si jolie qu'elle semble illusoire au voyageur l'apercevant une première fois. Au sommet d'une colline qu'entourent, d'assez loin, la cirque des Alpes carniques, leurs cimes rocheuses, une tour quadrangulaire dresse, en plein ciel, sa force rose. De là s'abaissent les maisons blanches et rouges groupées, sur le plan inférieur, autour de leur cathédrale, de son campanile aigu. Les murs crénelés enferment des collines et leurs bois ombreux. Une porte de défense que domine le lion de Venise vous reçoit sous la voûte sonore. Et c'est le charme infini de rues claires, fleuries, de jardins odorants, de jeunes filles en promenade. Les écoliers musardent devant les images des boutiques. Les chasseurs de Masséna qui pénétrèrent ici, éclairant l'avant-garde, durent se dire leur joie. Ils avaient gagné le premier point de leur itinéraire, sans coup férir. Ils se rafraîchissaient dans une ville d'opéra, faite pour l'ivresse des yeux, et la sensibilité du poète.

On les évoque en caracos verts à brandebourgs blancs et en culottes hongroises, sous le petit casque à chenille hérissée, poussant leurs bidets de réquisition, qu'ils gourmandent et qu'ils fustigent. Avec l'étonnement de gamins, et leurs facéties, les voilà devant la cathédrale. Comme ils durent railler le Saint Christophe géant de 1331, sa face un peu conique, les deux bouclettes frisant au menton, et le corps de sept mètres portant le petit Jésus, sur l'épaule, une branche d'olivier dans la main. Que surent-ils lui dire de plaisant nos gamins de Paris, de Marseille ou de Lyon en abattant leurs mousquetons à bretelles de cuir blanc, devant cette haute statue qu'un tremblement de terre fendit toute, aux temps passés de 1348?

Sautés à terre, furent-ils contents de pénétrer dans la croix latine de la nef, puis de faire retentir les échos en foulant, de leurs bottes à cœur, les dalles des bas-côtés? Devant le baptistère, lutinèrent-ils la néréide nue sculptée dans ce sarcophage payen, et qui se renverse à cheval sur le dauphin aux courbes admirables dont elle tient la bride? L'enseigne de l'*Albergo alla stella d'oro* attira-t-elle leurs camarades pressés de boire, sans quitter la selle, un verre de rogomme qu'offrait une bonne fille émerveillée de leur venue, comme celles-ci le furent de la nôtre, automobilistes militaires, achetant des cartes postales au papetier de 1916?

La brièveté du temps permis à notre course nous oblige à traverser au vol la vieille cité précieuse, à négliger ses autres églises, La Grâce et Saint-Jean, même le Castello, sa vue sur les monts du haut de la tour. Là, dans ce château de la Seigneurie, furent imaginées de premières franchises communales. De là furent annoncées les invasions des barbares, des Turcs, et des Autrichiens, aux défenseurs des libertés latines.

Sortis de Gemona, nous prenons notre essor vers Ospedaletto, à travers le pays montueux et les vignobles où la 32e brigade bouscula les Autrichiens, le 19 mars 1797, avant de posséder le bourg construit autour de l'hôpital de 1213, avant de poursuivre, par delà, les Impériaux qui tuèrent alors le plus magnifique grenadier de cette troupe hardie. Des soldats italiens cantonnent en nombre dans ces jolies maisons, dans

l'heureuse campagne qui descend vers le Tagliamento. Ses ruisseaux coulent entre ses bancs et
ses berges de cailloux, dans le paysage superbe
que forment le mont Brancot à l'ouest et le
mont Cumieli à l'est, leurs contreforts, pentes
et collines. Un pont favorable aux yeux et qui
fait un centre aux perspectives majestueuses de
la vallée, enjambe le lit du fleuve. Peu après,
Venzone, nous offre, au passage, ses tours et sa
forteresse, ses maisons, ses rues ombragées, la
fraîcheur de sa cathédrale pleine de trésors. Ce
fut jadis une halte de marchands ; car la route
mène des pays italiens aux terres germaniques. On a conclu maintes transactions d'importance sur l'escalier extérieur du Palais Com-
munal, à l'abri des arcades qui soutiennent sa
carrure, son clocher trapu, ses murs aux fenêtres
ogivales. La grande horloge marqua, sous le
Lion de Saint-Marc sculpté dans sa niche, des
heures précises pour l'avènement des gouver-
neurs qui représentèrent ici l'empereur Othon III,
les patriarches d'Aquileja, les comtes de Goritz,
tour à tour, selon les changements de l'histoire,
et les chances des armées. Le magistrat y ren-
dait la justice sous des inscriptions latines
de 1405.

On évoque la population du Frioul qui se
pressait, le dimanche, aux portes byzantines de
Saint-Andréa, pour entendre la messe devant le

tombeau des comtes. De la pierre sépulcrale sort, ferme, puissante, une main. Elle tient le sceptre, en dépit de la mort qui la décharna.

Que pensèrent nos Jacobins de 1797 à la vue de ce symbole audacieux, eux, les briseurs de couronnes? Ils le respectèrent, et aussi le rude oiseau héraldique dégrossi dans la pierre bleuâtre que présente la muraille, et aussi tout le trésor avec la croix magnifique de la procession qui élève à droite et à gauche du Christ, deux statues pieuses d'argent doré.

Plusieurs momies, debout derrière une vitrine, rient, de leurs visages anciens et couleur de terre, en leurs chemises, en leurs linceuls conservés par la boue que filtra la planche du cercueil. Ces êtres efflanqués, jaunâtres, dans la rotonde de la chapelle Saint-Michel, n'ont rien perdu vraiment de leurs physionomies jadis vivantes. Ce sont des personnes diverses. Chacune garde son caractère vrai. Au bout d'un moment on se trouve enclin à les interroger sur l'au delà. Un sulfate de chaux anhydre mêlé à la terre momifia de la sorte ces bonnes gens du XVIIe siècle que plaisantèrent sans doute les gamins de Masséna, traînant leurs sabres et leurs éperons dans les chapelles de Venzone, avant de quitter ce bourg aux maisons basses pour remonter le torrent de la Fella, passé son confluent avec le Tagliamento, et courir s'emparer de Chiusa-Forte. Les Autrichiens, tenaient le château et le défilé des monts sévères aux cimes de roches grises. Masséna fit grimper une compagnie. Elle détacha des blocs. Elle les poussa vers le toit du fort. Il s'effondra sur les défenseurs. Ensuite quinze grenadiers pénétrèrent par une fenêtre. Ils obtinrent la reddition de la place. Sous la voûte toute la division put s'avancer puis courir, les jours suivants, jusqu'à Léoben, et décider l'Autriche à la paix de Campo-Formio.

Endroit sublime, ce confluent du Tagliamento et de la Fella, entre les monts verts du S. Simeone, et les rochers gris de l'Amariana. Ce paysage de la Carnie, mérite qu'on l'adore en extase. Quelles beautés le soleil insinue dans les forêts assises sur les flancs des trois chaînes orographiques qui, Simeone, à l'ouest, Plauris, à l'est, Amariana, au nord, serrent la rivière entre leurs versants de plateaux étagés, de bois nombreux, de ravines aux sables clairs.

A l'issue de ce carrefour imposant où les vallées se croisent, plus magnifique encore s'allonge à l'ouest après la courbure du fleuve, celle du Tagliamento en son large lit de pierrailles.

Nul homme qui s'occupe ici de la fenaison. Tous apparemment combattent. Seules les gracieuses filles de la Carnie, en tabliers de couleurs, ratissent les herbes fauchées, les unissent en meules. Ampezzo est une ville toute alpestre au pied des cimes, et qui, par ses fenêtres, à l'ombre des toits saillants, regarde le massif du Verzegnis. Des balcons en bois, les gens saluent notre automobile militaire, de leurs « Viva l'Italia ! », ou de leurs « All Italia libéra ! » L'enthousiasme échauffe les visages, et déploie les gestes.

Cette course à travers la splendeur variée de la Carnie, de ses collines, et de ses vertes montagnes, de ses villages heureux, pour rejoindre les camps et les fureurs de la guerre : quel contraste ! Ce que les poètes et les musiciens inventèrent de plus radieux afin d'exprimer le calme opulent de l'été dans la nature, nous était présent, de pas en pas, aux limites de la Carnie et du Cadore, au Passo di Mauria, et à l'issue des gorges émouvantes, dans ces Alpes hérissées de sapinières jusqu'à leurs sommets aigus. Et partout ces enfants qui nous criaient leurs vivats, qui nous jetaient mille fleurs. Et partout ces belles faneuses qui dressaient leurs meules vertes, très parfumées dans le soleil. Cependant le vol de l'automobile tournait en montant par les spirales de la route, depuis la plaine et ses villages lointains, minuscules, jusqu'à l'éblouissement du ciel.

Pas un homme pourtant ne se montrait. Pas un cheval. Pas une mule. Les grand'mères avec les aïeules remplaçaient les garçons joyeux, les animaux fidèles partis pour le front. Sur les épaules de robustes vieilles, les monceaux de foin avançaient, recouvrant, de leurs herbes, les corps lents et les âmes fermes de ces braves femmes. La guerre a dépeuplé les villages, même Lorenza, et ces collines long vêtues d'épais tapis verts, de pins noirs, qui s'étagent là-bas vers les crêtes bleues de la Cadore, vers les cumulus blancs, vers ces dieux variables et majestueux dans les espaces infinis de l'azur.

De Lorenza nous sommes descendus dans la vallée de la Piave. Les monts sublimes qui l'encaissent ont ému les premières pensées du Titien. Rien d'étonnant à ce qu'un artiste ait, en un pareil décor, reçu l'inspiration de toute son esthétique. La statue de Titien s'élève sur une petite place, en cette Pieve de Cadore où il naquit vers 1477. Ses lettres de noblesse y sont conservées. Bourg de rues tortueuses et de maisons aux toits saillants, aux balcons de bois, aux bancs de pierre pour les lectrices de gazettes. Elles calculent la durée de la guerre avec les vieux en manches de chemise, la veste sur l'épaule. Tout cela n'a point dû changer beaucoup d'apparence depuis le xvᵉ siècle.

Après un détour entre le mont Antelao et le mont Ritte, nous nous sommes précipités le long du Boïte. Il coule tumultueusement au fond de sa vallée prodigieuse. Maints hameaux de chalets gracieux perchés sur des promontoires dominent la route. La plume oblique au chapeau, des Alpins pullulent. Beaucoup tassés en des charrettes s'amusent de leurs plaisanteries pendant que leur mule trotte, emmenant, vers le front, un tonneau rempli de vin à l'arrière.

Les convois militaires se font nombreux sur le chemin. Nous approchons évidemment d'un centre stratégique. Les foules de soldats gris-verts, les longs troupeaux de mules chargées, les camions automobiles colportant les munitions de l'artillerie lourde, montent vers la frontière et le pays reconquis par delà, vers Cortina d'Ampezzo, vers les batteries juchées dans les Dolomites. Déjà les hautes cimes de calcaires abrupts et pourprés se dressent dans le ciel que le couchant bientôt embrasera.

Au bout de la vallée du Boite, les trois Tofane s'érigent dans l'espace du ciel, claires, grises et roses, trois autels immenses pour des sacrifices aux idées-dieux. Les actions chimiques et dynamiques des pluies, des vents, modeleurs assidus, sculptèrent ces trois massifs. Constitués par des amas de carbonates de chaux et de magnésie, ils ont servi de matière au génie esthétique des forces qui taillèrent ces hauteurs droites, et les irisèrent. Sur ces altitudes, sur ces saillies vagues parmi les vapeurs, dans ces cavités

béantes au flanc des monts, dans ces ravins
creusés de la cime à la plaine, mille et mille
hommes se cherchent, en grimpant, en s'agrippant aux touffes, en s'accrochant aux fissures,
en rampant contre la pierre déclive; et, quand
ils s'aperçoivent, ils se foudroient, ils se tuent.

Pourtant les trois Tofane semblent là trois
architectures immuables, ébauchées par les catastrophe sismiques, autrefois, bien antérieure-
ment aux époques où les anthropoïdes se diffé-
rencièrent des espèces animales pour en devenir
les élites outillées, capables de joindre à la
griffe un poignard de silex, et à la patte une
massue de chasseurs, et au poil lustré par la
langue un joyau de cailloux rouges, ou l'ivoire
d'une proie vaincue, puis dévorée.

Ces trois masses, leurs piliers aigus,
dégrossis hors de l'ensemble, et qui jaillissent
droit au zenith, tels des obélisques consacrés
par une dévotion de la planète, supportent les
tragédies de la guerre la plus cruelle, et semblent les offrir, en sacrifice, aux Énergies créatrices éparses sur les incommensurables distances de l'empyrée.

Derrière nous, sortant, à leur tour, de la vallée
qu'enclavent les côtes sauvages du Sorapiss et
de la Rocchetta, trois bataillons marchent vers
Cortina d'Ampezzo. Une batterie neuve trotte.
Des convois automobiles retentissent et beu-

glent.. Dans les maisons blanches, hautes, coiffées largement de toits rouges, les Alpins sont installés en nombre avec des Bersaglieri. Les meilleures troupes de l'Italie campent là, étrillent leurs mules, forgent et réparent, s'assemblent, se dispersent.

D'ici, les stratèges du général Cadorna se proposent d'attaquer la ligne du Pustesthal, cette étroite vallée de la Drone, orientée d'ouest en est, de Franzenfeste à Villach, et qui, entre les deux remparts des Alpes Carniques et Noriques, constitue le fossé couvrant les sources de l'Inn, toute la région de son cours supérieur par où l'on descend vers Innsbruck, vers le pays danubien.

Cortina d'Ampezzo est la capitale militaire du secteur où l'essentiel de cette action se prépare. Cette élégante station de touristes, tout en auberges d'opérette, contient à peine la foule d'officiers, que l'état-major assemble autour du général Caputo. Dans le décor tyrolien, arrangé d'ailleurs avec goût par des entrepreneurs viennois, les servantes d'hôtelleries apparaissent déjà, blondes pour la plupart, en des costumes qui n'ont plus rien de l'Italie. Leurs devantières de percale à fleurs, leurs tresses enroulées autour de la tête, leurs figures roses, et leurs jupes de gros drap n'amusent pas moins que les travestissements de comédie. Bruns et noirs par la chevelure, les bersaglieri sont d'une autre race évidemment. Leurs capitaines aussi, et tous ceux que nous rencontrons dans le bâtiment où le chef de l'armée s'installa, bien que les balles de shrapnells en aient crevé la serre, et qu'un obus autrichien ait entamé le mur proche de l'église. Du reste, sur son bureau, le général expose une superbe fusée de bronze, intacte et même joliment ciselée qu'il fit ôter d'un projectile ennemi éclaté dans la rue : « Et l'on dit qu'ils n'ont plus de cuivre! » De fait cet accessoire ressemble à une pièce d'horlogerie parfaitement soignée pour la vitrine d'une exposition. Le général voudrait nous garder plusieurs jours, nous guider sur tout son front. Il est fier à juste titre de ses victoires. De la fenêtre on entrevoit les trois Tofane conquises par les Alpins sur les Impériaux, au prix d'héroïsmes inouïs.

Le général Caputo m'invite à voir le soleil se coucher derrière ces montagnes. Nous sortons. C'est un homme très jeune d'allure malgré ses cheveux, sa moustache blanche. Il rappelle notre Galliffet. Poète il a composé des odes fort belles. Il sait à merveille placer son visiteur dans l'endroit précis où l'on peut contempler la Tofana Prima traversée, entre ses pics, par les rayons d'un couchant glorieux. Alors elle devient une montagne de miracle, immense, vaporeuse et rosée, cernée d'or fulgurant. Elle paraît à pic sur la. ville, depuis sa pointe suprême jusqu'au bas de ce chemin venu de ses terrasses les plus élevées, et par quoi débouchent les mulets au retour, après le ravitaillement des cimes.

Le spectacle est sans pareil. Cette montagne, on dirait qu'elle filtre le soleil couchant. Il la transperce comme il transpercerait une masse de verre. Il l'empourpre. Cela sous un ciel qu'elle orne vert et doré, puis bleuâtre au zénith. Là scintille une première étoile. Au-dessous, se groupe cette ville d'auberges à la tyrolienne, quelques-unes sous des toits défoncés par les obus. Vingt automobiles se croisent, emportant les états-majors, les officiers de liaison. Flanquées de très longues planches, qu'elles montent aux constructeurs de baraquements, sur les zones supérieures où nul arbre ne pousse, cent mules se suivent, habiles pour éviter le moindre heurt, en dépit de ce faix embarrassant parmi les groupes de soldats. Ils jasent. Ils fument. Ils roulent des barils. Ils harnachent des bêtes rétives.

Un moment nous vivons dans un rayon rouge glissé jusqu'au fond de notre abîme entre le massif des Tofane et celui du Cadini. Il rend soudain vermeilles les blanches façades des hôtelleries, leurs balcons de bois ciré, leurs toitures saillantes, même les patrouilles qui passent, le fusil à l'épaule, l'alpenstock au poing. Transfiguration singulière et splendide.

Le général Caputo me dit la beauté de cette guerre en un tel pays, et le prodige des courages au combat sur les pics. Chaque soldat s'y taille, dans la roche, une anfractuosité. Le ravitaillement se fait à dos d'hommes. Ils grimpent, la nuit, contre les pentes de pierre, l'échine alourdie par la hotte de métal pleine de l'eau qu'espère la fièvre des guerriers.

A la table de l'état-major que le général préside, nous avons dîné. Artilleurs, sapeurs, fantassins, cavaliers, médecins, les officiers sont en belle humeur dans la salle ornée de pavillons. Un bon orchestre joue la Marseillaise, puis l'hymne royal italien, écoutés debout par tous les convives avec émotion. Cet orchestre recruté parmi des réservistes amateurs de musique interprète, pendant le repas, avec virtuosité, quelques pages des maîtres italiens. Après un festin de soldats en campagnes, c'est Bizet qui dicte les meilleurs accents à ce groupe de dilettanti en uniformes.

Voilà comment, sous le feu des Autrichiens, l'art des Boïto et des Mascagni, possède ces jeunes hommes, leur chef.

Cela ne nous a pas empêché d'étendre, sur la table desservie, les plans du secteur, d'étudier les positions, ni de suivre la leçon tactique du général Caputo, avant notre visite du lendemain à la ligne de feu. Comme je le félicitais du calme où nous avait laissés l'artillerie des Impériaux, ce soir-là, le général me dit qu'il avait menacé de destruction totale les quartiers des états-majors autrichiens, s'ils continuaient à sévir sur Cortina d'Ampezzo. Peu de semaines après, malheureusement, l'ennemi n'épargna plus cette gracieuse cité d'opéra tyrolien. Maintenant elle se trouve fort endommagée par le tir des Barbares.

Après une nuit courte passée dans une chambre d'auberge très propre, confortablement garnie de meubles et de fauteuils en cuir selon l'esthétique viennoise, ici d'ailleurs acceptable en ces formes simples, en ces bois sombres et cirés, en ces faïences nettes, nous sommes partis dès trois heures du matin. Il faut éviter les obus qui labourent la route, d'ordinaire après cette heure-là, lorsqu'un essor d'automobile y est perçu par les Autrichiens. Casqués, emmitouflés nous volons dans le froid de la pénombre entre des pentes boisées où s'enchevêtrent les arbres rompus par les explosions. Au bout de ce chemin creux, l'aube illumine déjà la position de Son Pauses. Un mont bas, nu. L'ennemi formidablement retranché, muni, s'y terre. Il foudroie l'avance patiente des Italiens à travers les forêts des chaînes voisines. La cime du Cadini domine par delà, avec sa crête rocheuse, toute nette déjà, ses pentes ravinées, ses lits de ruisseaux aux pierrailles blanches, ses sapinières à mi-côte hérissant les contreforts jusqu'au fond de la vallée, encore ténébreuse. A mulet nous montons vers la droite, le long d'un torrent écumeux et rugissant qui bondit entre d'énormes blocs. Conduites par des soldats nos bêtes grimpent de roc en roc, le long de sentes imprécises, sous le couvert des sapins. Les piétons glissent contre les mousses. De ci, de là, les arbres cassés attestent la furie quotidienne du bombardement, comme les branches arrachées, les cratères béants, les croix sur les sépultures. L'ascension dure. Il y a par ici, sur telle cime voisine, des batteries lourdes érigées à 2.400 mètres. Les sapeurs italiens accomplissent, là comme partout, et sans cesse, le miracle d'aplanir promptement des routes en lacets propres à hisser les pièces énormes, leurs plate-formes et servomoteurs, leurs ateliers accessoires, leurs camions et leur ravitaillement sur les sommets inaccessibles d'apparence. Cela de telle façon que l'ennemi parvient rarement à gêner, par son tir, la montée, la descente des voitures apportant les munitions, le matériel, les vivres.

Aussi, de toutes parts, les monts tonnent. Leurs forêts dardent des flamboiements. Leurs crêtes crachent des éclairs. Les invisibles oiseaux de

la mort volent à grand fracas des cimes italiennes aux monts d'Autriche pour écraser les
hommes dans leurs trous, et mêler leur chair à
la pierre pilée. Constamment ces pays étagés
sur les plissures des Alpes, face à face, grondent,
aboient, se défient, fulgurent, se lapident. Les
espaces sont traversés par des forces bramantes
et sifflantes qui là-bas s'engouffrent. Point
d'hommes. Ils se clapissent infimes, dans l'im-
mensité de ce chaos géologique. Cataclysme figé
sous les cieux, avec ses régions superposées, ses
forêts profondes, ses abimes où les aigles volent.
Tout en bas, dans les vapeurs, transparaissent
des hameaux paisibles au bord d'une onde frin-
gante, bourdonnante et mousseuse.

Au total, l'armée latine occupe les flancs
boisés des chaînes qu'elle attaque; l'armée germanique tient plutôt les crêtes dont elle défend
l'accès à l'audace malicieuse et opiniâtre des
Alpins. Des tranchées autrichiennes souvent
partent telles torpilles monstrueuses que jettent
les minnenverfer. Elles gagnent de la hauteur
dans l'air, en grognant. Elles oscillent. Elles
tombent d'un coup, pour éclater, pour couvrir
le but de cailloux, de ferrailles, de clous, de
déchets ridicules. Cela fait rire les Alpins que
nous trouvons à l'aise dans leur tranchée montante, atteinte après une rude escalade. Car il
a fallu laisser les mules, trop perceptibles pour

les observateurs ennemis hors des bois épais. Par escalade, nous sommes entrés dans un souterrain que des faunes habitent, couchés, accroupis derrière des embrasures, des meurtrières. Leurs yeux luisent, noirs, dans l'obscur du boyau. C'est un arsenal pourvu de mille engins, d'armes diverses, fusils, bombardes. Les boîtes de conserve en piles rassurent les appétits inquiets. On ne peut atteindre l'autre poste que par une corde à nœuds. Il est là-haut, sur un pic de trente mètres, en une ride bien creuse du roc gris. Plus haut encore, dans la crête dentelée contre l'azur, gîtent quelques Autrichiens et leur terrible mitrailleuse. Elle tue, culbute, précipite quiconque se laisse apercevoir. Les feux écornent la ride où sont blottis les Latins immobiles tout le jour, sous peine de mort, parmi leurs déjections. Au bout de ficelles, la nuit, ils attirent les paquets de vivres et de cartouches qu'en bas des camarades attachent sans bruit. Le moindre suscite les feux des guetteurs tapis dans la cime, et qui, tireurs de choix, manquent trop peu les cibles vivantes, même simplement devinées dans la plus épaisse des ombres. Sept officiers moururent pour installer, en cette ride du roc gris et rose, l'héroïque escouade. La tache sombre, allongée sur une saillie minime de la pente à pic, c'est un caporal blessé aux jambes durant l'escalade. On ne peut le secourir. Il ne peut se mouvoir. Un infirmier tenta de grimper jusqu'à lui, avec des crampons de fer, aux genoux, aux mains, le long d'un pin qu'on avait déraciné, puis dressé contre ce mur de roc. Le sauveteur a pu tendre un pansement complet, un bidon, une musette au bout d'une perche. Le caporal avait tout saisi, mais une série de balles troua son bienfaiteur qui lâcha prise, et s'abîma dans la profondeur.

A présent les Autrichiens achèvent d'attirer sur la cime, un petit canon de montagne, au bout d'une chaîne. S'ils réussissent, la tranchée sera vite démolie, et l'escouade isolée en sa ride. Mais ils ne réussiront pas. Il ne faut pas qu'ils réussissent. Les faunes haussent les épaules en montrant par l'embrasure, cette muraille de calcaire lisse, la ride là-haut, nid de braves, et, contre l'azur, cette crête de pierre dentelée qui, par moments, pétille, tue.

Imaginez, sous ce feu distant de trente mètres à peine, les vingt Alpini agrippés à leurs alvéoles dont ils creusent un peu plus la cavité, lentement, prudemment, de peur que le bruit ne provoque la riposte des balles. Elles raclent, elles écorchent l'abri. Elles l'écornent. Elles le diminuent. L'homme se recroqueville. Il se tasse. Il se blottit sous la corniche où il sut trouver une niche précaire pour sa sainteté de martyr glorieux. Ils sont là vingt jeunes hommes qui croient aux bienfaits de la vie, aux joies de l'amour, à la tendresse de leurs mères, à la succulence de tous les fruits, mais qui sentent, chaque minute aussi, le sifflement de la mort proche effleurer leurs oreilles. Parfois un juron, un cri, une plainte. L'un des héros touché, se tord, se crispe dans son gîte en cherchant à voir sa blessure. Comment l'assister? Faut-il, sous une pluie de balles, ramper dans la ride étroite du mont vers le douloureux? Les officiers le défendent. Chaque existence de guerrier parvenu là est trop précieuse pour la patrie, pour sa victoire. Rien ne doit être risqué de l'énergie commune si l'acte ne vise immédiatement la défaite de l'adversaire. Il sied donc que le blessé souffre seul, qu'il se panse seul, à moins que le hasard n'ait mis dans la même anfractuosité, deux compagnons d'armes. Alors le blessé, par ses mouvements et ses plaintes, les désignera tous deux aux coups de l'ennemi.

Cette vingtaine d'hommes inscrustés là-haut dans le gris du marbre, pourront, une nuit, par chance, tourner, peut-être, la roche extrême, en se taillant, à coups de pic, des encoches, une sente. Suspendus dans l'abîme, ils pourront achever leur travail secret de termites, planter leurs fiches en fer progressivement sur ce mur de trente mètres. Ainsi, monteront-ils à l'assaut de la crête, par le rebord qu'il convient de sculpter, de finir, par les crampons fichés ici et là, en dix places, dans la hauteur du marbre, au prix de plusieurs vies déjà sacrifiées. Si ces martyrs réussissent, ils auront, à vingt, remporté une incontestable victoire, dès l'heure où ils surgiront, cinq, dix, la grenade en main, debout dans le ciel et parmi les étoiles, sur le corps du guetteur égorgé, dès qu'ils extermineront les servants de la mitrailleuse autrichienne blottis entre les dents de la crête, contre leur machine crépitante.

De tous les abîmes, de toutes les forêts en pente, de tous les ravins blanchoyants, de tous les torrents resserrés entre les blocs où s'abritent les troupes de réserve, de toutes les cimes où les batteries éclairent, de tous les bois qui dardent leurs flamboiements, une clameur saluera la victoire de l'armée latine. Car sous cette crête dominante, du palier où nous sommes bientôt muni de canons, le feu des Italiens anéantirait les positions des Impériaux. Or, nulle autre cime ne culmine davantage pardessus ces Alpes. Sauf la Croda Rossa trop éloignée pour qu'un tir, de là, puisse atteindre exactement les batteries de nos alliés. C'est donc une belle victoire que ces vingt héros peuvent remporter à eux seuls, et qui livrerait une large partie du Tyrol, les routes d'Innsbruck et de Villach aux armées de Rome. En attendant leur jour, ils demeurent là-haut, tenaces, incorporés à la roche qu'ils ont atteinte par escalade nocturne, qu'ils ont tachée de leur sang. Ils y souffrent de la soif, de la faim, de la chaleur brûlant, à midi, le marbre de leurs dures alvéoles, cependant que les souffles de la mort ne cessent de les frôler.

A travers bois, nous avons commencé la descente de la montagne par des tranchées que les pionniers italiens excellent à parfaire. Elle épousent les mouvements du terrain. Elles se dissimulent parmi les rocs, les buissons qu'elles contournent, irrégulières, profondes. Les deux épaules du soldat touchent leurs parois rapprochées, coiffées de sacs à terre, pourvues, ici, et là, de boucliers à fente pour les guetteurs. Le caillebotis du sol paraît sans défaut. Les marches de glaise sont maintenues dans une armature de rondins. De sommet en pente, de palier en ravin, nous dégringolons à la file. L'officier qui nous guide s'arrête devant une ouverture de souterrain. En des couchettes suspendues, l'une au-dessus de l'autre, comme sur les navires, des soldats sommeillent au retour des patrouilles et des gardes nocturnes, à coté de leurs fusils tout prêts, de leurs sacs à grenades ouverts, de leurs pioches, de leurs pelles. Touché par le capitaine, l'un surgit brusquement et rajuste son casque. Il croit à une alerte. Il sait bien la langue française, ayant servi, maître d'hôtel, dans les palaces de notre Riviera. Nous causons. Il me dit, avec bonne humeur, sa vie dans les bois et les rochers. Le voilà debout. Il nous suit. Il me conte des exploits analogues à ceux qui nous rendirent chers les trappeurs de l'Arkansas, dans les romans de notre enfance. Ce garçon de restaurant est redevenu le « Bas-de-Cuir » qu'il faut, le héros sans faiblesse de la grande guerre.

Il nous arrête près d'une sentinelle à son poste derrière les reticolati. Elle ne détourne pas vers nous son regard, une seconde ; mais s'obstine à le fixer sur l'espace d'un sol déclive et concave, bossué de petites mottes. Ces levées d'argile cachent l'issue de terriers autrichiens. Nous sommes devant la fameuse position de Son Pauses. Elle commande la route de Cortina, et toute la zone d'attaque par laquelle s'opère l'avance des Italiens.

Quelque temps nous demeurons là, entre les sapins, dans les broussailles qui nous masquent et se mêlent aux fils de fer arrondis en cerceaux sur les chevaux de frise. Au delà, quelque trente mètres plus loin, s'entrelacent des barbelés identiques, derrière quoi s'incurve cet espace roussâtre. Longue prairie brûlée, pelée, elle glissa de la hauteur à gauche, aux temps géologiques. Les sapins y sont maintenant fendus rôtis par le souffle des gaz délétères.

Ce lieu de désolation, qu'encadrent, à droite et à gauche la forêt alpestre, au fond les rocs immenses de la chaîne, semble absolument désert. Cependant une brigade entière palpite, attentive, anxieuse, sous l'angle de ce pré. Des canons enterrés aboieront derrière ces talus lépreux et proches, derrière cette côte moussue. Ces sortes de termitières recèlent des mitrailleuses braquées. Dans ce petit monticule, une vedette épie nos ombres par la fente de la plaque en métal fardée de boue.

Tout de même l'espace en pente de Son Pauses semble absolument désert ici; tout près, où il se ravine; et là, plus loin, où il s'élève vers le ciel, vers la bande minable de sapins ravagés par le tir, corrodés par les vapeurs mortelles, ébranchés par les batteries souterraines qu'ils cachent dans la contrepente.

Cet espace roux de sept ou huit kilomètres a des yeux en chaque motte, des guerriers blottis en mille fosses, cavernes, clapiers où chacun s'apprête à fusiller l'air douteux, la brise qu'il flaire et dont il se défie, le vent qui couche ces herbes rares, le vent qui nous porte au visage une odeur amère de buis et de tombes éparses.

Nous regardons cela dans la pointe de l'angle renversé que forment les deux parois d'une sorte de ravin, au creux duquel le poste latin s'abrite.

Tout semble si calme, si vide et silencieux, qu'on ne saurait admettre la présence de cette brigade autrichienne dans ses hypogées entre les cratères forés, cette nuit, par les obus italiens. On n'y pourrait croire, si la sentinelle anxieuse sous le casque ne soulevait parfois son fusil un peu, comme près de mettre en joue brusquement, puis ne reposait la crosse, n'ayant rien vu se préciser dans la touffe de sureau.

Cette terre nous regarde. Elle nous veut tuer...

On cherche, en soi-même, de la terreur, à cette idée-là. On y trouve une sorte d'ironique résignation à l'inconnaissable des lois qui créent les mondes, qui, cruellement régissent leur évolution, celle des sociétés animales, puis humaines.

Et voilà... Hausser les épaules.

Plus loin, dans une tranchée, la liesse est au comble. Un observateur a, la veille, ajusté, un chamois subit. Les maîtres-queux de la compagnie discutent sur le moyen de rôtir la venaison, convenablement. Aubaine assez fréquente dans ces parages de hautes cimes. Traquées dans leur solitude, par l'apparition du soldat, les fines bêtes se dispersent, s'égarent et surgissent devant le fusil d'un alpin adroit, invisible en son abri. Les plaisirs de la chasse consolent parfois le guetteur de son immobilité anxieuse, lorsque la consigne ne lui défend pas de tirer; c'est-à-dire lorsque la fusillade crépite le long des lignes.

Plus bas encore nous sortons de la tranchée, des boyaux descendants, après avoir passé de bois en forêts, de broussailles en bocages. D'un observatoire nous avons aperçu, dans une éclaircie, la pittoresque vallée où le Boite précipite ses eaux de jade, en courant vers Cortina d'Ampezzo.

Enfin nous nous arrêtons sur un étroit plateau que borne, devant nous, l'abîme. Un piton, au milieu de cette cavité, supporte les ruines d'un château que les deux partis bombardent. A cette heure, les Autrichiens s'y garent dans les celliers, dans les caves recouverts d'éboulis. De la demeure que fit construire un Anglais amateur de ce magnifique décor il ne reste que les pans de murs. Cela se dresse entre les sapins cassés, dans les taillis éventrés, hautes aiguilles de pierre blanche, sur les décombres en amas.

Nous regardons cela d'un poste d'écoute, près de la sentinelle fixe, sévère sous le casque, et qui ne détourne pas les yeux, un instant, malgré notre présence. Par la fente du bouclier d'acier bleuâtre forgé en France, nous tachons de voir, en ces ruines, une ombre remuer. Rien ne bouge ; car les Italiens épient, non loin de là, derrière les sacs à terre couronnant leurs entonnoirs. Avec prudence nous nous sommes avancés hors du poste d'écoute. Un lieutenant nous a rejoints qui fut en Lybie, en Abyssinie. Il lui plait de savoir que j'ai navigué sur le Nil, le Sénégal et le Niger. Africains, nous nous entendons. Il assure que l'on peut se glisser entre les taillis pour photographier ces ruines étonnamment romantiques, au milieu de cette Alpe en abîmes et sapinières : par delà, dominent les sommets rocheux des Lavinores et leurs pentes, leurs ravins, leurs futaies noires, leurs plateaux déserts, roussis.

Dans l'ombre d'un gros arbre nous nous sommes tassés. Nous avons visé, de nos appareils, cet invraisemblable tableau, pressé les déclics, et remporté, chacun, de cette beauté, quelques images dans les magasins de nos jumelles stéréoscopiques. Ensuite en nous courbant, en bondissant de buisson en buisson pour déconcerter le tir possible de quelques freischützen, nous avons regagné le poste d'écoute, contents de notre escapade.

Nous continuons notre descente de monts en vaux. La pesanteur nous entraîne vite par les spirales des sentiers contournant les pitons.

Nous courons ainsi dans une sorte de prodigieux entonnoir où s'abaissent les versants
de plusieurs massifs orographiques; ceux de
la Croda Rossa et du Cadini, derrière nous;
ceux de la Croda dell'Ancona qui est à double
cime, ceux du Forame à notre gauche; ceux
des Lavinores à notre droite. Dans la vallée
qui sépare le Forame des trois Crodas, s'allongent les perspectives de grandes forêts
hérissant tous les contreforts opposés de ces
chaînes. Au creux du thalweg, le soleil, en
pénétrant, insinue des lumières révélatrices et
glorieuses dans l'obscur des futaies. De blancs
hameaux y transparaissent. Ils évoquent toute
la vie candide imaginée par les philosophes
encyclopédistes, rimée par les poètes d'autrefois.

Nous allons avec le cours tumultueux d'un
torrent. De récif en récif, il saute, écume, tour-
billonne. Il plonge sous une énorme table de
pierre. Il ressurgit plus loin en mugissant, en
blanchissant parmi les rameaux des arbres
penchés sur son bruit, poussés dans les rocs qui
le contraignent, le refoulent, le subissent.

Avec lui, nous tournons autour d'un pic, puis
de sa base. Nous aimons, un moment, la chapelle qu'un aumônier militaire percha sur le
flanc d'un rocher. Vers là, des pénitents casqués,
armés, s'acheminent, en devisant de la guerre
qui tonne à nouveau sur les sommets. Plus bas,

venus de la grande vallée ou descendus de toutes les cimes, les soldats gris-verts pullulent, avec leurs mulets à la file. Bataillons de sylvains, de faunes issus, groupes, foules, des taillis et des grottes.

En ces lieux rien ne paraît de la vie moderne. La rencontre de ces mille guerriers, en guêtres, en casques, suggère le souvenir des guerres anciennes, lorsque les guelfes attendaient ici l'heure d'arrêter les Allemands sur le seuil sacré de la péninsule où Rome organisa la vie mère du génie méditerranéen.

A mi-côte nous atteignîmes le chemin de la vallée principale. Il se rétrécit entre les altitudes hautaines et sauvages, des Crodas, du Forame, pour s'engager dans les gorges incomparables du Felicsan, un tributaire du Boite. On a décrit l'endroit. Le torrent a creusé sa route dans les assises des monts. Il a percé des collines, bousculé des blocs, recouvert de son fracas les éboulis des roches. Il a doublé les obstacles infranchissables. Il saute des barrages en écumant. Il envahit des grottes. Il ressort. Il s'épanche sur une barre de calcaire qu'il habille de son émeraude fluide et continue. Il rugit sous des voûtes, en des cavernes. Il lance, par-dessus les ponts rustiques, sa mousse et des embruns. Pendant plusieurs kilomètres ainsi, dans le creux profond des montagnes, son tapage vit, travaille, creuse, arrache, roule des blocs, ratisse des cailloux, déracine les arbrisseaux, baigne les feuilles des saules.

Et là, tout le long de son cours, à l'ombre des cavernes qu'il sut approfondir, une armée s'abrite. Elle lave et boit, cuisine. Elle abreuve ses mulets. Elle augmente l'amas de ses munitions, de ses vivres. Pour un Salvator Rosa quels tableaux indéfiniment variés. Siciliens et Piémontais, Napolitains et Lombards, Romains et Calabrais, Vénitiens et Toscans sont là debout en molletières, en culottes, le casque sur la nuque, pour fourbir leurs armes, étriller leurs mules, plonger leur cuiller à pot dans la soupe de considérables marmites, et distribuer le macaroni fumant aux gamelles tendues par cent mains agiles, par cent bras velus. A l'ombre de la feuillée, au bord de l'eau, d'autres flânent et sifflent. Les joueurs de mora se montrent les nombres de leurs doigts rapides, puis éclatent en rires. Cette armée tout entière autour des roches, et cachée par les bocages, sur les rives d'un torrent pittoresque, cette armée sans nombre, passant sur les ponts de branches, dégringolant les sentiers, escaladant de rudes pentes, allant par files au combat des sommets, revenant par files de la lutte sur les cimes, animant le plus splendide paysage de ses figures brunes, de ses yeux vifs, de ses officiers peints tant de fois, sous les traits de leurs aïeux, par les pinceaux illustres de l'art, cette armée en qui ressuscitent tant de La Marmora, de Ruffo, de Sforza, de Colleoni, de Visconti, de Savonarole, de Machiavel, de Médicis, de Lorenzzaccio, de Dante, de Mirandole, tant de César aussi, de Brutus, de Marius, et de Scœvola, sortis de leurs portraits ou de leurs statues avec toute la force ancienne et nouvelle des races latines, cette armée enguirlande la montagne ; elle borde le torrent avec les visages de tous les siècles vénérés.

De la constance romaine, de l'adresse italienne, de l'audace gênoise, de la ténacité savoyarde, du courage piémontais, rien ne s'est perdu. Cette armée semble la somme des générations qui furent la gloire antique du Capitole, l'opulence de Venise, l'art de la Renaissance, l'unité de l'Italie maintenant solide.

Plus bas, nous sommes remontés sur nos mules dans le soleil de la forêt pour descendre jusqu'à la route de Cortina. Un colonel avec qui nous avions dîné la veille, en arrivait quand nous le rencontrâmes. Il nous avertit de quelques obus déjà tombés sur le chemin du retour. Nous n'eûmes point à les craindre. Par l'avenue droite, l'automobile retrouvée sur le carrefour bientôt nous emportait, dans sa vitesse de bolide, sans laisser aux pointeurs autrichiens de Son

Pauses, le loisir de nous adresser leurs envois
sûrement.

Après avoir traversé Cortina d'Ampezzo, entre
ses auberges tyroliennes et ses servantes
blondes, nous allâmes à toute allure vers l'ouest,
vers le pied de la Tofana Prima. Les Alpini venaient, par un exploit sans pareil, d'y prendre
le Castelletto. Qu'on se représente, au troisième
palier d'une assise montagneuse, la hauteur
droite d'un bastion naturel, presque à pic, ayant,
à son flanc, un autre bastion moins élevé, que
couronne la redoute des Autrichiens. Leur artillerie de montagne et leurs mitrailleuses, de là,
balayaient la fameuse route des Dolomites.
Elles empêchaient toute avance directe par cette
voie, et le ravitaillement des unités qui manœuvrent plus à l'ouest pour envelopper les forces
barbares du nord.

Afin d'ébranler, par la mine, la hauteur du
Castelletto, quatre cents mètres de galerie souterraine furent creusés de bas en haut. On
dépensa, pour cela, une quantité d'explosifs supérieure à celle utilisée dans le canal de Panama.
Il fallait vingt-quatre heures, avant que les gaz
dégagés par chaque détonation se pussent dis-
siper, avant que le travail put continuer. A eux
seuls les Alpins du colonel Tarditi parachevèrent
la tâche. Les deux ingénieurs, l'un des mines,
l'autre des voies ferrées qui conduisirent le siège

étaient capitaines de réserve dans le corps alpin.
Ils persévérèrent malgré l'opposition générale.
On jugeait l'entreprise impossible.

La perforatrice débuta, sur ce point, en
avril 1916. Le moteur fut apporté la nuit, dans un
drap blanc, à cause de la neige. Les sapeurs s'éver-
tuèrent jusqu'au milieu de juillet. A 3000 mètres,
sur la pointe de la Tofana Prima, se hissèrent
vingt hommes, un canon et deux mitrailleuses,
avec un officier pour cribler de projectiles le Castelletto. Sa terrasse fort étroite ne pouvait contenir qu'un nombre restreint de défenseurs. On
tâcha de leur couper ainsi le ravitaillement. Les
Autrichiens résistèrent avec une extrême bravoure. Or, au flanc du grand bastion qui les
dominait, une fente géologique existe dans toute
l'altitude de la roche. Les Alpini s'insinuèrent,
grimpèrent par cette longue fissure. Ils surent
accrocher une échelle de cordes. Alors ils y mon-
tèrent. Ils y agrafèrent une mitrailleuse. Elle
crachait ses balles, elle aussi, contre les défenseurs du Castelletto, dès qu'ils mettaient la tête
hors de leurs grottes.

Voyez-vous ces deux énormes bastions accolés,
droits dans le ciel, l'un plus haut, dans la fissure
duquel cinquante Alpini perchés vaillamment,
comme des corneilles dans la lézarde d'un
campanile, font pétiller leur mitrailleuse visant
la terrasse de l'autre, plus bas, où crépite la

fusillade aussi. Cependant, au pied du mont, dans un boyau de mine, peu à peu, les assaillants se glissent, rampent, s'élèvent. Cela durant des semaines, au milieu des agonies qui râlent, des cadavres qui se recroquevillent et empestent, des blessés qui se lamentent, déjà borgnes, manchots, paralysés, aveugles, au creux du souterrain.

Trente-cinq tonnes de gélatine explosive eurent enfin raison du Castelletto et de ses défenseurs. La redoute sauta. Le bastion se fendit. La couronne s'écroula. A la bouche supérieure de la galerie de mine, deux Alpini parvenus commandèrent aux Autrichiens de se rendre. D'abord ces braves refusèrent, arcboutés dans les décombres de leur fort, sur les terres qui glissaient en avalanche vers l'abîme. Trois bombes puissamment chargées leur arrivèrent, successives, déchiquetant, décapitant, éventrant trois groupes de barbares impavides.

Avant la quatrième catastrophe, leur capitaine se fit reconnaître par les assiégeants. Il capitulait, avec cent-vingt morts et quatre-vingts vivants.

Ce tragique poème nous est conté par un jeune lieutenant au manteau superbe, dont les mains soignées, l'uniforme élégant signifient l'esprit allègre et l'âme robuste. Autour de nous des Alpini circulent, la plume oblique au chapeau, bien campés et sanglés dans leurs costumes si flatteurs pour de jolis garçons. Ils sourient en nous voyant regarder la fente d'ombre là-haut où leurs mitrailleurs se logèrent par un miracle d'acrobatie valeureuse. Il en est de roux. Ils rappellent les Normands de Robert Guiscard jadis établis dans le royaume de Naples, et qui, partis pour la conquête de Byzance, rapportèrent à Salerne les portes en bronze de la Sainte-Sophie grecque, afin d'orner leur cathédrale ; elle les possède encore, intactes en leur bronze vert aux fins reliefs, personnages et guirlandes. De tels aïeux, ceux-ci n'ont pas compromis le souvenir. En voilà qui s'agenouillent devant un nouveau bouclier d'approche, pour une manœuvre d'essai. Le poussant, eux ventre à terre, ils pourront, de nuit, investir sous la fusillade même, les champs de fils barbelés, autrichiens, y introduire, par les fentes, leurs cisailles, ouvrir le chemin aux camarades. Leur colonel les conseille. Frère aîné du major Tarditi qui préside, à Udine, le cercle des missions militaires alliées, il se dit fier de ses magnifiques soldats. Il montre leurs colonnes escaladant les pentes des Dolomites par toutes les routes, les avenues, les chemins, les sentes, les raidillons, les ravines, et les « cheminées » alpestres des suprêmes altitudes. La jumelle

d'état major nous aide à les discerner là-
haut sur les roches roses et grises de la Tofana.

L'Alpe sublime et les Alpins héroïques s'é-
pousent dans la gloire du soleil.

C'est notre vision finale de la guerre en Italie.

L'automobile nous emmène dans le vol de sa
vitesse autour du mont Cadini, par Cortina, Tre-
Croce, Auronzo. Nous nous précipitons dans
l'émouvante vallée de la Piave, entre les Dolomites de Cadore et la chaîne de Carnie, vers
les lacs S. Croce et Morto. Paysages souhaitables pour y construire le palais d'une vieillesse
laborieuse en sa bibliothèque, devant un miroir
plaisant du ciel.

Notre essor nous emporte ensuite bien plus
loin. Dans l'un des palais vénitiens qui font le
prestige de Vittorio, la terre des Doges nous
prodigue ses bienfaits sous les espèces d'un suc-
culent repas.

Il importe d'être à Venise avant quatre heures.
Nous courons de nouveau sur les routes droites.
Les montagnes fuient à l'inverse. Les campa-
gnes paraissent et s'éclipsent.

Conegliano surgit, que nous traversons en apercevant son château dans les airs ; mais sans
pouvoir goûter à l'élixir de ses vins fameux. De
nouveau nous nous ruons dans la route droite
comme une avenue, en frôlant de notre tumulte
les chars à foin traînés par les attelages de

bœufs blancs et roux sous le joug. La Piave est franchie, ses ruisseaux, son lit de cailloux. Nous volons miraculeusement, entre les vergers, les bois, les champs, les villages. Notre chauffeur, peut-être futuriste, veut-il nous montrer que l'Italie nouvelle et prochaine, l'Italie des automobiles les plus rapides et de la science la mieux appliquée ne le cède point à l'Italie des traditions romaines et des esthétiques florentines?

L'air s'engouffre dans nos poumons. Il suffoque. Trévise apparue, la cohue de ses promeneurs, nous obligent un instant à ralentir dans ses voies compliquées, encombrées de flâneurs sous les arcades, de buveurs derrière les stores des cafés. Ensuite rien n'arrête plus notre élan. La route accourt sous nos roues. Toute la Vénétie au soleil se jette sur nos yeux. Or voici Mestre, sa gare, pleine de soldats, le train où nous montons, ses cahots, puis la lagune fraîche sentant la marée, et au pied des marches, sur l'eau clapotante du grand canal, la gondole noire avec son fer d'argent recourbé comme le col d'un cygne.

Le vent froid enveloppe les palais clos et déserts baignant leurs perrons dans l'eau verte qui les mire avec les pieux d'attache aux couleurs armoriales.

Les teintes brillantes de la cité dogaresse se

sont évanouies. Venise montre la paleur d'une mère qui songe à ses fils braves dans les combats. Sa beauté n'a rien perdu, pour sembler plus austère.

De tout son faste pavoisé, de tous ses visiteurs et de toutes ses visiteuses élégantes, de ses musiques les unes alertes, les autres tendrement amoureuses, s'il reste peu ou point, à cette heure, du moins la grandeur de l'âme italienne apparaît entière dans le symbole de cette ville recueillie. Le peuple a fini de rire. La chanson s'est tue, afin que seule parut la face de sévérité.

Sous le vol des avions autrichiens qui, parfois, du haut des nuages, lâchent vers les coupoles illustres, leurs bombes foudroyantes et destructives, Venise éternelle offre la mine de fierté qui convient.

Elle a solidement armé, cuirassé de briques et de béton les chefs-d'œuvres des siècles artistes que Saint-Marc conserve. Elle a chassé de ses places, les admirateurs teutons. Elle a voulu que la vie guerrière des Latins subsistât seule parmi les essors des colombes accoutumées aux largesses des flâneurs sur le parvis de la grande église, où se perpétuent l'esthétique et la foi civilisatrices de Byzance.

En vérité, dans Venise close et pâle, dans Venise presque vide, dans Venise militaire, avec

ses chefs-d'œuvres en armures de maçonnerie,
j'ai vu la noble figure de l'Italie même, de l'Italie
debout derrière ses fils en lutte sur les cimes
de toutes les Alpes pour la défense de la justice
et du droit romains, pour un défi de l'antique
civilisation méditerranéenne à la furie des Barbares, des Goths et des Huns non changés depuis
le ve siècle.

COULOMMIERS

Imprimerie Dessaint et Cie.

IMP. BELLENAND, A FONTENAY-AUX-ROSES • 26.553

9 782019 233099